골프 표준참고서 (2권 어프로치 방법)
Golf, Standard Practice Pt. 2 HOW TO APPROACH

저자 최원규

특기(Remarks)

☆ 골프는 알면 알수록 '왜?'라는 질문이 쌓이는데, 이 책은 그 모든 것을 파헤쳐 놓아서 접해보지 않았던 내용과 어려운 설명이 많습니다.

제목(Title)에 이미 핵심의 50%가 포함되어 있습니다. 먼저 제목과 그림 및 표에 집중하고, 책 내용 전부를 알고 이해하려 할 필요는 없으며, 내용 중에 어려운 '심화' 사항은 과감하게 Skip과 Pass를 하면 될 것입니다.

쉬운 것만 찾다가 골프를 영영 못 치고 궁금증만 쌓을 것인지, 이 책을 보고 전체(거시적) 식견을 얻을 것인지는 선택입니다.

☆ 이 책은 골프를 인체 신경 및 근육학, 역학(동역학, 재료역학, etc), 수학(기하, 확률)을 이용하여 분석한 내용들로 기술되어 있습니다. 두리뭉실한 내용은 최대한 배제되었습니다.

☆ 이 책에 있는 많은 수치는 대략적인 근삿값들로써, 이해를 돕고자 사용된 것입니다. 골프는 신경과 신체 근력, 그리고 실력, 스윙과 장비 사양이 상대적으로 달라서, 골퍼마다 결과도 조금 상대적입니다.

☆ 이 책은 오른손잡이 골퍼를 기준으로 설명되어 있습니다.

☆ 전체 5권으로 구성되어 있으며, 3권에 전권의 서문과 에필로그가 있습니다.

☆ 어프로치는 방법을 알아야 합니다. 먼저 동작을 만드는 방법과 조건 두 가지 큰 관점에서 핵심을 이해해야 합니다.

어프로치는 퍼팅 및 기본 스윙과는 달라서, 감각적인 것이 필요하여 단시간에 습득되지 않는 특성이 있습니다. 그래서 다양하고 지속적인 연습이 필요합니다.

신아출판사

목차

서문	4

1장 어프로치 뒤땅 토핑 방지   9

1절 어프로치 양팔의 가속-감속-가속 역할 분담	12
2절 쇼트 어프로치 잔디 라이	19
3절 쇼트 어프로치 뒤땅 토핑 확률	40
4절 상체 분절 회전 순서 (오른 팔꿈치 외회전)	52
5절 어프로치 상하 궤도 정확성에 연관된 하체 동작	61
6절 쇼트 어프로치 팔과 손에 의한 상하 궤도	83
7절 De-loft 핸드포워드 어프로치 샷	91
8절 지면을 절단하는 컷 샷	94
9절 잔디 저항을 이겨내는 왼손 4th & 3rd 손가락 힘	98
10절 상하 궤도와 관련되는 어프로치 Setup	103
11절 어깨 들썩임을 줄여 주는 오른쪽 아래 옆구리 회전 (로브샷)	114

2장 조건별 어프로치 방법   119

1절 퍼터 어프로치	122
2절 그린사이드 벙커샷	131
3절 잔디 어프로치 샷	150
4절 미들 어프로치	180
5절 어프로치 Save 확률	194
6절 어프로치를 못 하는 방법	199

서문

어프로치는 방법을 알아야 해결된다.

볼을 정확하게 잘 쳐보겠다는 일념만으로는 10년, 20년 연습해도 제자리걸음을 할 가능성이 큰데, 그것은 인간의 동작 수행 능력의 한계 때문이다.

방법론적으로 접근하여, 책에 기술된 내용을 하나씩 확인(섭렵)해가는 것은 큰 즐거움이 될 것이고, 어프로치 능력 향상에 큰 도움이 될 것이다.

어프로치 Map : *"남들이 보지 못한 것을 보라."*

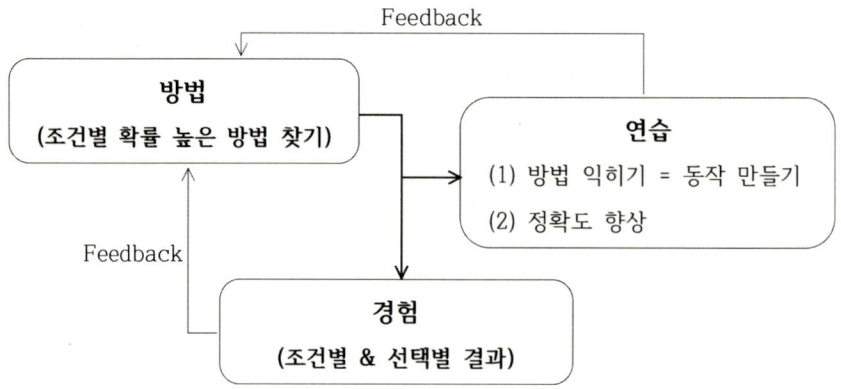

어프로치는 거리에 따라 다음과 같이 분류할 수 있다.
- 매우 짧은 거리 어프로치 : 어깨 회전 없이 팔 동작으로 칠 수 있는 거리
- 짧은 거리 어프로치 : 왼 무릎 회전 없는 백스윙 90° 크기 이내 거리
- 미들 거리 어프로치 : Loft가 가장 큰 클럽 거리의 85% 이내 거리
* 웨지 Full swing : Loft가 가장 큰 클럽 일반 스윙의 85% 이상 거리

본서에서는 미들 거리 어프로치까지 다루며, *웨지 Full shot은 3 & 4권 스윙 편에서 설명한다.*

어프로치에서, 가장 큰 영향을 주는 것은 볼이 놓여 있는 바닥 조건, 즉 잔디 라이이다. 먼저 잔디 라이(바닥 조건)의 특성을 이해하는 것이 절대적으로 필요하다. 그리고 그것에 따라 확률이 높은 샷을 구사한다.

어프로치에서 가장 필요로 하는 것은 상하 궤도 정타, 즉 토핑 뒤땅 실수를 없애는 것이다. 거리 맞추기는 그다음 사항이다.
- 어프로치 최소 개수 : '18 - 온그린 못한 홀 수'
- 어프로치 최대 개수 : '18 + 토핑 뒤땅으로 다시 어프로치를 한 횟수'
* 대략 프로선수는 5회 내외, 중상급 골퍼는 10회 내외 어프로치를 하는 데 반해, 하급자 또는 초보자는 토핑 뒤땅 실수 횟수에 따라서 20회 이상의 어프로치를 할 수도 있다.

스윙 동작 크기가 훨씬 작은 어프로치에서 오히려 Full shot보다 토핑 뒤땅 실수 확률이 큰 이유는 다음과 같다.
① Loft가 큰 클럽은 타격점 기준으로 볼과 잔디 사이의 높이 공간이 적다.
② 스윙 크기 작아서 혹은 헤드 스피드 낮아서, 헤드의 동적에너지가 적기 때문에, 잔디와 지면 저항을 상대적으로 큰 비율로 받는다.
③ 손목 릴리즈 사용량이 큰 폭으로 변하여 감에 의존해야 하는 특성이 있으므로 많은 연습량이 필요하다.
④ 더 다양한 트러블 조건에 직면한다.

이런 불리함을 극복하는 방법은, 먼저 어프로치에 이런 불리한 면이 있다는 것을 깨닫고 이해하는 것이 절대적으로 필요하다. 각각의 상황에 대응하는 방법을 찾아 연마하고, 최적의 선택을 하여 적용하는 것이다.

본서 1장에서는 잔디 라이 특성과 대처법을 알아보고, 궤도 정확도를 올리는 Swing 동작 만드는 방법과 몇 가지 Shot 구사하는 방법을 설명한다.
그리고 토핑과 뒤땅이 발생할 확률 계산으로, 어떤 것이 더 좋은 선택인지 확신하도록 하는 내용을 포함하고 있다.
주의할 것은, 어프로치의 타격 정확도를 무한대로 좋게 할 수 없다는 것이다. 정확도 연습으로 해결할 수 있는 범위는 생각보다 크지 않다. 그리고 어프로치 감은 몸에 오래 저장되지 않는다는 특성이 있다.

본서 2장에서는 다음과 같은 큰 구분으로 어프로치 하는 방법을 설명한다.
- 퍼터 사용하는 어프로치 : 그린 위 퍼팅과 다른 수평 타법 적용, 그리고 달라지는 Break 읽기
- 그린사이드 벙커샷 : 일반 Full swing과 완전히 다른 메커니즘 형태
- 일반 잔디에서 어프로치 샷 : 잔디 영향 및 경사 영향 최소화하는 방법
- 미들 거리 어프로치 : Full shot 거리보다 훨씬 어려운 조건

골프 실력별 어프로치 횟수, Save 비율, 손실 타수는 대략 다음과 같다.

    프로선수 --- 6회 --- 50% 성공 ------------- 손실 타수 +3
    75타 ------- 8회 --- 40% 성공 ----------- 손실 타수 +4.8
    85타 ------ 10+1회 --- 30% 성공 ------- 손실 타수 +7.7
    95타 ------ 12+2회 --- 20% 성공 ------ 손실 타수 +11.2 -- 추가 1타
    105타 ----- 14+3회 --- 10% 성공 ----- 손실 타수 +15.3 -- 추가 2타

  * 추가 타수는 벌타를 의미함.

본서 어프로치 방법에 관한 내용은 20% 정도 성공률(실제는 토핑 뒤땅 실수로 온그린 못 한 Hole보다 어프로치를 실시한 횟수가 더 많은 상태의 실력)을 가지는 일반 평균 골퍼가 40% 성공률 정도로 실력을 올리는 내용을 담았다.
이것은 큰 실수가 없어지는 것까지 고려하여 50% 정도에 가까운 실력 향상 효과를 목표로 한다.
실력 향상을 타수로 환산하면 어프로치에서 대략 5타 정도를 줄이는 것이다. 골프에서 5타는 엄청나게 큰 타수이며 또한 큰 실력 차이를 의미한다.
  * 105타 타수대의 하급자 또는 초보자라면 8타 정도를 줄이는 내용이라고 할 수 있다.

이 책의 내용이 골퍼들에게 사랑받게 된다면, 독자의 어프로치 실력은 만족할 만한 성장을 하게 될 것이고, 일반 골퍼들은 훗날 고민과 두려움 없이 편안하게 어프로치 샷을 구사하게 될 것이다.

2024년 3월
최원규(W.G.Choi)

답답함

"I'm not OK!"

아무리 봐도, 들어도, 해봐도 도무지 이해할 수 없다.
그러나, 모르겠다고 하면 바보가 될 것 같은 느낌이다.

방법에는 적합한 연습법이 있으며, 달성할 수 있는 한계 수준이 정해져 있다.

어떻게 하면 어프로치 뒤땅 토핑을 최소화할 수 있을까?

어프로치 뒤땅 토핑 방지

풀 스윙이 신체적 근력의 한계와 동작 정확도의 한계를 극복하는 것이라면, 어프로치 스윙은 단순히 동작 정확도의 한계에만 직면한 사항이다.

어떤 라운드에서 온그린 5개면 어프로치 최소 개수는 13개인데, 만약 20개가 넘는 어프로치를 했다면 끔찍하게 어프로치 실수를 많이 했다는 이야기다.
실수의 형태는 대부분 뒤땅과 토핑으로써, 상하 궤도 실수가 전체 어프로치 실수의 60% 이상을 차지할 것이다.

 * 쇼트 & 미들 어프로치 개수는 0~27개 정도로, 아이언 샷과 어프로치 능력, 그리고 코스 조건에 따라서 시도 횟수 폭이 굉장히 넓다.

뒤땅 토핑의 원인을 찾아보지만, 명확히 알 수는 없고, 똑바로 정확히 잘 맞춰야겠다는 다짐과 더 많은 어프로치 연습을 하겠다는 결심을 했다면, 이 골퍼는 그다음에 잘 할 수 있겠는가? 그리고 상하 타점 미스의 원인은 무엇이었을까?

- Setup이 문제인가?
- 리듬과 템포 문제인가?
- 연습이 부족해서일까?
- 정신력(자신감, 멘탈) 사항인가?
- 타법, 클럽 선택의 문제인가?

교습가들이 하라는 것들은 거의 다 했는데, 그런데도 10년, 20년 연습했던 10m~30m 쇼트 어프로치, 겨우 90° 이내의 백스윙 크기인데도 타격 높이를 못 맞추어 뒤땅 토핑이 반복해서 난다면 해답은 무엇인가?

그리고 다양한 잔디 라이가 어떤 영향을 주는가? 복합 트러블 조건이라면?
- 타격 높이 공간은 얼마나 있는가? 타격 높이를 맞춰 성공할 확률은?
- 잔디 라이에 따른 타격법? 칩샷의 핵심은?
- 왜 타격 높낮이의 궤도가 바뀌나?
- 트러블 극복 방법은 무엇인가?

어프로치 뒤땅 토핑 원인을 개략적으로 분류하면 다음과 같다.
-. <u>동작의 부정확에서 오는 것</u> : 상하 궤도 잘 맞추겠다는 의지만으로는 안 되고, 다음과 같은 궤도 변화 이해와 동작을 만드는 방법 선정이 필요
 ^ 백스윙 왼팔~오른팔의 가속~감속 역할 --- 사용한 팔에 따라서 손목 변화
 ^ 무릎 폄(그립 길이와 폄 리더 근육) --- 하체 폄 작으면 뒤땅과 헤드업
 ^ 골반 회전량(옆구리 근육의 강도) --- 힙 턴 작으면 뒤땅, 많으면 토핑
 ^ 손목 힘 --- 어깨가 올라가면 스쿠핑 형태 토핑
 ^ 고정 --- 아주 짧은 거리는 팔로만 스윙, 어깨 고정 안 되면 뒤땅, 토핑

-. <u>조건의 어려움</u> :
 ^ 타이트한 잔디 라이 --- 동작 정확도로 해결되지 않고, 극복하는 방법을 찾아야 한다.
  (A) Loft 작게 --- Loft 작은 클럽 선택 (칩샷은 45° Loft 클럽 사용)
            핸드포워드(De-loft 타격)
            볼 오른쪽 Setup(다운블로 타격)
            퍼터 사용(그린 근거리, 뒤땅 토핑 Free)
  (B) 바닥 저항을 이겨내는 타법 --- 컷 샷
            오른 팔꿈치 외회전 샷
            힐 쪽 타점
  (C) 그린사이드 벙커 --- 일반 스윙에 비해 자세와 동작이 전혀 다른 샷
  (D) 움푹 꺼진 곳 --- 창의적인 플레이가 요구됨

 ^ 러프 저항 --- 더 세게&크게 치는 것보다는, 보상법 찾아야 한다.
  (A) 45° Loft 클럽을 뉘어서 치기
  (B) 플롭샷, 로브샷 치기 (탄도 높여야 하는 경우를 포함한 특별한 상황)
  (C) 왼손 4th, 3rd 손가락 힘주기
  (D) 얇게 타격하기 --- 왼손 3rd, 2nd 손가락 힘주기

(E) 스탠스 벌려 서기 --- 러프 이겨내기
  (F) 토우 밑 타점으로 타격 (작은 거리를 약하게 치는 방법)

^ 경사지 --- 되는 샷과 하면 안 되는 샷(미스로 이어지는 샷)을 구분해야 한다.
  (A) 그립 길이와 왼 하체 리더 근육 사용 관계 --- 그립 짧으면 위쪽 근육
  (B) 힙 턴 샷 vs 컷 샷 --- 컷 샷은 오르막에 사용하면 안 됨

^ 낙구 공간의 제약
  (A) 탄도 높이기 --- 로브샷, 플롭샷
  (B) 바운드 이용 --- 범프앤런(그린 밖을 부딪쳐 올리는 샷)
  (C) 힘없는 타격 --- 오른손 4th 손가락 힘주기(끊어치기)

-. 이상 동작 :
  ^ 헤드업에 의한 뒤땅 --- 폄을 못하고 주저앉음
  ^ 팔 & 손목 경직에 따른 토핑 --- 상체 경직은 궤도 올림

Remarks

#1. 특별한 경우가 아니라면, 쇼트 어프로치는 LW와 Loft가 45° 언저리인 클럽 두 개를 준비하여 최종적으로 결정한다.

타이트한 잔디 라이라면 45° 클럽으로 칩샷을 한다. 타이트한 라이가 아니라면 45° 클럽으로 런닝 또는 LW로 피치샷 둘 다 가능하다.

*Loft 45° 근처의 클럽은 토핑이 발생하더라도, 정상적인 타점과 비슷한 거리가 간다. 이 특성을 이용하는 것이 중요하다. 현명한 클럽 선택이 된다. 이것은 타이트한 라이에서 큰 미스가 발생할 확률을 반의반, 즉 1/4 정도로 줄어들게 하는 결과를 만들어 줄 것이다.

#2. GW(AW), 즉 Loft 50° 근처의 클럽으로 쇼트 어프로치 하는 것은 (칩샷이든 피치샷이든) 가장 나쁜 클럽 선택이라고 할 수도 있다.

이 클럽은 Full shot에서 PW와 SW(LW) 사이의 거리를 치는 클럽이다. 즉 PW로 85% 전후 거리 Shot을 해야 하는데, 그 거리를 더 효과적으로 공략하는 클럽이 GW(AW)라고 생각해야 한다.

쇼트 어프로치에서 50° GW(AW) 선택은 이도 저도 아닌 결과를 만들 수 있다.

상급자 단계에서 깨닫는 기본 사항

1.1 어프로치 양팔의 가속-감속-가속 역할 분담

(골프에서 가장 많은 연습이 필요한 분야 : 어프로치)

(골프에서 연습 안 하면 샷감이 제일 먼저 안 좋아지는 것 : 어프로치)

어프로치는 감각적인 부분이 크게 작용하는데, 일단 정형화된 동작 생성이 우선 필요하다.
어프로치 샷에서 뒤땅과 토핑 방지를 위하여 다음 3가지 관점에서 살펴볼 필요가 있다.

- 가속과 감속을 주관하는 좌우 근육 사용 --- 어깨 Up & Down과 손목 꺾임
- 방법의 선택 --- 확률이 높은 타법
- 스윙 동작 --- 정확도

a) 차이 인지

Full shot에 비해서 쇼트 & 미들 어프로치는 다음과 같은 차이가 있다.

항목	Full shot	어프로치 shot	Remark
사용 힘	100% 동력원 : 하체->상체 모든 근육	10~50% 동력원 : 하체 일부, 옆구리, 등, 가슴, 어깨, 손목	^어프로치는 힘세기 조절 능력과 무관 ^잔디 & 바닥 저항 2~10배 더 받음
필요한 조절	스윙 크기 차이 거의 미미(없음)	^스윙 크기 변화 ^스윙 빠르기 변화	어프로치 연습 많이 해야 하는 이유
제약조건 (중요 사항)	릴리즈 적정 여부가 첫 번째 관건	^클럽 헤드의 동적 에너지가 10%~50%로 작아서, 잔디 저항(뒤땅) 영향을 크게 받는다. ^토핑에 따른 에너지 전달량 차이가 심하다.	^어프로치에서 잔디 라이가 중요하게 작용하는 이유 ^어프로치에서 클럽 선택과 상하 궤도 제어가 중요한 이유

표 2.1.1 Full shot과 어프로치 차이

* 어프로치 Swing과 Full Swing은 다른 조건, 다른 상황, 다른 동작이다. 만약 같다고 생각한다면 엉뚱한 상상을 하게 될 것이다.

b) 어프로치 샷감을 변화시키는 것 (가속-감속-가속 양팔 역할 분담)

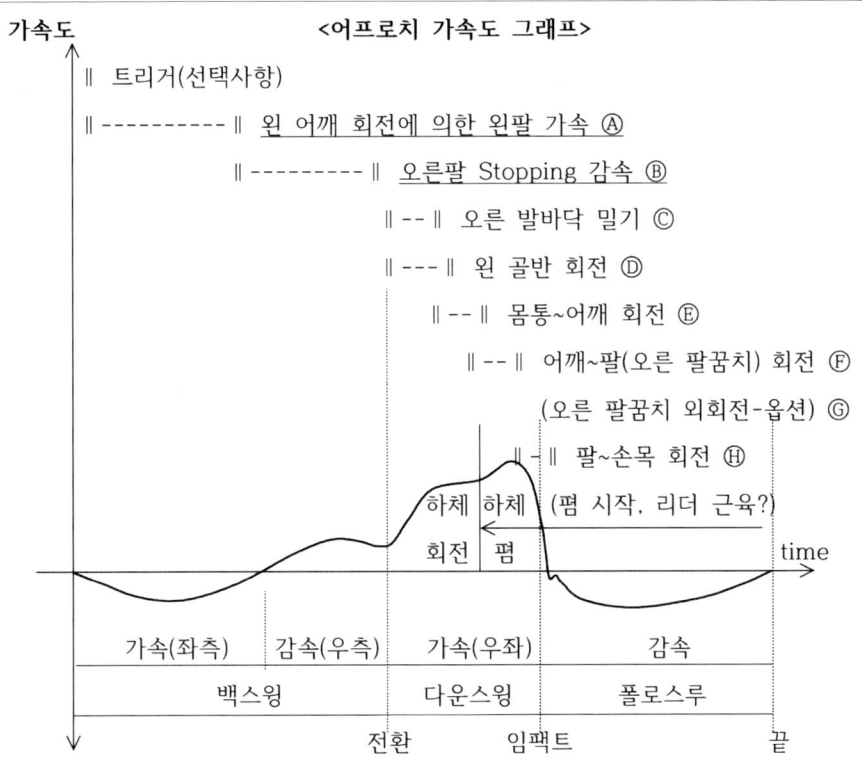

토핑·뒤땅 : 가속, 감속 패턴 변화에 따라 다음과 같은 상하 궤도 변화 발생
- Ⓐ~Ⓑ에서 왼팔이 아닌, 오른팔로 가속하였다가 오른손으로 감속하면 뒤땅
  * 왼 무릎을 들어 올리는 백스윙 시작 트리거 동작이 들어가면, 신체 움직임 상 왼 어깨와 왼팔로 백스윙 가속을 못 하고 오른팔로 백스윙 가속을 하는 모양이 나타난다.
  (정상 : 어프로치에서 왼무릎 Level은 고정 또는 눌러주는 백스윙 시작)
- Ⓐ 왼팔 가속, 그러나 백스윙 후반부에 오른팔 대신 왼팔로 감속하고, 왼팔/손으로만 다시 다운스윙하면 뒤땅 --- 한 손 어프로치 연습은 비추천
- Ⓐ & Ⓑ는 정상 백스윙 되었으나, 왼팔이 주도되어서 다운스윙 가속하면 토핑

그림 2.1.2 어프로치 회전 가속·감속 형태 (≈ 어프로치 샷감 50% 연관)

왼 어깨(팔)의 가속부터 시작하는 그림의 회전 동작 가·감속 순서는 샷감이 된다. 더불어, 다운스윙 후반부 하체 펌 동작이 차순위로 샷감에 연관된다.

팔의 가속과 감속을 주관하는 좌우 근육에 대하여 알아볼 필요가 있는데, 이것은 샷감의 50% 정

도와 연관된다고 할 수 있다.

100% 힘이 사용되고 큰 원심력과 폄 관성이 작용하는 Full shot의 다운스윙에서는 원심력 때문에 손목 꺾임과 로테이션이 인위적으로 조작되기가 쉽지 않다. 또한 회전 형태에 따라서 그 변동 폭도 작지만, 어프로치 스윙에서는 가속과 감속에 사용된 팔 근육의 조건에 따라서 어깨가 Up & Down 되고 손목이 위아래로 꺾이는 현상이 쉽게 발생하고 크게 만들어진다.

어프로치에서는 이 변화를 적게 만드는 것이 뒤땅 토핑을 방지하는 중요한 역할을 하는데, 팔 굽힘 근육의 안 좋은 연동 작용이 최소로 나타나게 하기 위해서는 옆구리와 등 어깨의 동력으로부터 양팔의 가속-감속-가속 패턴을 다음과 같이 해주어야 한다.

- 백스윙 **가속**은 왼 어깨~팔이 주도해야 한다.
- 백스윙 **감속**은 오른팔~손목이 주도해야 한다.
- 다시 다운스윙 가속에서는 하체가 리드하고, 이어서 오른 어깨~팔 주도로 다운스윙이 진행되어야 한다. 임팩트 직전에 오른 손목이 작은 릴리즈를 주도한다.
* 가속-감속-가속이 진행되는 동안, 양팔의 삼두박근은 Tension을 약간 가지고 있어야 하는데, 이 Tension은 이두박근과 주근 vs 길항근 관계이다.

Remarks

#1. 팔의 가속-감속-가속 진행에 역할이 바뀌면 상하 궤도 변화가 크게 발생하여 그림에 언급된 형태로 뒤땅·토핑이 발생한다.

#2. 초보 단계에서는 손과 손가락 힘 변화로 가감속 및 헤드 궤도를 제어하려는 경향이 있는데, 퍼팅과 마찬가지로 어프로치에서 손가락 및 손 감각은 거의 사용되지 않으며, 단지 다운스윙 후반부에 오른 손목의 회전 가속에 일부 사용된다.

#3. 좌우 손 그립 악력을 변화시키면 스윙이 변화되는데, 이것은 제어할 수 없는 영역으로써, 그립 악력 변화로 샷을 제어하지는 않는다(제어하려 하면 안 된다). 단, 일부 손가락 악력 변화로 미세 타점 두께, 스윙 세기 조절, 타법 변화는 가능하다.

#4. '가속~감속~가속 양팔 역할 분담' 동작을 몸에 읽히는 데는 1~3개월이 걸리고, 숙달되어 자연스럽게 사용되는 데는 6개월 정도가 소요된다.
* 비유 : 이 가감속 패턴은 물구나무서기 난이도와 비슷하다. 교습가들이 시범 보이는 다음 c)항 드릴은 물구나무서서 전진하는 난이도와 비슷하다.

c) 가속~감속~가속 드릴
(이유와 방법을 알면 간단히 해결되는데, 모르면 답답)

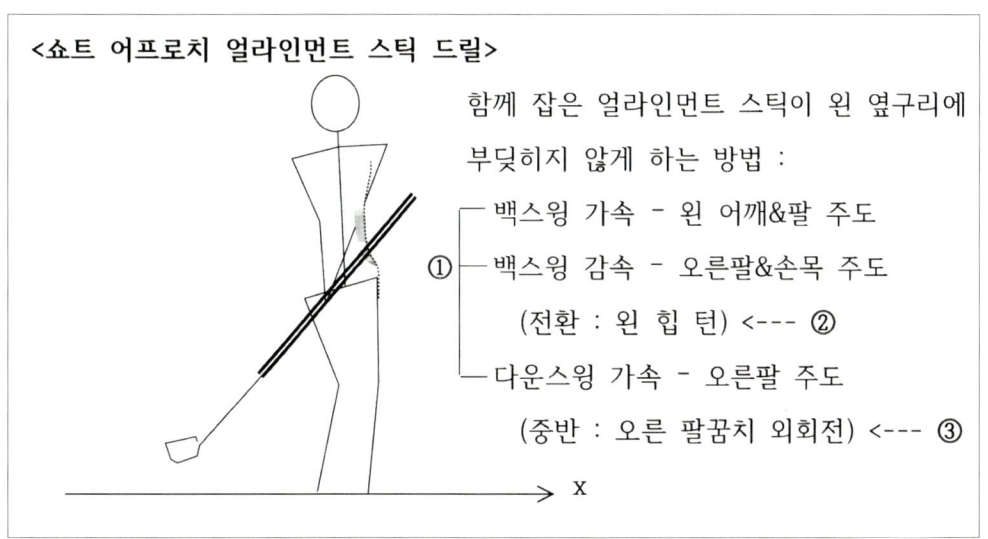

그림 2.1.3 어프로치 가속-감속-가속 연습 방법

어프로치 스윙을 하는 대표적인 연습 방법으로, "얼라인먼트 스틱을 클럽과 함께 쥐고, 스틱이 왼쪽 옆구리에 걸리지 않게 스윙하라."라는 것이 있다.

이것은 그림 2.1.2의 그래프 Ⓐ&Ⓑ와 Ⓕ에서 설명한 왼팔과 오른팔의 가속~감속~가속 패턴을 습득하는 것이다. 위 그림의 ①번 사항이다.

만약 가감속 역할 분담이 뒤바꾸면 다음과 같은 현상이 나타난다.
- 백스윙 시작에서 왼팔이 아닌 오른팔로 가속하면 스틱이 옆구리에 닿는다.
- 다운스윙 초반에 왼팔을 많이 사용하여 가속하면 스틱이 옆구리에 닿는다.

양쪽 팔의 가속~감속~가속 사용량과 시점이 맞으면, 다운스윙 시작의 급가속 상황에서 반응하는 근육 사용 형태가 부드러워져서 클럽 헤드의 상하 변동량을 줄일 수 있다.

반대로 패턴이 안 맞으면 전방 회전에 사용하는 근육의 수축이 클럽을 상하로 움직이게 하는 근육에 영향을 주어서 클럽 헤드의 상하 변동량이 커진다. 이는 결과적으로 뒤땅 토핑 미스 가능성을 키우게 된다.

얼라인먼트 스틱이 왼쪽 옆구리에 걸리지 않으려면 ①, ②, ③ 모두가 돼야 한다.

＊ 비유 : 2명이 동시에 출입 키를 넣어야 열리는 보안 문처럼, 얼라인먼트 스틱이 옆구리에 닿지 않게 하는 것을 터득하는 것은, 3가지(①②③) 충분조건이 필요하다.

만약 한 가지씩만 적용하여 시도했을 경우, 계속해서 얼라인먼트 스틱이 옆구리에 닿게 되는데, 끝내 *"닿지 않게 하라."* 라는 요구에 부응하기 어렵다.

d) 몸의 경직 상태 완화 (부드러운 동작)

앞에서 설명한, 백스윙 후반부 오른팔 감속 근력을 다운스윙 가속에 그대로 사용하는 형태는 상체 근육에 근력 변화를 적게 만든다.

이는 느끼는 근력 크기를 작게 만들어 주는데, 몸이(뇌가) 느끼는 힘이 덜 필요한 상태로 인식되고, 부드러운 스윙 동작 진행이 이루어지게 된다.

반대로 가속-감속-가속이 억지로 진행되는 비효율적인 상태라면 다음과 같은 상황이 발생한다. 아직 가감속 패턴을 익히지 못한 수준의 골퍼 내용이다.

- 어드레스 힘을 뺀 상태 : 다운스윙 어깨, 팔꿈치, 손목 힘 증가하면서 관절이 굽어지며 손(그립)과 클럽이 당겨 올려져서 토핑 발생
    ＊ 헤드업처럼 보이는데, 상체 모든 근육이 움츠러들면서 척추는 펴지는 모양이다(팔길이는 줄어들고 들리며, 척추는 펴지니 토핑).
- 어드레스 힘이 들어간 상태 : 다운스윙에서 하체 폄이 진행되지 못해 클럽 헤드가 처박는 뒤땅 발생
    ＊ 헤드업처럼 보이는데, 실은 하체 근육은 폄을 진행하지 못하고 척추와 팔만 펴지는 모양이다.

위 경우는 힘을 빼도 미스, 힘을 주어도 미스가 발생한다. 이 상태를 모두 헤드업이라고 하면서, 헤드업은 토핑 또는 뒤땅을 만들 수 있다고 한다면 근본적인 원인을 해결하기는 힘들다.

직접 힘을 빼거나 넣어서 헤드 궤도를 제어하는 것이 아니고, Even 상태 힘이 자연스럽게 유지되도록 가속-감속-가속 만드는 양팔 역할 분담이 필요하다.

e) 그립, 오른손 중지(3rd) & 약지(4th) 악력 분배

(상급자 단계에서 깨닫게 되지만, 일찍 알면 좋은 사항)
(끊어치는 어프로치 방법은 약지(4th)에 악력)

(경사지별 그립 악력)

폴로스루가 작은 끊어치는 어프로치는 오른손 중지(3rd) 악력을 빼고, 오른손 약지(4th)에 악력을 더 분배한다. (2 vs 2 ---〉 1 vs 3)
약지에 힘을 주고 중지에 힘을 빼면 가벼운 악력 상태가 된다. 이렇게 스윙하면, 자연스럽게 끊어치는 타법이 만들어진다.

* 적당한 무릎 쿠션 및 팔꿈치 & 손목 텐션은 어드레스 자세를 만들었다가 풀었다가 만들었다가 풀었다가를 반복할 때 변화하는 하방 클럽 헤드 중력 무게를 느끼는 것으로 설정할 수 있다.

응용(심화) : 경사지별 오른손 중지(3rd)와 약지(4th) 악력 상태는 다음과 같다.

	중지(3rd)	약지(4th)	Remarks
왼발 오르막 :	약	강	가볍게 잡은 턴 샷
			뚝 끊어치는 타법
* 만약 중지 약하게 잡지 않으면 뒤땅			
발끝 오르막 :	약	중, 약	가볍게 잡은 턴 샷
* 만약 중지 약하게 잡지 않으면 뒤땅			
왼발 내리막 :	강	약	
* 만약 **약지를 강하게** 잡으면 **토핑**			
발끝 내리막 :	강	약	
* 만약 **약지를 강하게** 잡으면 **토핑** (헤드업은 뒤땅)			
평지 :	중	중	
	강	중	플롭샷(단, 부드러운 손목)
	약	강	뚝 끊어치는 타법
	약	중	로브샷
* 로브샷은 오르막에서 가능한데, 내리막에서는 토핑 발생			

Remarks
#1. 끊어치는 타법을 구사하는 유일한 방법은 오른손 약지(4th) 악력을 조금 더 강하게 잡고 중지(3rd) 악력을 빼는 것이다.
몸의 회전 동력은 최종적으로 오른손 중지와 약지를 중심으로 클럽에 대부분 전달되는데, 중지 힘을 빼면 로테이션 동력 전달이 약해져서 임팩트 직전에 가속이 작아져 폴로스루가 작은 끊어치는 타법이 된다.

* 두 손가락 악력 분배에 따라 힘의 작용점이 조금 변하여 다음 항목이 바뀌는데, 스윙 형태뿐만 아니라 상하 궤도를 바뀌게 만든다.
 - 손목 각이 달라진다.
 - 헤드 무게 중심 사이에서 이격 거리가 달라져 로테이션(토크, 트위스트)이 달라진다.
 - 팔과 손목에서 가속을 만드는 굽힘 근육과 회전 근육의 상호 연동량이 변한다.
 cf) 백스핀 많은 칙칙이 타법 : 왼힙 내측 근육을 수축하여 하체 폄을 하면 스핀 많이 걸리는 런닝 어프로치가 된다.

#2. 끊어치는 타법은 내리막 경사(발끝 내리막, 왼발 내리막)를 제외하고 거의 모든 경사지 및 잔디 라이에서 사용할 수는 있다. 거리는 5%~5m 짧아진다.
단, 상황에 따라서 거리 정확도는 편차가 있다고 봐야 한다.

#3. 경사지에 따라서 오른손 중지와 약지의 악력 분배가 맞지 않으면, 타점 정확도는 거의 맞추기 어렵다고 봐야 한다. 그냥 잘 맞추겠다는 마음으로는 극복할 수 없는 사항이다.
 * 경사지에 따라서 가능한 샷(확률이 높은 샷)이 있고 가능하지 않은 샷(확률이 낮은 샷)이 있다.

#4. 각각 구사하는 어프로치 샷은 Setup부터 스윙 동작까지 고유의 형태가 있다. 처음에는 하나하나 몸에 익히는 과정이 필요한데, 최종적으로는 자연스럽게, 즉 무의식적으로 필요한 형태를 잡게 된다. 세트 메뉴처럼 구사된다.

#5. 오른손 중지와 약지의 악력 분배는 Full swing 및 105% 스윙에서 캐스팅 완화와 방향성 조정에 사용될 수 있다.

#6. '가속-감속-가속'하는 양팔 분담, 오른손 중지 & 약지의 악력 비율은 눈에 보이지 않는 것이다. 따라서 눈으로 보고 배울 수 있는 내용이 아니다.

#7. Reminder : 쇼트 어프로치는 다음 사항이 Full swing과 다르다.
 A. 동력원이 다르다. (릴리즈와 자연 로테이션양이 매우 작다.)
 B. 헤드 동적에너지가 작아서 바닥(잔디) 저항 영향을 크게 받는다.
 C. 스윙 크기 변화 및 스윙 빠르기 변화
 D. Loft 각에 따라 (클럽에 따라) 토핑 타격 에너지 전달량이 다르다.

가장 먼저 고려해야 할 것은 잔디 라이 상태

1.2 쇼트 어프로치 잔디 라이
(타이트한 바닥, 깊은 러프 대응 방법)

어프로치 해야 할 때 보는 것은 다음과 같은 순서이다.
① 볼의 잔디 라이
② 경사지 조건 (자세)
③ 핀 위치 (실거리, 고저 거리, 공간, 낙구 지점, Run & Break)
④ 기타 (바람, Risk)

위 사항은 1st Input 조건이다.
이것을 바탕으로, 다음의 2nd Input 사항을 결 정한다.
Ⓐ 공략 지점 (방법)
Ⓑ 타법
Ⓒ 거리 (세기 ≈ 스윙 크기)
Ⓓ 클럽

이후 3rd Input인 자세 취하기, 4th Input인 백스윙 & 다운스윙을 한다.

제일 먼저, 가장 중요하게 고려되는 것은 잔디 라이 상태인데, 잔디 라이 조건에 따라서 클럽과 타법이 결정되기 때문이다.

그림 2.1.4 잔디 위의 볼 상태 (잔디 라이)

1) 쇼트 어프로치 잔디 라이의 종류

a) 잔디 라이 구분과 대처법

잔디 라이는 다음과 같이 분류된다.

그림 2.1.5 Ⓐ~Ⓝ 잔디 라이 (Normal + 14가지 잔디 트러블)
(괄호 속 분포 비율은 경험적으로 직면하는 대략적인 수치이며, 지역별 계절별 코스별로 상이하다. 타법에 대한 방법은 *4절에서부터* 설명한다.)

Ⓐ Normal 잔디 라이 (30~50%)

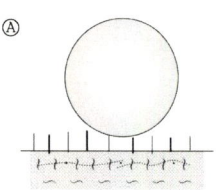

특별한 어려움과 고려해야 할 것이 없는 잔디 라이다.
◇ 피치샷, 칩샷, 기타 샷에 제약 없다.
◇ 백스윙에서 왼 무릎만 잘 고정하면 무난하다.
이 라이에서 마저 뒤땅 토핑 난다면, 스윙 상하 궤도 불량이므로, 먼저 샷 동작 정확도를 향상해야 한다.

* 조금 두껍게 들어가서, 잔디 쓸림이 있어도 거리 감소는 크지 않다. 단, 잔디 높이가 짧으면 부담스러워지고, 바닥(흙)이 잘 다져진 상태의 잔디라면 부담은 점점 가중된다.
cf) 버뮤다 그라스 경우 잔디 줄기저항이 커서 끊어치는 타법 추천

Ⓑ Normal 조밀한 페어웨이 잔디 라이 (20% 내외, 여름철 또는 아열대 지방은 50% 내외)

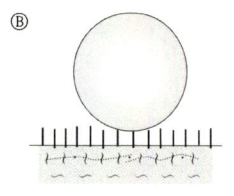

잔디 생육이 왕성할 때, 잘 깎여진 잔디 위의 볼 상태이다. 좋은 페어웨이지만 쇼트 어프로치 하기에는 만만치 않다. 시각적으로는 쉬워 보이지만, 러프보다 더 어려울 수 있으며, 그 결과도 러프보다 더 안 좋을 수 있다.
쇼트 어프로치는 헤드의 동적에너지가 작아서, 잔디 쓸림이 조금이라도 있으면, 더덕이게 된다.

'뒤땅 더덕'이 아닌, '잔디 저항 더덕'이다.
◇ 잔디의 저항을 최소화하기 위해 다운블로로 타격 되어야 한다. 절대 쓸어치려 하면 안 된다. 또한, 바운스로 치려 하면 안 된다. 잔디 저항 때문에 어이없는 결과를 얻게 될 가능성이 커진다.
◇ 높은 탄도가 꼭 필요할 때는 정확도는 떨어지지만 과감하게 플롭샷을 쳐야 한다. 로브샷은 상

대적으로 실패 확률이 높다.

* 페이스 조금 열고 소심하게 쳐서는 잔디 저항을 극복할 수 없다.

대처 : 바운스가 큰 클럽은 불리하다.
- ^ 볼 먼저 타격 되도록 하는 칩샷(Running) 형태
  (얇게 타격하기 : 두껍지 않고, 얇게 타격 되는 것이 관건인데, 왼손 중지 또는 검지의 악력 10% 추가)
- ^ 다운블로 타격
- ^ 정교한 핸드포워드 타법
- ^ 탄도 필요시 LW(Lob wedge)로 힐 부분 타격
- * 컷 샷으로는 촘촘한 잔디 저항을 극복하지 못한다.
  컷 샷 구사하면 헤드가 확 돌게 될 가능성이 크다.

Remarks

#1. Ⓐ의 잔디에서, 헤드가 잔디를 쓸고 들어가도 잘 되던 쇼트 어프로치 타법이, 이 Ⓑ잔디에서는 통하지 않게 된다. Ⓐ와 Ⓑ는 기본 잔디 조건이지만, 둘의 구분된 연습은 확실히 해두어야 한다.

#2. 촘촘한 러프를 (가위로) 잘라서, 촘촘한 페어웨이를 만들어 Ⓐ, Ⓑ, Ⓘ를 동시에 연습하면서 세 가지 조건 구별을 머릿속에 각인시킬 필요가 있다.

Ⓑ는 깨끗한 타격 두께를 더 요구하므로 이걸 잘 치면 타이트한 라이에서도 타격 높이 정확도를 키울 수 있다.

Ⓒ 타이트한 잔디 & 다져진 지면 (10~20%)

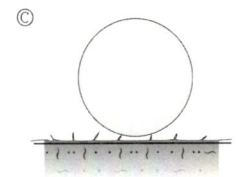

에이프런 또는 그린 주위 통로, 발로 다져진 곳의 잔디 모양이다. 주로 건기(겨울과 이른 봄철) 잔디 상태이다.

◇ 궤도 두꺼우면 클럽 헤드 밑부분이 지면에 맞고 위로 튀어 올라서 발생하는 토핑 가능성이 크다. 얇게 쳐도 토핑이 된다.

아마추어가 LW 사용, 일반 어프로치 타법으로 볼만 깨끗하게 친다는 것은 거의 행운에 가깝다.

* 로프트가 45°보다 더 작은 클럽은 헤드 동적에너지가 더 작아서 뒤땅에 거리 감소가 심하다.

대처 : 경로상 제약이 심하지 않으면 퍼터 사용, Loft 45° 언저리 클럽 사용하여 핸드 포워드 타법, 칩&런, 피치&런, 바닥이 받아주는 조건이면 컷 샷 가능

Ⓓ 타이트한 잔디 & 튼실한 잔디 뿌리 (5% 내외)

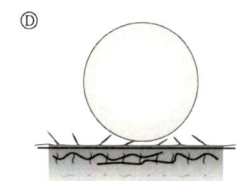

잘 다져진 그린 주위 양잔디 모양이다.
눈에 잔디 줄기가 옆으로 퍼진 모양도 보인다.
잔디 생육이 느린 겨울철, 이른 봄철 간혹 양잔디 상태이며, 그린 에지에도 이런 잔디일 수 있다.
◇ 궤도 조금만 두꺼워도 Leading edge가 잔디 줄기 또는 뿌리에 잡힌다. 뒤땅에 거리 매우 짧게 될 가능성이 크다.

대처 : Loft 작은 클럽 사용하여 얇은 타격의 굴려 치기, 퍼터 사용
 * 컷 샷은 안 통함(지면 & 잔디 절단 못 함)

Ⓔ 복토 된 잔디 (5% 내외)

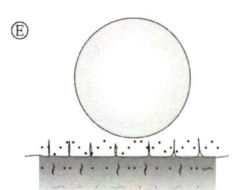

이른 봄철 페어웨이 및 그린 주위에 모래를 뿌려놓은 시기가 있다.
(이 시기에는 50% 내외의 어프로치 조건이 그림과 같다.)
◇ 모래의 영향으로 어려운 어프로치 조건이 된다. 일반 샷으로 실수 없이 가까이 붙이기는 쉽지 않다.
조금 두꺼우면 모래의 저항으로 큰 거리 손실 발생한다.

대처 : Loft 45° 언저리 클럽 사용, 핸드포워드 타법, 컷 샷, 피치&런, 퍼터 사용
 * 보통 심리적인 것 때문에 헤드업에 더덕 거리는 뒤땅이 날 가능성이 매우 크다.

Ⓕ 맨땅 (5% 내외)

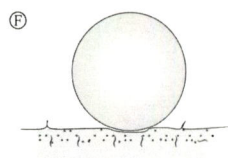

잔디가 거의 사라진 곳에 있는 볼이다.
땅이 딱딱할 때와 무른(푸석한) 때 타법이 조금 달라진다.
◇ 토핑 뒤땅의 심한 압박을 느끼게 하는 조건이다.
무른 땅이면 바운스를 이용한 오른 팔꿈치 외회전 샷이 통한다. 벙커샷, 컷 샷도 가능하다.
딱딱한 땅이면 심사숙고하는 선택 및 보수적 접근 필요하다. 일단은, 바운스가 없는(작은) 웨지를 사용한다.

ⓖ 가벼운 러프 (잔디 낌) (20% 내외)

페이스와 볼 사이에 가벼운 잔디 낌이 발생하는 조건이다.

◇ 위 ⓑ 잔디에서 잔디의 새잎이 조금 자라서 올라온 모양이다.

◇ 잔디 낌의 거리 감소를 고려하여 스윙 크기를 가져야 한다.

쓸어치기에도 다운블로로 치기에도 어정쩡하다.

스핀이 걸릴지 안 걸릴지도 어정쩡하게 된다.

대처 : ⓑ 잔디와 같은 선택

* 조금 두꺼우면 의외로 잔디 저항이 클 수 있다. 조밀한 페어웨이 잔디에서와 같이 거리가 짧게 나오는 실수가 발생한다.

ⓗ 떠 있는 잔디 (10% 내외)

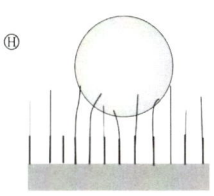

잔디 위에 볼이 떠 있는 상태이다.

◇ 쓸어치는 타법이 적절하다.

◇ 다운블로로 치게 되면 볼이 눌리며 내려가는 어설픈 임팩트가 이루어져 거리가 짧게 된다.

이 모양에서는 절대 다운블로로 타격하면 안 된다.

대처 : 쓸어치기 타법, 끊어치는 타법

ⓘ 깊은 러프 (20~30%)

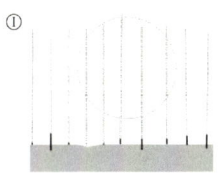

볼이 50~100% 또는 그 이상 잠긴 러프이다.

◇ 잔디에 잠긴 깊이와 상태에 따라서 특별한 샷들이 필요하게 된다.

건조한 계절에는 잔디 줄기가 억세서 볼이 깊이 들어가지는 않으나, 우기에는 부드러운 잔디 속으로 깊숙이 파묻히는 경우가 많다. 버뮤다 그라스, 벤트 그라스 종류 러프는 잔디 줄기가 약하여 볼이 깊이 잠기게 된다.

* 줄기가 약한 러프(버뮤다 그라스, 벤트 그라스)에 볼이 들어가면 가라앉게 되는데 이 잔디는 줄기가 질겨 저항이 크게 걸린다. 그나마 건기에는 잔디 절단이 잘 되나, 우기의 무른 잔디는 클럽 헤드를 더 강하게 붙잡는다.

대처 : 상황에 따라 대략 다음과 같이 유동적으로 적용

- 그린 공략 공간 제약이 없을 때 :

^ 100% 이하 러프 깊이일 때 : 45° 언저리 클럽으로 칩샷, 볼 뒤 잔디와 함께 친다(굳이 다운 블로로 치려 하면 안 되고, 잔디를 함께 쓸어치듯 한다).

^ 100% 이상 러프 깊이일 때 : 45° 언저리 클럽으로 늦어 잡고 가벼운 타격 한다(넌 헤드 모양이 잔디에 감기는 것을 완화해 주어서 의외의 좋은 결과를 얻는다. 탄도와 스핀을 키울 수 있어서 LW의 피치샷보다 결과가 좋다).

^ LW로 피치샷 : 반드시 스탠스를 더 벌려주어야 한다. 그래야 체중 이동과 함께 잔디 저항 이겨내는 타격할 수 있다.

* 얇은 타격을 위해서는 왼손 3rd, 2nd 손가락 악력을 조금 더 준다.

- 그린 공략 공간이 없어서 띄워야 할 때 :

^ 100% 이하 러프 깊이일 때 : Loft 큰 클럽으로 가벼운 로브샷

^ 100% 이상 러프 깊이일 때 : Loft 큰 클럽으로 강한 플롭샷

* 얇게 타격 되도록 왼손 중지 또는 검지 대략 10% 악력 추가 할 수 있다. 특히 오르막 경사일 때는 스윙 궤도가 올라가도록 해주어야 하는데, 어깨를 경사에 평행하게 Setup 한다.

^ 왼발 내리막 경사 : 강한 플롭샷

깊은 러프의 왼발 내리막 상황은 탄도와 스핀 때문에 보통 플롭샷이 요구된다. 스윙 구조상, 클럽 헤드가 지면을 따라서 낮게 빠져나가므로 샷을 하는데 무리 없이 수행될 수 있어서, 보기에는 어려워 보이지만 실제 쉬운 난이도이다.

cf) 보통 컷 샷 & 로브샷은 부드러운 그립 상태(부드러운 손목 왜글)를 가져가는데, 플롭샷은 잔디 저항 양에 따라 그립 악력 상태가 달라진다.

〈러프 깊이별 대략적인 거리 감소율〉

러프 깊이 (볼이 잠긴 비율)	50%	100%	150%	200%
쇼트 어프로치에서 거리 감소	0~(-)10%	-15%	-30%	-50%
Full Shot에서 거리 감소	0~(-)5%	-10%	-20%	-30%

* 대략적인 값으로써, 잔디의 조밀 상태와 샷에 따라 달라진다.

〈러프 분류〉

^ 페어웨이(Fairway) : 1~2cm 깊이

^ A 러프 : ~ 5cm 정도 깊이 --- 1st cut

페어웨이 인접 구역(Intermediate, Step cut of rough)
^ B 러프 : ~ 8cm 정도 깊이 --- 2nd cut
　　프라이머리 러프(Primary rough)
^ C 러프 : 10cm 이상의 깊이 --- 자연 그대로 상태, 외곽 지역
　　리모트 러프(Remote, Heavy rough, Deep rough)
* 잔디의 깊이보다는 볼이 잠긴 깊이가 샷과 직결된다.

Ⓙ 역결 러프 (10% 내외)

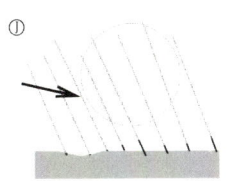

클럽 헤드의 진행에 큰 저항을 주고, 헤드의 움직임에도 큰 변형을 만들어 정확성을 떨어트리게 만드는 잔디 라이다.
왼손 그립의 악력을 조금 더 세게 잡는다.
보수적인 공략 전략(선택)이 필요하다.
대처 : 로브샷, 플롭샷, 토우 밑 타격법

Ⓚ 디봇에 들어갔을 때 (5% 내외)

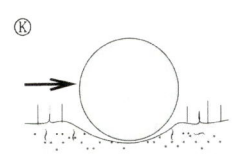

운이 없는 경우이지만, 어쩌다 가끔 움푹 팬 자리에 볼이 들어가는 때도 있다.
헤드 Leading edge를 틈새로 넣는 것은 거의 어렵다고 봐야 한다.
창의적인 플레이가 필요하다.
퍼터로 쳐서 점프시키는 것이 수월할 수도 있다.
대처 : 퍼터 선택, 토우 밑 타격법(짧은 거리), 두꺼운 컷 샷

* 볼과 흙 사이에 클럽 헤드를 정확히 넣겠다거나, 녹다운 샷과 비슷한 궤도로 볼을 먼저 강하게 가격해서 해결하려 하면 큰 미스로 이어질 소지가 다분하다.

Ⓛ 움푹 꺼진 곳 (10% 내외)
잔디의 길이는 Normal 조건과 비슷한데, 볼이 움푹 꺼진 곳에 있을 때이다. 종종 있는 볼 라이다.
◇ 볼은 잔디 위에는 있으나, 지면이 꺼져 있어서 볼 뒤, 밑으로 헤드를 넣기가 난감한 경우이다.
　거의 볼을 띄우기 어려운 조건이다.
타격 힘 조절이 어려워서 거리 맞추기도 쉽지 않다. 따라서 보수적인 선택을 해야 한다.

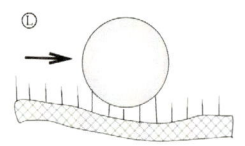

　　　　　　　　　　대처 : 다운블로 타격, 컷 샷, 토우 밑 타격법, 퍼터 사용, 범프앤런
　　　　　　　　　　　* 심리적인 요인이 작용하므로, 헤드업에도 유의해야 한다. 이
　　　　　　　　　　　　경우의 헤드업은 보통 토핑을 만든다.

Ⓜ 페어웨이와 러프의 경계선에 있을 때 (5% 내외)

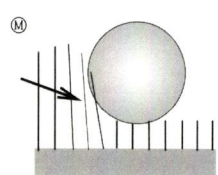

　　　　　　　　　　볼이 두 잔디의 경계선에 놓이면, 잔디 저항이 얼마나 작용할지 가
　　　　　　　　　　늠하기 어렵다.
　　　　　　　　　◇ 시각적으로 쉬워 보이지만, 난해한 조건이다.
　　　　　　　　　　보통 잔디 저항에 비해 약한 스윙을 할 경우가 많은데 짧게 되는
　　　　　　　　　　결과가 나온다. 생각보다 큰 잔디 저항과 페이스 면에 낀 잔디의
　　　　　　　　　　에너지 전달 감소 때문이다.

대처 : LW로 로브샷
　* 로브샷은 클럽 헤드가 받는 잔디 저항 변화를 최소화해줄 것이다.

Ⓝ 배수구 근처 잔디(스펀지 잔디) (5% 내외)

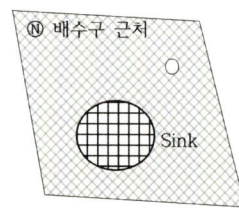

　　　　　　　　　　시각적으로는 어렵지 않게 보이나, 함정이 있다.
　　　　　　　　　◇ 잔디가 부드럽고 조밀한데, 잘 깎여 있는 곳의 볼 또는 러프 속
　　　　　　　　　　의 볼 모두 잔디 저항을 심하게 받는다. 보통 거리가 짧게 된다.
　　　　　　　　　◇ 심리적인 요소로, 왠지 모르는 급한 스윙 루틴을 가져갈 가능성
　　　　　　　　　　이 있다.

아울러, 발바닥이 푹석거려서 하체 폄 동작의 지지가 부실하여 약한 타격 & 두꺼운 타격이 된다.
대처 : 목표 거리(세기)를 5m 더 봐준다(깃대 뒤 3~5m를 목표로 한다).
　　　 Setup에서 발바닥 잘 고정되도록 한다.
　　　 Loft 45° 언저리 클럽으로 볼부터 타격 되는 다운블로 샷 구사,
　　　 탄도가 필요할 때는 플롭샷 구사
　　* 쓸어치는 샷은 물론 컷 샷은 거의 통하지 않을 가능성이 크다.
　　 (어프로치뿐만 아니라, 아이언 Full shot에서도 마찬가지 제약조건이다)

◎ 눌려 붙은 마른 잔디 (5% 내외)

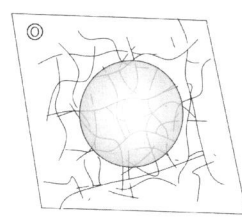

좀 오래된 죽은(마른) 잔디가 바닥에 엉켜 있는 곳에 볼이 놓여있을 때는 그 저항이 어떻게 작용할지 가늠하기 어렵다.
대처 : 플롭샷 구사
　* 헤드 동적에너지를 증가시키는 큰 스윙을 하여 미지의 잔디 & 바닥 저항 영향을 최소화한다.

기타 스윙을 방해하는 잔디와 지면 조건이 있으나, 서술하는 것을 생략한다.

일반 골퍼들은 막연하게 잔디 라이를 생각하는 경향이 있다. 그림에서 Ⓐ는 Normal 라이, Ⓒ의 타이트한 라이, 그리고 Ⓘ의 깊은 러프 상황을 쇼트 어프로치 잔디 라이로 생각하나, 현실은 그렇게 단순하지 않은 경우가 많다.

만약 우기(북반구 7월, 8월, 9월)에 필드에 갔다면 생육이 잘 되어 어프로치 잔디 조건은 Ⓑ, Ⓖ, Ⓗ Ⓘ를 맞이하게 될 것이다. 열대, 아열대 지역의 잔디도 마찬가지다.
만약 건기(북반구 겨울철 1월, 2월, 3월)에 필드에 갔다면 어프로치 잔디 조건은 Ⓐ, Ⓒ, Ⓓ, Ⓔ의 어프로치가 될 가능성이 크다.

겨울과 여름에는 춥고 더워 플레이하는 데 기후적인 영향도 있지만, 잔디 라이 때문에 그림과 같이 계절별로 타수 차이가 더 심하게 나타날 수 있다.
　* 겨울 추위는 동작 정확도를 떨어뜨려 샷 정확도가 저하된다.
결론은 잔디 라이 상태에 따라 전혀 다른 클럽과 다른 타법 선택하는 어프로치가 필요하게 된다는 것이다. 극복하는 방법과 타법을 모르면, 낭패를 볼 가능성은 크게 높아진다. 그런 측면에서, Loft 45° 언저리 클럽 사용은 건기와 우기에 의외의 좋은 결과를 가져다줄 수 있다.

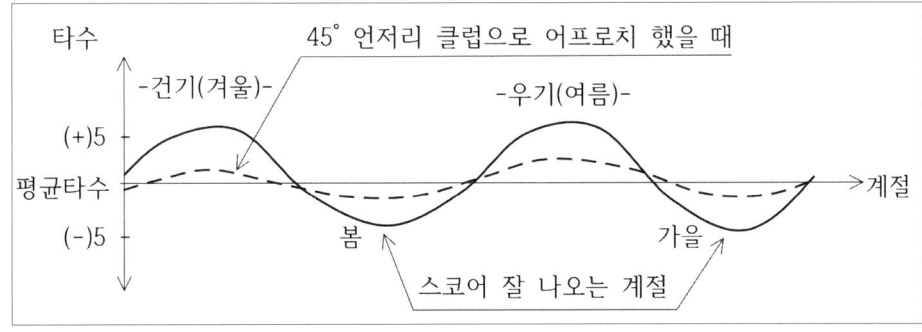

그림 2.1.6 계절별 타수 변동

그린 위 Hole cup 위치보다 먼저 고려되어야 하는 것이 잔디 라이 조건이라는 것을 되새겨야 한다.

Remarks

#1. 샷 실력(타점 정확도)과 잔디 라이 공간(잔디와 볼 사이 틈)을 고려하여, 뒤땅 토핑 발생확률이 무시할 수 있는 정도라면 굳이 Loft가 작은 클럽을 선택할 필요는 없으나, 조건상 확률적으로 Risk가 더 크다면 Loft가 작은 클럽을 선택하는 것이 매우 유리하다. 그래서 뒤땅 토핑 Risk를 완화하고자 *"할 수만 있다면 (방해 요소만 없다면) 굴려서 어프로치 하라."* 라는 말이 생겨난 것이며, *"고각 클럽(LW)은 치기 어렵다."* 라는 말을 하는 것이다.

거꾸로, 뒤땅 토핑 우려가 없으면, 때에 따라서 띄워 치는 것이 굴려 치는 것보다 더 유리하다는 것을 의미한다.

#2. 쇼트 어프로치 상황에서 많은 선수가 로브웨지(LW)를 들고서 플레이하는 영상을 접하는데, 그들은 상하 타점 정확도 능력이 되고, 뒤땅이 되더라도 그것을 이겨내는 타법을 구사하기 때문이다.

트러블 잔디 라이에서 상하 타점 정확도가 낮은 일반 골퍼가 LW를 선택하는 것은 제한적이어야 한다.

#3. 탄도와 스핀이 필요한 상황이라면, 컷 샷 어프로치로 뒤땅을 극복해 내는 선택을 할 수 있어야 상급자가 될 수 있다.

#4. 만약 필드 레슨을 처음 간 날이라면, 가르쳐 주는 사람이나 배우는 사람 모두 잔디 라이의 차이(구분)에 대한 것에 집중할 필요가 있다. 처음 듣는 것을 중요하게 받아들이기 때문이다.

사실, 잔디 라이는 시각적으로 차이가 작은 것이라 거의 시선을 끌지 못하고, 경사 라이, 스윙, 그리고 볼의 비행 & 구름에 시선을 집중할 것인데, 그러나 그런 것은 다음 기회에 이야기해도 충분할 것이다. 잔디 라이 조건은 평생을 기억하고 간직해야 한다. 그래서 처음에 강한 각인이 필요하다.

* 잔디 라이 차이가 거의 없는 연습장 매트, 시뮬레이션 게임 매트에 익숙해져서 쉽게 간과되는 경향이 있는데, 잔디 라이 구분은 확실히 해야 한다.

일반 골퍼 중 상당수가 (공개적이든 비공개적이든) 볼을 좋은 곳에 이동시켜 놓고 치는 습관이 있다.

#5. '잔디 라이 트러블 + 경사 조건 트러블 + 깃대의 위치 조건'이 결합 된 형태가 골퍼가 해결해야 하는 어프로치 상황이다.

'15(잔디 라이) x 4(경사 라이) x 2(공간 조건) = 120 경우의 수', 아주 특이한 경우를 제외하고, 산술적으로 120가지 정도의 다른 조건 트러블에 직면할 수 있다.

어프로치는 단순하게 정확히 가격(Hit)해서 거리 딱 맞추면 끝나는 것이 아니다. 정확히 가격도 안 될 뿐더러, 외적 요인에 의해서 거리도 딱 맞지 않는다.

#6. 특정 상황에서는 욕심을 버리고, 안전한 선택을 해야 할 필요가 있다.
어려운 조건인데도 불구하고 욕심내어 Hole cup에 붙여서 Par save 하려고 하다가는 +2 ~ +4 Score를 기록할 수도 있다.

#7. 어려운 잔디 라이에서는 동반자 몰래 볼을 좀 옮기고 싶은 충동이 생긴다.
자신과의 싸움이다.
몰래 볼 터치를 했을 때, 찜찜함은 남고, 다음 홀 플레이에서 집중력을 잃어버리는 심리적 원인을 제공할 수 있다. 트러블에 담대하게 도전하는 습관을 들여야 한다.

#8. 어떤 어프로치 레슨을 들었다면, 매우 한정된 것으로써, 먼저 어떤 상황을 해결하기 위한 것인지 생각해야 한다. 적용 구분 능력이 필요하다. 만병통치약처럼 모든 상황에 다 적용되는 것이라는 착각은 금물이다.
만병통치약이 없는 것처럼, 모든 조건에서 다 잘 되는 어프로치 방법은 없다.

#9. *"다른 클럽에 비해 무거운 헤드를 가진 웨지를 사용하면 잔디 및 지면 저항을 쉽게 이겨낼 수 있다."* 라는 이야기가 있다.
저항을 이겨내는 에너지 측면에서는 아주 조금 이득이 있을지언정, 토핑이 나면 더 큰 홈런이 나오게 된다. 아울러, 전체 클럽의 스윙 웨이트 정렬이 안 맞아서 Full swing을 망가트리는 원인으로 작용할 수 있다.
웨지 Full 스윙이든, 어프로치든, 웨지 클럽 무게와 강도는 다른 아이언 클럽과 사양 정렬이 되도록 구성하여 사용하는 것이 현명할 것이다.

b) 피치샷 vs 칩샷 어프로치

다음 비교표는 두 샷의 차이점에 대한 것이다. 잡다한 것과 중요한 것이 혼재되어 있다. 항목별 중요도와 사용 변화는 각 골퍼가 파악해야 한다.

* 왼손 엄지 그립 : 짧은 거리 굴려서 치는 샷에서 숏섬보다 롱섬은 상하 타점 제어에 조금 유리한 측면이 있다. 두 가지를 병행해서 사용할 수는 있으나 매우(3배 정도) 번거롭게 된다.

항목		피치샷	칩샷 (≈피치앤런)	Remark
Setup	볼 위치	후방 볼 1ea	후방 볼 1~2ea	
	힐~토우	힐 Setup	힐 Setup	힐 Setup [#3]
	핸드포워드	Option	약간 ~ 많이	
	하체 쿠션(K2)	많이	많이	= 하체 견고한 것
백스윙	테이크어웨이	똑바로 빼기	In으로 빼기 [#1]	
다운스윙	수평 체중 이동	오른발바닥 전체	오른발바닥 앞날	
	오른 팔꿈치 외회전	많음	적음	
	하체 폄	있음	있음	
	오른발 뒤꿈치	거의 바닥에 붙음	바닥에서 뗌 [#2]	떼면 상체 전방이동
임팩트	타격 각	Loft 뉘어짐	Loft 세워짐	
	타격 궤도 높이	잔디 약간 쓸림	볼만 깨끗이 (얇은 타격)	
	접근 각	완만한	가파른	
결과	탄도	Even	낮음	
	Run	보통	길다	
사용처	잔디 라이	주로, 편안한 페어웨이 & 러프	촘촘한 페어웨이, 타이트한 잔디	
연습량		^45° Loft 피치샷 : 적은 연습 OK ^56° Loft 피치샷 : 많은 연습으로 다양성과 정교함 필요	^45° Loft 칩샷 : 적은 연습 OK ^56° Loft 칩샷 : 의외로, 많은 연습 필요	주기적으로 Update 해주어야 하는 프로그램처럼, 어프로치 샷감은 중상급 실력에서도 지속적인 연습이 필요하다. 어프로치는 감이 살아있어야 한다.

표 2.1.7 피치샷 vs 칩샷 어프로치 비교

피치샷은 별개로 하고, 보통의 일반 골퍼들에게 칩샷은 어떤 클럽을 사용하는 것이 가장 좋은가? 그리고 어떤 원리를 이용하면 편한가?

두께(상하 타점) 정확성이 약한 골퍼인 경우, 타이트한 라이에서 볼과 지면 사이에 공간이 없어서 미스 가능성이 큰 경우에서, 핀 위치에 제약조건이 없다면 45° 내외의 Loft를 가지는 클럽이 칩샷에 최적이다. GW, SW, LW보다는 PW ~ I9은 토핑 미스샷이 Good shot으로 되는 기능이 있기 때문이다.

〈Loft 45° 클럽의 특징〉

-. 45° Loft 클럽은, 토핑 (헤드 면이 아니고 클럽의 Leading edge가 정상적인 볼의 타격점과 볼의 중간선 사이를 맞는 형태) 경우의 실수에서도 거리가 거의 비슷하게 나간다.

Loft가 더 큰 클럽이면 이런 토핑 타점 실수에서는 헤드의 큰 에너지가 전달되어서 거리가 Over(대략 GW 200%, SW 300% 거리) 되고, Loft가 더 작은 클럽이면 이런 타점 실수에서는 거리가 짧게 된다.

그래서 의도적이든, 우연이든 피칭 웨지(PW)로 칩샷을 구사하고 있다면, 그렇지 않은 골퍼에 비하여 20~30% 효율적인 쇼트 어프로치가 된다.

-. Loft 45° 클럽의 '백스윙 크기 vs 목표 거리' 비율은, 퍼팅의 '백스트로크 크기 vs 퍼팅 거리'와 거의 비슷하다. 퍼팅할 때와 같은 크기로 이 클럽으로 '백스윙 크기 vs 거리'를 선형적으로 조절할 수 있다.

* Full shot에서도 Loft 45° 근처 클럽(I9, PW)은 토핑 타격이 정상 타격 거리와 비슷하게 날아가는 경향이 있다. 이때도 토핑 미스샷이 Good shot이 되는 경우가 종종 있다(단, 그린 조건과 클럽 헤드 무게에 따라서 약간의 차이는 있다).

만약, PW 클럽으로 짧은 거리 어프로치를 하는데, 강한 타격에 토핑 타점이 발생하여 조금 큰 Over 거리가 된다면, 그립 길이를 조금 짧게 바꾸면 Over 되는 거리는 줄어들 것이다.

또 다른 Over 되는 거리 조절 방법은 그립을 조금 가볍게 잡는 것이다. 어깨 중심으로 등근육 회전하면 강한 그립에 강한 타격이 되고, 겨드랑이 Level 위치로 등근육 회전하면 부드러운 그립에 부드러운 타격이 된다.

-. Loft가 작은 클럽은 타격점 허용치(높이)가 커서, 뒤땅 토핑 방지에 훨씬 유리한 면이 있다. *(3절 확률 계산 참조)*

Remarks

#1. 별로 중요한 내용은 아니지만, 칩샷에서 백스윙, 헤드를 후방으로 빼는 방향은 정 후방 또는 약간 뒤쪽(In)이다. 이렇게 해야, 백스윙 왼 어깨 턴이 조금 더 많이 되고, 이것은 다운스윙 Loft가 세워지는 조건이 된다.

간혹, 혹자가 똑바로 빼라고 하는 것은 피치샷을 하는 경우이다.

    cf) 컷 샷은 Out으로 뺌

칩샷과 피치샷의 가장 큰 차이점은 헤드를 후방으로 빼는 방향의 차이이다. 그러나 이것이 결과에 미치는 영향은 그리 크지 않다. 피치샷을 똑바로 빼는 이유는 다운스윙에서 오른 팔꿈치 외회전을 주기 위함이다.

#2. 오른발바닥 뒤꿈치가 바닥에 붙는지, 아니면 조금 떨어지는지의 모양 차이도 있다.
칩샷에서는 오른 뒤꿈치가 조금 들리며, 앞꿈치로 상체를 전방으로 밀어주는 역할을 하게 하여, Loft를 세우고 다운블로 타격이 되게 하는 동작이 들어간다. 이 발꿈치 움직이는 모양은 억지로 의식하거나, 제어할 필요는 없다.

#3. 쇼트 어프로치에서 힐~토우 타점은 무조건 안쪽 힐 타점을 이용해야 한다. 타격 순간의 헤드 회전 에너지를 이용하는 것이다.
cf) 라이 각을 세우고 토우 밑으로 치는 타법만 유일하게 토우 타점이다. 단, 토우 쪽에 맞으면, 에너지 전달 변화가 커서 거리 변화 심하고, 페이스 각 변화도 심해 방향성 오차도 크게 된다. 토우 밑 타격 방법은 10~20번에 한번 사용할까 말까 하는 방법이다.

#4. Full shot에서는, 릴리즈에서 자연 로테이션이 생성되나, 쇼트 어프로치에서는 자연 로테이션이 거의 생성되지 않는다. 그래서 그대로 피치샷을 하면 피니쉬 때 클럽 면이 자신을 바라보게 된다.
일명 '피치 앤 런' 샷을 할 때는 인위적으로 약간의 억지 로테이션을 해주어야 Loft가 세워져서 타격 되고, 피니쉬 때 페이스 면이 왼쪽을 바라보게 된다.

2) 대표적인 잔디 라이의 쇼트 어프로치 대처 방법
(앞항을 좀 더 구체적으로 설명한 내용)

a) 타이트한 잔디 라이
(골프에서 최고 난제 - 세상에 어디 쉬운 문제만 있겠는가?)

그린사이드 벙커보다 더 어려운 것이 타이트한 잔디 어프로치이다.
다음 3절에서 뒤땅 토핑이 발생할 확률을 계산하여 보여 주는데, (단순하게 비교해서) 대략 5mm 더 타이트한 잔디 라이는, 상하 미스 타점을 동급으로 완화하기 위해서는,
  (A) 15° 정도 Loft를 세워서 쳐야 하거나,
  (B) 10타 정도 실력이 좋은 골퍼의 타격 타점 정확도를 가져야 한다.
  (C) 아니면, 지면을 절단하는 컷 샷을 구사하여 높이 공간 여유를 늘리는 방법이 있다.

타이트한 잔디 라이에서도 몇몇 상황이 있는데, 상황별 대응하는 방법은 다음과 같다.
-. 가까운 거리 :
  거리가 가깝다면, 퍼터 선택, 핸드포워드 타법, 퍼팅 타법으로 낮게 굴려서 뒤땅 토핑 Risk를 완화한다.

-. 미들 거리 & 부드러운 바닥이라면,
  - 장애물이 없을 때 : Loft 낮은 클럽(45° 언저리)으로 굴려 치기
  - 장애물 있을 때 : 컷 샷으로 띄워 치기, 범프앤런,
            볼 밑 공간이 약간 있을 때는 오른 팔꿈치 외회전 샷
   * 유의 : 오르막 경사일 때 컷 샷 구사하면 거의 토핑 발생한다. 또 일부러 조금 두껍게 타격하려 하면 뒤땅이다.

-. 미들 거리 & 딱딱한 바닥이라면,
  - 장애물 없을 때 : 오른 팔꿈치 외회전 샷, 범프앤런, Loft 낮은 클럽(45° 언저리)으로 피치앤런
  - 장애물 있을 때 : 최고로 어려운 조건이다. 보기(+1)을 목표로 해야 한다.
            어떻게든 빅 미스를 줄이는 선택을 한다.
            장애물을 피해서 에이밍을 하여 돌아가는 선택도 한 가지 방법이다.
           * 장애물 : 사이에 벙커, 뒤 벙커, 앞 또는 뒤 해저드

Remarks

#1. 일반적인 타이트한 잔디 라이는 다음과 같다.
- 겨울철 그린 주위에 바짝 눌어붙은 잔디
- 봄철 복토된 페어웨이
- 다져진 에이프런 짧은 잔디
- 도로(통로) 옆 땅
- 매우 타이트하게 관리된 양잔디 페어웨이

#2. 착각 : Loft가 큰 클럽의 얇은 Leading edge가 볼과 잔디 사이를 잘 파고들 것이란 생각을 할 수도 있는데, 이 클럽은 볼과 페이스의 접촉점이 낮아져 오히려 뒤땅 토핑 가능성을 키우게 된다.
Loft가 작은(세워진) 클럽 선택 또는 De-loft로 타격하는 것이 뒤땅 토핑 가능성을 줄이는 길이다.
De-loft 하는 것보다는 Loft 작은 클럽 선택을 추천한다.
Loft 작은 클럽으로 어프로치 하게 되면 다음과 같은 장·단점이 있다.

Loft 작은 클럽 선택	내용	Remarks (이유)
장점	뒤땅 토핑 실수 확률 감소	페이스&볼 접촉 허용 공간 커져서
	방향성 좋아짐 방향성=퍼팅:칩샷:피치샷 = 1:2:4	페이스 여닫힘 변화가 작아서
	토핑 실수에서 Over 거리 감소	스윙 에너지(헤드 스피드) 작아서
	적은 연습량으로 가능	확률적으로 궤도 맞추기 쉬워서
단점	거리 컨트롤 조금 어렵다	Run 구간이 길어서
	탄도가 낮다 (공략 공간 제약)	

표 2.1.8 Loft가 작은 클럽으로 쇼트 어프로치 했을 때 장·단점

상하 타점 정확도가 아주 낮은 일반 골퍼에게는 일단 퍼터 선택이 가장 좋은 결과가 될 수도 있다.

#3. 샷 실력(타점 정확도)이나, 잔디 라이 공간을 고려하여, 뒤땅 토핑 발생확률이 무시할 수 있는 정도라면, Loft가 작은 클럽을 굳이 선택할 필요는 없으나, 조건상 확률적으로 Risk가 더 크다면, Loft가 작은 클럽을 선택하는 것이 유리하다.
*"할 수만 있다면, 굴려서 어프로치 하라."*라는 말과 *"60° 이상의 고각 웨지는 타격 두께 컨트롤 하기 어렵다."*라는 말은 타이트한 잔디 라이와 관련된 이야기다.

#4. 혹자가 고각 웨지로 칩샷과 피치샷을 병행하여 어프로치 방법을 설명하고 있다면, 그것은 100타를 넘게 치는 초보자를 위한 것으로 좋은 잔디 라이 상태에서 치는 조건이다.

하급 실력 골퍼가, 타이트한 잔디 라이에서 고각 웨지로 칩샷과 피치샷을 병행하는 것은 가장 낮은 확률에 도전하는 것과 같다.

#5. Reminder : 타이트한 잔디 라이인데, 탄도와 백스핀이 필요한 상황이라면, 컷 샷 어프로치로 뒤땅을 극복해 내는 선택을 할 수 있어야 상급자 실력이라고 할 수 있다.

* 상급자 이상에서는 타이트한 잔디에서도 일명 '칙칙이'라는 백스핀이 많은 칩샷을 구사하는데, 왼 힙 내측 근육을 수축하여 하체를 펴면서 타격하는 형태다.

여기에, 오른손 4th 손가락 악력을 더 주고, 3rd 악력을 빼면 '툭 끊어치는 칙칙이' 타법이 된다.

b) 조밀한 페어웨이 잔디
(시각적으로는 치기 좋은데 함정이 있다)

잔디의 저항, 즉 클럽 헤드가 볼 후방의 잔디를 긁고 들어올 때, 치밀한 잔디가 헤드 스피드를 많이 감소시키는 것에 주의를 기울여야 한다.

조금 두껍게 들어갔을 때, 페어웨이 아이언 Full Shot에서는 5% 거리 감소 된다고 하면, 헤드 스피드가 작은 쇼트 어프로치에서는 30~50%의 거리 감소가 생긴다.

아예 그린에 올리지도 못하게 될 수 있다. 쉬운 어프로치 같지만 +2 Score를 기록할 수도 있다.

이 조건에서 일반 어프로치 피치샷(쓸어치는 어프로치)을 해서는 실패 확률이 매우 높아진다.

이 잔디 라이에서는 더 다운블로 타격을 해야 한다. 경사 트러블이 있는 경우에서도 가능하면 다운블로 타격을 섞어야 한다. 그러나 고각 웨지로 급격하게 다운블로 타격하는 것보다는 Loft 45° 언저리 클럽으로 칩샷을 하는 것이 단순한 선택이면서 좋은 선택이 될 수 있다.

* 혹자가 어프로치 Setup 자세를 *"체중은 왼발, 볼은 오른쪽에"*라고 이야기한 것은, 조밀한 페어웨이 잔디 라이 상황일 때를 말하는 것이다.

다운블로 타격을 쉽게 하려고 볼의 위치는 오른쪽(후방)에 놓는다. 단, 많이 옮긴다고 좋은 것은 아니다. 동작의 정확도를 떨어뜨리기 때문이다.

이런 잔디 라이는 여름철(우기) 및 열대지방, 잔디 생육이 왕성한 시기의 페어웨이이며, 촘촘한 잔디 저항에 대해서 특별히 관심을 기울일 필요가 있다.

Remarks

#1. 샷을 할 때, Setup 자리에서 잔디 라이를 보는 일반 골퍼들이 있다.

잔디 라이는 후방에서 봐야 한다. 후방에 서서 잔디의 저항, 방해 작용, 볼의 비행에 대하여 상상하는 시간을 가져야 한다. 그리고 어떤 샷을 얼마만 한 크기(세기)로 할 것인가를 최종적으로 결정한 후 Setup 자리로 가야 한다.

Setup 자리에서 그것들을 고민하면, 판단이 부정확해지고 근육의 움직임도 희미하게 작동한다.

#2. 쇼트 어프로치 헤드 스피드 14m/s와 아이언 Full swing 헤드 스피드 35m/s는 6배의 클럽 헤드 동적 에너지 차이가 있다. 쇼트 어프로치에서 조밀한 잔디의 저항, 또는 질긴 러프의 저항이 쉽게 타격 스피드를 느리게 만들고 비거리를 반으로 줄어들게 하는데, 일명 '터덕이는 결과'를 만든다.

'그렇게 많이 두껍게 들어간 것 같지도 않은데, 왜 거리가 반으로 줄어든 거지?'라는 의아함을 가질 필요 없다. 클럽 헤드 에너지 차이 때문이다.

예를 들어 같은 뒤땅이라도, 단순 비교를 하면 잔디 저항에 의한 거리 감소 비율은 'Full shot : 35-7 = 28, 어프로치 : 14-7 = 7', '28/35 = 0.8 vs 7/14 = 0.5'로, 감소율은 20% vs 50%가 된다.

#3. 착각 방지 : 볼이 잔디에 놓여있는 모습은 똑같아도, 아이언 Full shot과 쇼트 어프로치의 상대적인 잔디 & 바닥 저항이 다르다는 것을 반듯이 인지해야 한다. 헤드 스피드가 느리면 느릴수록 잔디 저항 영향은 제곱으로 증가한다.

#4. 조밀한 잔디에서 두꺼운 타격은 쭉 쓸리는 큰 저항으로 작용한다.

다운블로 각 5°에서 10°로 증가시키면 잔디 저항은 대략 반으로 줄어든다. 따라서 조밀한 페어웨이 잔디 위에서는 다운블로 타격이 필요하다.

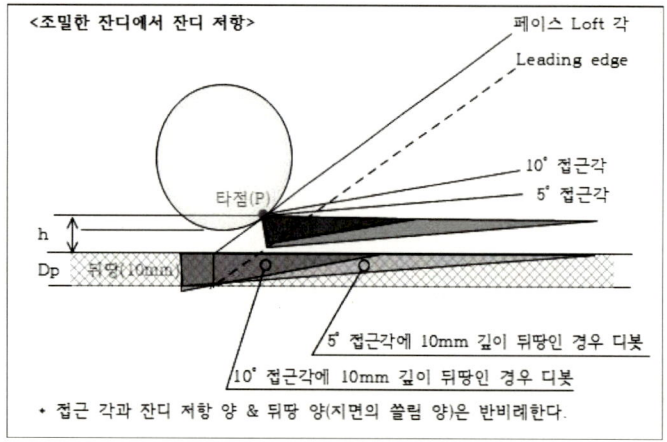

그림 2.1.9 어프로치 다운블로 타격에서 잔디 저항 차이

c) 러프

러프의 종류와 상태에 따른 대응법은 다음과 같다.

-. 러프 종류 :
- 길이에 따라 : 약한 러프, 중간 러프, 깊은 러프
- 결에 따라 : 역결, 순결
- 습기, 줄기 특성에 따라 : 건조한 러프, 질긴 러프

-. 대응 방법 :
- 일반 샷 구사 --- 약한 러프, 순결, 건조한 러프
- 끊어치는 샷 구사 --- 큰 부담 없는 상황의 러프
- 왼손 4th, 3rd 손가락 힘주기와 스탠스 벌리기 적용 --- 중간 러프, 역결의 약한 러프, 질긴 러프
  (얇게 타격하려면 왼손 3rd (중지) 또는 2nd (검지) 손가락에 힘주는 방법)
- LW 플롭샷 또는 PW 페이스 뉘어 치는 피치샷 구사 --- 깊고 질긴 러프, 중간 러프 이상의 역결

러프에서 클럽 선택은 어떻게 해야 할까?

각각의 잔디 상태에 따라서, LW로 쳤을 때, 45° 클럽으로 쳤을 때 잔디 저항에 대하여 Test를 해봐야 한다.

그리고 45° 클럽을 뉘어 쳤을 때의 결과에 대해서도 Test를 해봐야 한다.

Input 조건이 한둘이 아니다. 과장해서 거의 신약 개발에 사용하는 Test 경우의 수만큼이나 될 것이다.

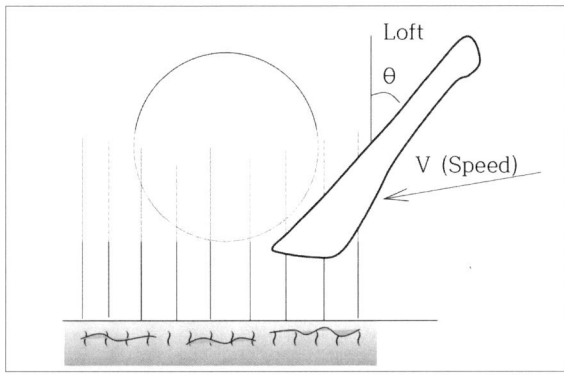

그림 2.1.10 러프에서 어프로치 클럽 헤드 조건

⟨깊은 러프 어프로치에서 클럽 선택⟩
- 잔디 걸림 영향 최소화 : 헤드 스피드 빠른 LW로 잔디 절단 능력 증가시킬 수는 있으나, 클럽 헤드의 목 부분에 잔디가 감기는 현상이 벌어진다.
    LW의 사용이 가능한 조건인지?, PW를 뉘어서 쳐야 할지? 판단에 필요한 경험적 결과치가 머릿속에 저장되어 있어야 한다.
- 잔디 낌 영향 최소화 : 헤드 스피드 빠른 LW로 타격 강도를 증가시킬 수는 있는데, Loft가 크면, 볼과 페이스 면에 잔디 낌 양이 많아진다.
    * 볼과 헤드면 사이 잔디는 압착이 크면 거리와 방향 오차 줄어든다. 그러나 잔디 낌 양이 많으면 그것에 따라서 거리와 방향 오차는 증가한다. 양면성이 있는 것이다. 어떤 선택(클럽과 타법)을 할지는 경험으로 정해져야 한다.

- Spin, 탄도 증가 : Loft 큰 클럽 사용하여 Running 거리의 오차를 줄인다. 또한 공간적 공략의 편리성도 갖는다. 그러나 깊은 러프 어프로치에서는 타격 정확도는 Loft 작은 클럽보다 떨어진다고 봐야 한다.

⟨러프 어프로치에서 타격 두께 조절⟩
러프에서는 잔디 저항을 줄이기 위하여 가능하면 얇은 궤도로 타격 되는 것도 중요하다. 로프트 45° 클럽으로 얇은 토핑이 나도 큰 문제 없다.
얇게 타격하는 방법은 다음과 같다.
- 왼손 중지, 검지에 힘 조금 더 주기
    * 이 타법은 일반적으로 거리 5m~10% 증가하게 됨
- 그립 짧게 잡기
- 왼 힙 내측 근육을 폄 주도 근육으로 선정
    * 느린 테이크어웨이는 잔디 저항 극복에 손해이므로 러프에서 사용하지 않는다. 구사하면 생각보다 거리가 더 짧아진다.

⟨깊은 러프에서 타법⟩
- Loft 45° 언저리 클럽으로 페이스 뉘고 치는 피치샷 --- 잔디 걸림 영향 감소(최소화)
- LW로 피치샷
    잔디 저항을 이겨내기 위하여, 샷을 하면서 체중 이동을 좀 더 크게 해야 하므로, 반드시 스

탠스를 벌려 Setup 해야 한다.
- LW로 플롭샷 --- 탄도 높이고 구름 적게 하는 것이 필요할 때 선택

Remarks

#1. 어프로치 뒤땅 토핑에만 초점을 맞추다 보면, 모든 잔디 라이에서 Loft가 작은 PW, I9를 선택하는 경향을 보일 수 있는데, 깊은 러프에서는 LW를 선택하는 것이 Save 비율을 높일 수 있을 때가 있다는 것을 알아야 한다.

그러나 방향성과 타격 정확도를 생각한다면, 러프에서 볼이 나오는 데 어느 정도 지장이 없다면, 45° 언저리 클럽으로 조금 뉘어 잡고 피치샷을 하는 것이 좋은 선택이 될 수 있다.

　　* 연습량이 많은 골퍼라면 LW 선택, 연습량 적은 골퍼라면 PW 선택

#2. 러프는 잔디 저항에 따라서 거리 감소가 있다. 즉 목표 거리를 조금 키워야 한다. 잔디 저항량에 따른 스윙 세기(크기)를 키우는 양은 경험으로 축적되어 있어야 한다. 타법에 따른 거리 변화도 인지하고 있어야 한다.

#3. 아주 깊은 러프인데 탄도와 스핀이 필요한 경우, 플롭샷 어프로치를 구사할 수 있어야 상급자가 될 수 있다.

왼발 내리막 경사의 깊은 러프 어프로치에서는 플롭샷이 절대적으로 필요하다.

#4. 모든 어프로치를 똑같이 해서 해결해보겠다는 것은 답답한 생각이다. 정확도 한계에 부딪힐 것이다. 이것은 확률적으로 다양한 조건에서 유불리를 큰 폭으로 다르게 만든다.

1.3 쇼트 어프로치 뒤땅 토핑 확률
(왜 뒤땅 토핑이 나는지? 이해를 위한 선결 내용)
(고등학교 수학의 삼각함수 & 확률 내용)

뒤땅과 토핑을 만드는 몸동작에 관한 이야기는 뒤에서 하고, 먼저 이것의 가능성에 대하여 살펴본다.

1) 뒤땅 토핑 확률 계산

a) 상하 타점 오차

Input(어떤 잔디 라이에서 어느 정도 스윙 정확도를 가지는 골퍼가 어떤 로프트 클럽으로 어떤 Shot을 구사함) 조건에 Output(뒤땅 토핑 가능성)을 알아본다.
뒤땅 토핑의 수준(가능성)이 어느 정도인지 알아야 대응할 수 있는 적합한 방법을 찾을 수 있기 때문이다.
결론부터 말하면, 뒤땅 토핑은 타점 두께(정확도)가 전부가 아니다. 발생 원인에 대한 사고의 폭을 넓혀야 한다는 것이다.

다음은 뒤땅 토핑이 발생할 확률을 알아보기 위한 Input Data이다.
-. 잔디 라이의 높이 공간 : 다음과 같이 가정, 5mm 차이 조건
   금잔디 = Normal 잔디 라이   --- 볼 저면과 지면 사이 공간 8mm
   양잔디 = 타이트한 잔디 라이 --- 볼 저면과 지면 사이 공간 3mm

   * 잔디 라이 상태를 '양잔디 ≈ 타이트한 라이, 금잔디 ≈ Normal 한 잔디 라이'라고 그냥 명명한 것뿐이다. 볼이 잔디에 일부 들어가 있어서, 잔디 자체의 높이와 지면~볼 사이의 공간 높이는 다르다.
   혹자는 잔디 공간을 너무 작게 추정했다고 할 수 있으나, 상하 타점 오차도 작게 잡았다고 보면, 계산에는 무리가 없는 것이다. 계산은 비율(경향)을 알아보고자 하는 것이다.

-. 골프 실력별 상하 타점(궤도) 평균 오차 : 다음과 같이 가정, 한 등급 실력당 ±1.5mm 오차
   (수직 궤도 오차 1 그루브는 45° Loft 클럽의 4.2mm 그루브 간격으로 표기)

프로 :   ±1.5mm (±0.5 그루브)
싱글 :   ±3mm   (±1 그루브)
80대 실력 :   ±4.5mm (±1.5 그루브)
90대 실력 :   ±6mm   (±2 그루브)
100대 실력 : ±7.5mm (±2.5 그루브)

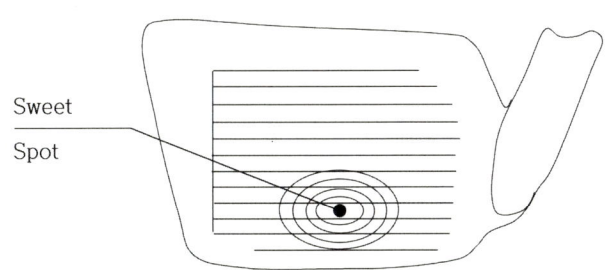

그림 2.1.11 어프로치 실력별 타점 높이 평균 오차 (추정값)

* 90타 실력의 보기 플레이어가 어떤 슈퍼맨과 같은 특별한 초능력이 있지 않은 이상은 프로선수와 같은 타격 높이 정확도를 갖기는 힘들다.

타격 높이를 더 정확하게 만드는 방법에 대한 설명은 뒷부분에서 설명하고, 일단은 실력별로 대략 위와 같은 정확도 차이가 난다고 가정한다.

-. 클럽 로프트 : 대표로 다음 3가지 클럽 Loft 각 적용하여 계산
   30°(대략 I6 클럽)
   45°(대략 PW 또는 I9 클럽)
   60°(대략 LW 클럽)

b) 타격 공간

잔디 라이, 페이스와 볼 접촉점, 클럽 헤드 밑면 ~ 잔디 사이의 공간 조건을 표현하면 그림과 같다.

h는 클럽 페이스와 볼의 접촉점(P)으로부터 지면까지의 높이이며, Leading edge가 뒤땅 토핑 없

이 지나가야 하는 Zone이다.

h = 공 반경 * (1 - sin θ) + 잔디 사이 공간

h는 타격 공간 또는 타격 높이 여유값이다.

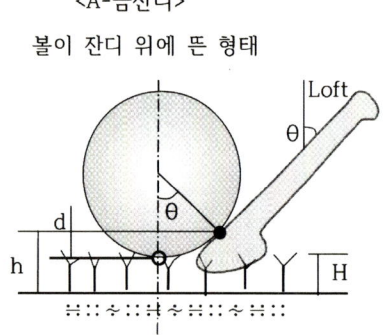
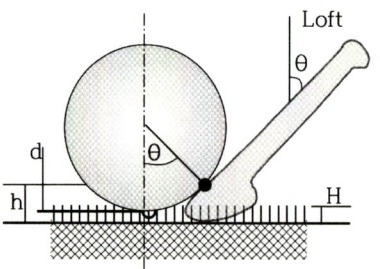

그림 2.1.12 금잔디 & 양잔디의 볼 잔디 라이

c) 실력별 조건별 뒤땅 토핑 확률 계산

앞의 조건들을 가지고 다음 문제 풀이와 같이 확률을 계산할 수 있다.

문제 1) 위와 같은 조건에서 골프 실력별, 클럽별, 잔디 라이별 뒤땅 토핑이 발생할 확률을 구하라. 단, 상하 타점 오차는 정규분포를 따르며, 클럽의 Leading edge가 점 P 위쪽에 맞으면 토핑, 지면에 먼저 닿으면 뒤땅이라고 한다.

〈풀이〉

클럽별, 잔디별 타격점 공간 높이 h 값을 먼저 구하면,

잔디 \ 클럽	30° 로프트 클럽	45° 로프트 클럽	60° 로프트 클럽
금잔디 h	18.75mm	14.30mm	10.88mm
양잔디 h	13.75mm	9.30mm	5.88mm

d = R(1-sinθ)이다.

h = d + 잔디 사이 공간

표준정규분포표의 도수분포를 찾기 위한 Z-값(확률 용어)은 다음 식 및 표와 같다.

Z-값 = (h/2) / 골퍼 실력별 평균 오차

골프 실력별, 잔디 라이별, 클럽별 Z-값을 계산하면 다음과 같다.

(Z-값)

실력별	잔디 라이별	30° 클럽	45° 클럽	60° 클럽
프로	금잔디	6.25	4.77	3.63
	양잔디	4.58	3.10	1.96
싱글	금잔디	3.12	2.38	1.81
	양잔디	2.29	1.38	1.81
80대	금잔디	2.08	1.59	1.21
	양잔디	1.53	1.03	0.56
90대	금잔디	1.56	1.19	0.91
	양잔디	1.15	0.78	0.48
100대	금잔디	1.25	0.95	0.73
	양잔디	0.92	0.62	0.39

표 2.1.13 쇼트 어프로치 실력별 잔디별 클럽별 뒤땅 & 토핑 Z-값

표준정규분포표에서 Z-값에 해당하는 도수분포를 찾아서 '2 * 100'을 곱해주면, 다음 표와 같이 뒤땅 토핑이 발생할 확률을 구할 수 있다.

표는 골프 실력별 타점(궤도)의 상하 오차, 볼이 놓여있는 잔디의 조건, 클럽 Loft의 값을 대표로 추정하여서 뒤땅 토핑 발생확률을 계산해본 것이다.
이것은 실제 필드에서 조건별, 실력별로 경험하는 빈도와 거의 유사한 상태다.
표의 수치는 시사하는 바가 크고, 다음을 명확하고 명쾌하게 알려준다.
(A) 보통 라이와 타이트한 잔디 라이의 미스 발생할 확률 차이 : 타이트한 라이에서 왜 뒤땅 토핑이 더 발생하는지를 알게 한다.

(B) Loft가 작은(세워진) 클럽과 큰(뉜) 클럽의 미스 발생할 확률 차이 : 타이트한 라이에서 왜 Loft 작은 클럽으로 굴려 치라고 하는지 알게 한다. 그리고 타이트한 라이에서 De-loft 타법 구사가

유리한 선택인지 알게 한다.

(C) 상하 궤도 정확도(오차)에 따라 어느 정도 미스가 발생할 것인지 확률 인지 : 타이트한 잔디 라이에서 상하 궤도 정확도를 높여야 한다는 필요성을 알게 한다.

실력별	클럽 잔디별	30° 클럽		45° 클럽		60° 클럽	
		도수분포	확률	도수분포	확률	도수분포	확률
프로	금잔디		0%		0%	0.00015	0%
	양잔디		0%	0.00097	0.2%	0.02500	5.0%
싱글	금잔디	0.00090	0.2%	0.00866	1.7%	0.03515	7.0%
	양잔디	0.01101	2.2%	0.06057	12.1%	0.16354	32.7%
80대	금잔디	0.01876	3.8%	0.05705	11.4%	0.11314	22.6%
	양잔디	0.06301	12.6%	0.15151	30.3%	0.25785	51.6%
90대	금잔디	0.05838	11.9%	0.11702	23.4%	0.18141	36.3%
	양잔디	0.12527	25.0%	0.21770	43.5%	0.31207	62.4%
100대	금잔디	0.10565	21.1%	0.17160	34.2%	0.23270	46.5%
	양잔디	0.17889	35.8%	0.26773	53.5%	0.34827	69.7%

표 2.1.14 쇼트 어프로치 실력별 잔디별 클럽별 뒤땅 & 토핑 발생확률

2) 뒤땅 토핑 발생 원인과 해결 방법에 관한 질문

막연하게 *"잘 쳐야 한다, 올바른 스윙을 해야 한다, 굴려 쳐야 한다, 연습 많이 해야 한다."* 라고 해봐야 뒤땅 토핑 문제는 거의 해결되지 않는다.

〈상하 궤도 오차〉
같은 조건이라면, 스윙의 상하 궤도 오차가 작은, 즉 상하 정타 정확도가 높은 골퍼가 당연히 뒤땅 토핑 실수가 적을 것이다.
그러나 일반 골퍼에게는 힘들게 연습한다고 그렇게 만족할 만한 정확도까지의 향상을 기대할 수 없는 것이 현실(골퍼 본인의 상황)이다. 샷 실력이 어느 수준에 오르면, Normal 한 라이에서는 뒤땅 토핑을 걱정하지는 않는데, 타이트한 바닥이 되면 뒤땅 토핑 발생확률이 커진다.

-. 쇼트 어프로치 연습 많이 하면 뒤땅 토핑 미스 줄어들거나, 없어지나?
   타이트한 잔디 라이는 쉽게 해결되지 않는다.
   특히 연습장 인조 매트 위에서의 연습은 뒤땅 구현이 실제 필드와 차이가 있어서, 현실성의 한계가 있고, 샷 기술에 대한 오판(착각) 가능성이 있다.

-. 10년, 20년 연습했는데도 불구하고 반복되어 나타나는 미스는 어떻게 클럽 헤드 상하 궤도가 제어되는지 모르기 때문일 것이다.
   스윙 동작에서 쇼트 어프로치 클럽 헤드의 상하 궤도 오차를 만드는 것은 무엇일까?

-. 경사지에서는 스윙의 정확도 하락과 지면 경사의 Leading edge 접근 조건이 불리해서 미스 확률은 더 커진다.
   경사 트러블에서 구체적으로 어떤 악조건들이 관여되는 것일까?

〈잔디 라이 조건〉
볼과 지면 사이의 공간이 크면 상하 궤도에 여유가 있고, 타이트한 잔디 라이에서는 여유가 없다. 이때 어떤 선택을 해야 할까? 그리고 그 선택의 장·단점은 무엇일까?

또한 페어웨이 잔디 위에 있는 볼이라도 조밀한 페어웨이 잔디는 조금만 두텁게 궤도가 형성되어도 잔디 저항에 의한 거리 감소가 심하다.
조밀한 페어웨이 잔디와 그렇지 않은 페어웨이는 구분하여 어프로치 샷을 하고 있는가?

〈뒤땅 토핑의 완화〉
타점 정확도를 높이는 것에는 한계가 있다. 그렇다고 잔디 라이를 바꿀 수 있는 것도 아니다.
그렇다면, 뒤땅이 발생해도 거리 오차를 작게 만드는 방법은 없을까?

다운블로로 내려치면 된다는데, 좋은 선택인가? 그리고 그것으로 해결될 것인가?

볼을 오른쪽(후방)에 두고 치면, 어프로치 뒤땅 토핑 미스가 진짜 감소하는가?

2절에서 잔디 라이를 살펴보았으며, 다음 절들에서 스윙 동작 정확도를 높이는 방법을 알아보고, 그다음은 잔디 라이를 극복하는 방법을 더 자세히 살펴본다.

* 아주 희박한 가능성이지만, 퍼팅은 상급 실력이고 어프로치는 중급 실력인 90타, 20m 어프로치, 접근율 80%에 4m 퍼팅 성공률 25%인 골퍼가, 스윙 동작 정확도를 높이고, 잔디 라이 극복 방법을 적용하여, 어프로치 접근율 90%에 2m 퍼팅 성공률 50%가 되어, 어프로치 Save 비율이 25%에서 50%(프로 수준)로 상승하면, 그린에서 대략 3타 정도를 줄일 수 있을 것이고, 큰 뒤땅 토핑으로 그린에도 올리지 못하는 실수 2~3회 정도를 없앨 수 있을 것이다. 합해서 전체 5~6타 정도를 어프로치에서 줄일 수 있을 것이라 예상할 수 있는데, 이 정도가 최대 기대치라고 생각해야 한다.

3) 45° 클럽 사용, 어프로치 뒤땅 토핑 확률

a) 45° 클럽의 타격 조건

앞에서 설명했는데, Loft가 45° 언저리인 클럽은 특이한 특징이 하나 있다. 그것은 그림의 우측 타격처럼, Leading edge에 볼의 하단이 타격 되어도, 거리가 얼추 정 타점에 맞은 것과 비슷하다는 것이다.

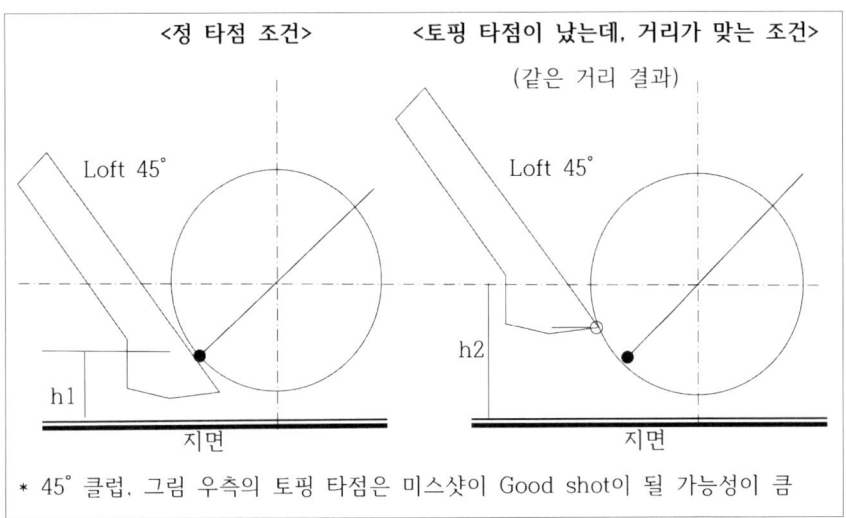

그림 2.1.15 Loft 45° 클럽의 정타 vs 토핑 타점

토핑 타점에 맞으면, 다른 클럽은 빅 미스로 이어지나, Loft가 45° 클럽은 미스샷이 Good shot이 된다.

토핑 타점 시 클럽별 거리 :
- Loft가 작은 긴 클럽 : 거리 짧아짐
- Loft가 큰 클럽   : 거리 길어짐
* Loft에 따라 거리별 스윙 크기가 달라지고 헤드 스피드가 다르기 때문

이런 이유는, 임팩트에서 클럽 헤드 동적에너지가 볼에 전달되는데, 그 에너지 전달량 차이 때문이다.

Loft 45° 언저리 클럽은 상하 궤도 정 타점에 맞든, 얇은 토핑으로 맞든 볼에 전달되는 에너지가 비슷하여서 거리가 비슷하다.

혹자는 칩샷, 또는 굴리는 샷에서 막연히 Loft가 작은(세워진) 클럽을 사용하라고 한다. 그러나 정확히 말하면, 그냥 "*토핑이든 정타이든 거리가 비슷하게 나가는 클럽을 선택하라!*"라는 말이 더 현실성이 있다고 하겠다. 그리고 그 클럽은 I9 또는 PW가 될 것이다.

b) 45° 클럽, 쇼트 어프로치 성공 확률

앞 a) 항 그림에서 정의한 h1은 상하 정타를 만드는 헤드 궤도 높이 허용 범위이며, h2 값은 볼의 하단 부분을 Leading edge가 맞더라도 토핑은 발생하지만, 거리에 문제가 없는 것을 포함한 전체 상하 궤도의 허용 범위이다.

앞의 1) 항에서, 45° 클럽 h1은 금잔디(보통 잔디 라이)에서 14.30mm, 양잔디(타이트한 잔디 라이)에서 9.30mm라고 가정되었다.

h2값은 토핑이 되더라도 문제가 없다는 극단적인 가정하에, 'h2 = h1 + 21.5 * sin 45°'가 되어서, 각각 금잔디는 29.5mm, 양잔디는 24.5mm가 된다.

h2의 조건으로, 어프로치 뒤땅 토핑 확률을 구해보면 다음과 같다.
단, 실력별 스윙의 클럽 헤드 상하 궤도 정확도는 앞 1) 항과 같은 조건이다.

-. h2의 Z-값 계산

(Z-값)

실력별	잔디 라이별	45° 클럽(h1 조건)	45° 클럽(h2 조건)
싱글	금잔디	2.38	4.92
	양잔디	1.38	4.08
80대	금잔디	1.59	3.28
	양잔디	1.03	2.72
90대	금잔디	1.19	2.46
	양잔디	0.78	2.04
100대	금잔디	0.95	1.97
	양잔디	0.62	1.63

-. h2 조건에서 뒤땅 토핑 발생확률 계산

(뒤땅 토핑 도수분포 ‖ 뒤땅 토핑 미스샷 확률)

실력별	잔디별	45° 클럽 (h1 조건) (페이스에만 맞는 조건) 뒤땅 토핑 미스샷 확률 (표 2.1.14 값)		45° 클럽(h2 조건) 뒤땅 토핑 미스 확률 (Leading edge의 볼 하단 타격도 OK 조건)	
싱글	금잔디	0.00866	1.7%	0.0000	0%
	양잔디	0.06057	12.1%	0.00002	0%
80대	금잔디	0.05705	11.4%	0.00052	0.1%
	양잔디	0.15151	30.3%	0.00326	0.7%
90대	금잔디	0.11702	23.4%	0.00695	1.4%
	양잔디	0.21770	43.5%	0.02068	4.1%
100대	금잔디	0.17160	34.2%	0.02442	4.9%
	양잔디	0.26773	53.5%	0.05155	10.3%

표 2.1.16 Loft 45° 클럽 쇼트 어프로치 뒤땅 & 볼의 **상단** 가격 확률

표와 같이, 45° 클럽으로 쇼트 어프로치를 했을 때는 약간 얇게 타격 되어 토핑이 나도 큰 거리 편차가 없으므로, 이때는 샷의 결과가 문제 될 확률이 표와 같이 획기적으로 줄어든다.

Remarks

#1. *"굴릴 수만 있으면, 굴려 쳐라."* 라는 말에서, 클럽 선택이 중요하다.

Loft 45° 근처의 클럽을 선택하면, 일차적으로 넓은 타격 허용 범위, 이차적으로 토핑도 OK 조건이다. 거의 큰 실수 없는 결과를 얻을 수 있을 것이다.

cf) GW, SW의 칩샷에서, 얇은 타격은 2~3배의 홈런성 거리가 된다.

타이트한 잔디 라이의 쇼트 어프로치에서 방해 요인(장애 요소)이 없다면, Loft 45° 정도인 클럽을 선택해서 칩샷 하는 것이 최고의 선택이 될 것이다.

#2. Loft 45° 클럽으로 어프로치 칩샷 할 때는 좀 얇게 타격 되어도 큰 문제는 없다. 두껍게 들어가서 뒤땅 나는 타격만 하지 않으면 된다. 미리 좀 얇게 치겠다는 의지가 있으면 된다.

* Loft 45° 클럽은 피치샷에서도 비슷한 결과를 얻는다.

#3. Reminder 1 : Full shot에서도 Loft 45° 클럽은 얇게 토핑 성으로 맞아도 얼추 비슷한 거리가 나간다.

#4. Reminder 2 : Loft 45° 클럽으로 쇼트 어프로치 할 때, 거리별 백스윙 크기는 퍼팅할 때 거리별 백스트로크 크기와 거의 같다. 즉 퍼팅 스트로크 크기로 쇼트 어프로치 칩샷 스윙 크기를 가늠하면 된다.
칩샷 형태는, 하체는 거의 사용하지 않고, 어깨 Level을 유지하면서 어깨 회전 위주로 치면 된다.

#5. 비유 : 칩샷은 수학에서 1차 방정식 정도라면, 피치샷은 2차 방정식 정도의 난이도라 하겠다.
컷 샷, 로브샷은 3차 방정식, 플롭샷은 4차 방정식 난이도이다.

#6. 강조 : Loft가 큰 클럽으로 칩샷을 할 때는, 핸드포워드 자세가 필요하다. 그러나 Loft가 큰 클럽으로 핸드포워드 해서 칩샷 하는 것보다는 45° Loft 클럽으로 편하게 스윙하는 것이 더 효율적이라 하겠다.

#7. 유능한 교습가는, 45° Loft 클럽의 칩샷 가치와 이유를 설명해 주는 사람일 것이다. 잘 타격 된 경우나, 조금 얇게 토핑 성으로 타격 되는 경우나, 에너지 전달이 비슷하여, 결과가 비슷하다는 것을 알려주고, 조금 얇게 타격 되는 것도 좋은 샷이라는 것을 인식시켜주는 것이다.
반면 억지스러운 교습가는, 일반 골퍼에게 56° Loft 클럽으로 타격 두께를 정확히 맞추라고 요구하는 사람이다. 연습으로 해결될 수 있는 한계가 있다.
* Loft가 큰 웨지로 상하 타점을 정확히 맞추는 방법에 집중하는 교습을 받는다면, 실력에 따라서는 시간 낭비일 수 있다. 반대로, 상하 타점을 정확히 맞추지 않더라도 결과가 좋은 방법을 교습받는다면, 행운일 것이다.

#8. 45° Loft 클럽이 어프로치에 좋다고 하여, LW를 다룰지 모른다면, 포대 그린으로 구성된 코스, 앞 핀으로 선정된 라운드, 위로 올리는 어프로치에 자주 직면한 라운드에서는 낭패를 볼 수 있다.
고각 웨지로 칩샷과 피치샷 연습도 해 두어야 한다.

#9. 상하 타점 정확도 90타 골퍼 기준으로 확률 계산을 정리하여 비교하면,
60° 클럽, 타이트한 잔디 라이 실수 확률 : 62.4%
  60° 클럽, 좋은 잔디 라이 실수 확률 ------------ : 36.3%
    --〉 45° 클럽, 타이트한 잔디 라이 실수 확률 : 43.6%
    --〉 45° 클럽, 좋은 잔디 라이 실수 확률 ----------- : 23.4%
      --〉 45° 클럽, 타이트한 라이 얇은 타격 OK 조건 실수 확률 : 4.1%
        --〉 45° 클럽, 좋은 라이 얇은 타격 OK 조건 실수 확률 ---------- : 1.4%

위와 같이 수치상으로 비교하면, Loft 45° 클럽 선택 하나로, 타이트한 잔디 라이에서 실수를 대략 최대 1/15 정도로 줄일 수 있다는 것을 깨닫게 된다.

1.4 상체 분절 회전 순서 (오른 팔꿈치 외회전)
(오른 팔꿈치 외회전이란 전완과 팔꿈치를 우측(외측)으로 돌려주는 것)
(선택이 아니고 필수)

우선 *1절에서* 어프로치 샷감을 좌지우지하는 가속-감속-가속에 양팔 사용 분담에 대하여 설명하였다.
2절에서는 최우선으로 봐야 할 잔디 라이 차이를 설명하였다.
3절에서는 현명한 클럽 선택을 위하여 쇼트 어프로치 실력별, 잔디별, 클럽별 뒤땅 토핑 발생확률을 설명하였다.

본 4절에서는 상체 분절 회전 순서를 만드는 오른 팔꿈치 외회전을 설명한다.
뒤땅 토핑에 영향을 주는 것은 하체가 더 연관이 있으나, 본 사항은 쉬우면서 큰 효과가 있는 사항이다.

다음 5절에서는 하체 동작에 대하여 설명한다.
그다음 6절에서는 상체(팔) 동작에 대하여 설명한다.

동작 정확도에 의해 만들어지는 클럽 헤드 상하 오차는 다음과 같이 구분할 수 있다.
- 하체 동작 정확도 ------------- 대략 60% 연관
- 몸통근육(등근육) 회전 Level --- 대략 20% 연관
- 팔/손 동작 정확도 ----------- 대략 20% 연관
* 초보(하급자)일수록 팔과 손목, 손으로 타점을 제어하려는 경향이 있으나 실제 그 쓰임새는 20% 내외라고 생각하면 된다.
손목과 손의 조건에 따라서 변화가 크지 않느냐고 반문할 수 있는데, 변화가 크기 때문에 제어할 수 없는 영역이 되므로 가능하면 Even으로 해야 한다.

피치샷, 띄워 치는 어프로치 교습에서 *"폴로스루, 피니쉬 때 클럽 헤드 면이 자신을 바라보게 해야 한다."* 라는 설명을 많이 듣는다.
어떻게 하면 그런 자세가 만들어질까?
왜 그렇게 하라는 것일까?

거의 모든 프로선수는 피치샷에서 이것(피니쉬에서 헤드 페이스 면이 자신을 바라보는 것)을 자연스럽게 구사한다.

반면, 일반 골퍼들은 어떻게 하는지, 왜 하는지를 몰라서 다음과 같이 한다.
- 30% 일반 상급 골퍼 : 자연스럽게 구사
  (어프로치는 자연 로테이션이 아주 적어 그냥 치면 저절로 피치샷이 됨)
- 30% 일반 중급 골퍼 : 억지스럽게 구사
- 40% 일반 하급 골퍼 : 구사하지 않음. 임팩트에만 신경 써 Leading edge로 (엎어) 찍어 침. 또는 손목을 써서 걷어 올림

웨지 어프로치, 바운스로 치려면 어떻게 해야 할까?
다운스윙 중간 지점에서 오른 팔꿈치를 외회전하면 스윙이 어떻게 바뀔까?
어프로치에서 오른 팔꿈치를 좀 더 많이 외회전시키면 어떤 효과가 있을까?

혹자가 *"어깨가 들어와서 볼을 때려라."* 라고 한다. 어깨를 넣는 것이 아니고 오른 팔꿈치를 외회전시키면 어깨가 자연스럽게 먼저 들어오게 된다. 이것은 Full swing뿐만 아니라, 어프로치 샷에서도 같이 적용된다. (*3권 5장에서* 일반 스윙의 오른 팔꿈치 외회전 내용 서술됨)

  * 편의상, 쇼트 어프로치 다운스윙 동작은 시간상으로 1/3(1구간), 2/3(2구간), 3/3(3구간)으로 나눈다.

1) 오른 팔꿈치 외회전 동작

오른 팔꿈치 외회전은 칩샷에는 해당 없고, 피치샷 어프로치에서부터 해당하는 내용이다. 단, 기본 샷에 오른 팔꿈치 외회전 동작이 들어가면, 칩샷에도 약간(20~40%) 저절로 가미되게 된다.

a) 오른 팔꿈치 외회전 동작 메커니즘
(동작은 간단함)

어프로치 다운스윙에서 오른 팔꿈치 외회전 동작은 그림과 같이 만들어진다.

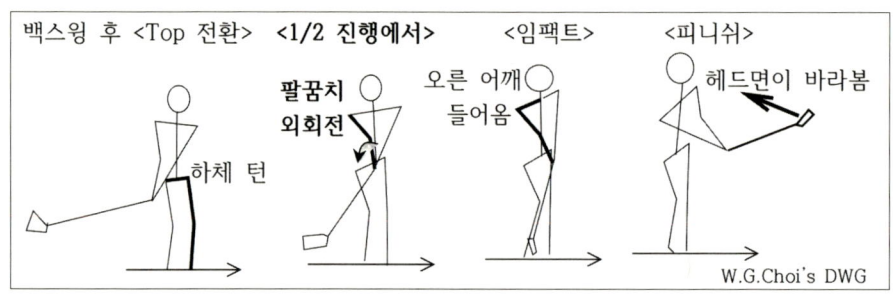

그림 2.1.17 쇼트 어프로치 다운스윙 오른 팔꿈치 외회전 동작

스윙이 크든 작든, 백스윙의 상체 동작 모양은 엇비슷하다(하체 동작은 다름).
어프로치 백스윙에서도 Full 스윙과 같이 테이크어웨이에서 페이스 면이 볼을 보며 올라간다. 이것은 왼팔 상완의 외회전이 수반되며 만들어지는 형태이다. 손목과 손으로 그 모양을 억지로 만들면 안 된다는 이야기다. (왼팔을 꼬는 방식은 *3권 6장에* 일반 스윙의 백스윙 내용 참조)

다운스윙, 중간 지점(시간상)에서 그림과 같이 오른 팔꿈치를 외회전 시키기 시작한다.
팔꿈치를 외회전 시키면 손과 클럽 헤드 따라옴은 조금 늦어지고, 오른 어깨 회전이 잘 된다. 상체 분절의 회전 순서를 어깨~팔~손목(클럽) 순서로 만들어 준다. 팔꿈치를 외회전해서 변화되는 그때의 동작 모양은 겨우 1~2cm라서 눈에 보일락말락 한다. 즉 눈으로 쉽게 구별되지 않는다는 것이다.

이후, 오른 어깨와 오른 팔뚝이 일체가 되는 형태로 임팩트에 다다른다.
외회전하여 늦게 회전되었던 손과 클럽 헤드는 3/3구간에서 릴리즈 되면서 임팩트를 갖는다. 전체적으로 하체와 어깨가 앞서서 회전하니, 피니쉬 때 클럽 페이스 면이 자신을 바라보게 되는 것이다.

손보다 오른 어깨가 주도하는 스윙이 되어서, 어프로치 자세가 멋지게 만들어지는 스윙 동작과 피니쉬 모양이 된다.

Remarks

#1. 만약 손이 어깨보다 먼저 리드하려 하면, 상호 작용으로 오른 어깨가 뒤처지고, 클럽 헤드는 세워져서 임팩트 된다.

반대로 오른 팔꿈치 외회전으로 손(헤드)의 진행을 늦추면 오른 어깨 턴이 빨라지고, 클럽 헤드는 뉘어져서 임팩트 된다. 비유하자면, 수저(스푼)로 국물을 뜨는 모양으로 임팩트가 만들어진다.

혹자의 *"오른 어깨를 앞으로 넣어 치세요.", "오른 어깨가 들어와 쳐라."* 라는 말 표현은 피치샷 다운스윙 중간 2/3 구간에서 오른 팔꿈치를 외회전시켜 손과 클럽 헤드는 뒤처지게 하고, 상대적으로 오른 어깨는 빨리, 잘 회전되어 들어오게 하라는 것이다.

* 이 Key point를 모르면 아무리 프로처럼 동작을 구현하려 해도 안된다.

#2. 피치샷 어프로치, 다운스윙 2/3 구간에서 오른 팔꿈치를 외회전 시키지 않으면, 다음과 같은 스윙 모양새를 보인다.

- 허리 회전이 작고 왼 엉덩이가 뒤로 빠지는 모양
- 눌러 쳐지지 못하고, 엎어 치는 임팩트
  (= 바운스로 치지 못하고, Leading edge가 땅에 박히는 모양)
- 오른 어깨가 들리면서 전방으로 이동되는 임팩트~폴로스루

#3. 오른 팔꿈치 외회전 스윙을 하면, 위 #2의 사항이 교정된다.

어프로치에서, 멋진 피니쉬의 50%는 오른팔 외회전이 관여된다고 할 수 있다. 특히 스윙 크기가 작은 어프로치 피치샷은 이것이 핵심 동작이 된다.

#4. 오른 팔꿈치 외회전하여 기본 피치샷 하면, 3~4개월 후에, 나머지 거의 모든 어프로치 샷 동작에도 자동으로 이 외회전 동작이 필요한 만큼 녹아 들어가 긍정적인 스윙 형태로 바뀐다.

습득 후, 샷 종류별 오른 팔꿈치 외회전이 사용되는 비율은 대략 다음과 같다.

- 오른 팔꿈치 외회전 샷 : 50~70% 하던 외회전을 더 많은 80~100% 사용
- 로브샷 : 90% 외회전 사용
- Normal 피치샷, 힙 턴 샷, 컷 샷 : 50~70% 외회전 사용

- 다운블로 샷, 칩샷 : (무의식적으로) 30% 전후 외회전 사용
- 핸드포워드 샷 : 0%
* 오른 팔꿈치 외회전 샷 이외의 샷에서 외회전 사용 비율은 자동으로 알아서 들어간다.

#5. 이것은 눈에 보일락말락 해서 인지하기는 쉽지 않다. 겨우 1~2cm 변화이다. 다운스윙 오른 어깨 회전을 제어하고, 피니쉬 모양의 50%를 이 작은 팔꿈치 외회전이 관여한다고 감히 누가 상상이나 할 수 있겠는가?

어프로치, 얼라이먼트 스틱을 그립에 같이 쥐고 스윙해서, *"스틱이 왼 옆구리를 치지 않게 하라."*라는 것은, *1절에서* 설명한 가속-감속-가속을 왼팔-오른팔-오른팔(팔꿈치, 전완, 손목, 손)로 역할 분담하는 것에, 왼 힙 턴을 하고서 이어서 이것 오른 팔꿈치 외회전을 하라는 것이다. 안 하면 원하는 모양의 동작 형태가 결코 만들어질 수 없다.
* 중·하급 실력자는 아무리 해도 스틱이 왼 옆구리에 닿게 되어서, '도대체 어떻게 안 닿게 한다는 것인가?' 하고 의구심이 들 수 있다. 멋진 어프로치 피니쉬 동작은 이들 3가지 사항을 반영하면 완성된다.

#6. 어프로치 오른 팔꿈치 외회전 동작은 Full swing의 오른 팔꿈치 외회전 동작과 같다. Full swing 오른 팔꿈치 외회전 동작 연습할 때 어프로치도 같이 하면 된다.
기본 동작 구사에 1~2개월 정도 걸리고, 능숙하게 구사하는 데는 3~4개월 연습 기간이 필요하다.

b) 오른 팔꿈치 외회전 동작으로 다운스윙 궤도 정확성 향상

순차적 부드러운 다운스윙 가속(어깨-팔꿈치-손목 분절의 순차적 진행)이 되어서, 클럽 헤드의 상하 궤도가 안정된다.
이것은 연습장에서 동작의 On, Off로 확인할 수 있다.
결과로써 타점 정확도 높아진다. 향상된 상하 타점 정확도는 뒤땅 토핑을 줄여준다. 단, 구사하는 데 몸에 없던 근육 제어 신경망이 생성되는 기간을 포함하여 4개월 정도의 숙달 기간이 필요하다.

처음 깨닫는 것이 생소할 뿐, 한번 사용하여 구사되기 시작하면, 자동차 운전처럼 저절로 (일정 비율이 포함되어) 어프로치 샷이 된다.
이후 의식하지 않아도 보통 50% 정도의 오른 팔꿈치 외회전이 자동으로 사용되고. 이제 드디어 Normal approach shot이 만들어졌다고 느끼게 된다. 그리고 중·하급자 시절, 엎어 맞추기 급급했던 이전에 했던 샷은 엉터리였다는 것을 깨닫게 된다. 다운스윙 팔과 손 동작에 여유가 생긴다.

특정 목적을 가지고, 외회전을 많이 (80% 이상) 하는 형태의 Swing을 '오른 팔꿈치 외회전 샷'이라고 한다.

c) 오른 팔꿈치 외회전 동작 어프로치의 장·단점

오른 팔꿈치 외회전은 스핀이 더 많이 걸리고 탄도를 더 높여줘 고급스러운 어프로치 구사를 할 수 있게 해 준다.
이것은 일반 샷에서 오른 팔꿈치 외회전을 하여 얻는 높은 탄도, 많은 스핀, 멋진 피니쉬를 얻는 기능과 같다.

〈장점〉
- 클럽 헤드 가속이 부드럽게 진행, 타점 정확도 높인다.
- 헤드가 뉘어 바운스가 잔디에 닿는 모양 --- 바운스가 이용된다.
- 더 높은 탄도, 더 큰 스핀, 10% Up (임팩트 로프트 증가)
- 오른 어깨가 손보다 먼저 회전되는 스윙 시퀀스 만들어 준다.
  (멋지고 이쁜 어프로치 피니쉬 동작에 50% 정도 관여)
- 짧은 다운스윙 후반부에서 동작에 여유가 생긴다.
- 오른 어깨 Load(부하) 감소, 왼 어깨 Load 증가
- 손목, 팔꿈치 부상 방지 기능
  (단, 현재 오른 팔꿈치 부상 상태인 골퍼는 이것을 하면 안 됨)

〈단점〉
- 너무 강하게 오른팔 외회전을 사용하여 어프로치 하면, 거리 Over 되는 경향을 보임(임팩트 전에 손목 스냅이 더 강하게 쓰이는 현상).
  * 연습장 인조 매트, 시뮬레이션 게임 인조 매트에서는 뒤땅 구현이 약해서, 오른팔 외회전에 의한 뒤땅 완화 기능을 Test 하기는 어려움이 있는데, 발바닥 매트에서는 오른팔 외회전에 의한 뒤땅 완화 반응을 강하게 경험할 수 있다.
  단, 이것의 과한 연습 시행은 발판 바닥 충격이 오른 팔꿈치, 오른 전완 근육, 오른 손목에 누적되어서 부상이 올 수 있으니, 횟수는 제한되어야 할 것이다.
- 볼을 오른쪽에 치우쳐 놓으면, 외회전 적용하기 힘들다. 그래서 다운블로 샷에는 외회전이 매우 작게 들어간다.
  볼 위치는 중앙 또는 중앙에서 후방으로 1ea 정도가 적당하다.

Remarks

#1. 피치샷, 오른 팔꿈치 외회전을 하면 Leading edge가 땅에 찍히지 않고, 바운스가 바닥에 부딪히는 모양으로 클럽 헤드가 진행된다. *"바운스로 치세요."* 라는 것이 실현된다.

#2. Full 스윙에서 오른 팔꿈치 외회전을 적용하면, 어프로치 스윙에서도 외회전이 필요함을 인지하게 되고, 쉽게 적용된다.

  * Full 스윙에서 오른 팔꿈치가 외회전 되어야 하는데, 이것은 '샬로잉' 만들기의 두 번째 단계 동작에 해당하며, 두 번째 힘 빼기(2nd 가속 부드럽게 하기) 동작에 해당한다. *(3권 5장에서 자세히 설명)*

2) 오른 팔꿈치 외회전 샷에 의한 뒤땅 완화

a) 오른 팔꿈치 외회전 샷 어프로치

오른팔꿈치 외회전은 기본적으로 모든 샷에 어느 정도 들어가야 한다. 그래야 손목 회전력 사용 시점에 여유가 생기고, 헤드 가속이 부드럽게 진행되며, 멋진 피니쉬 동작이 만들어진다.

오른 팔꿈치 외회전 샷이란, 보통 샷보다 조금 더 외회전을 해주는 것이다.

헤드가 뉘어 들어와서, 클럽 헤드의 Leading edge보다는 Sole 일부가 더 많이 사용되도록 하는 기능이 있어 뒤땅이 완화된다고 생각할 수 있지만, Loft가 커져 타격 높이 공간이 줄어들므로, 뒤땅의 가능성이 증가하는 역기능도 있어, 서로 상쇄된다고 보면 맞을 것이다. 뒤땅 완화는 바운스가 바닥에 맞고 튀어 올라오는 현상에 의해서 만들어진다.

어프로치 오른 팔꿈치 외회전 샷에 의한 뒤땅 완화 기능은 반사신경 작용에 의한 효과로 추측된다.

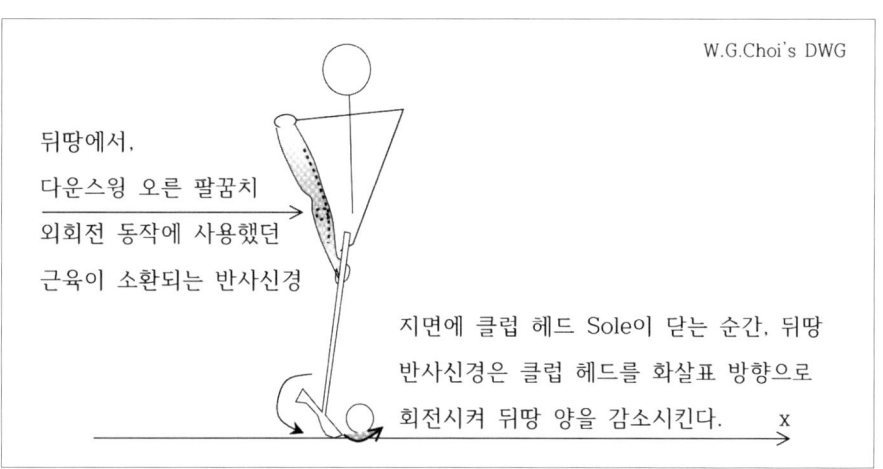

그림 2.1.18 어프로치 오른팔 외회전에서 뒤땅 완화 반사신경

외회전하지 않는 상태에서 뒤땅이 나면, 반사신경은 손목을 보호하기 위해 근육의 힘을 풀어버리는(감소시키는) 반응을 0.01sec 정도의 시간에 하게 되어, 클럽 헤드는 지면 속으로 더 박히게 되고, 스피드는 더 감소하게 된다.
반면, 오른 팔꿈치 외회전을 (어느 정도 강하게) 했을 때 뒤땅이 나면, 반사신경은 바로 직전에 사용했던 (또는 사용 중인) 외회전 근육을 다시 강하게 수축하여, 클럽 헤드의 Leading edge가 지면 위로 올라오게(나오게) 만드는 반응을 만들어 준다. 이 반응이 뒤땅을 완화해 주는 기능이다.

b) 잔디 라이별 오른 팔꿈치 외회전 샷 효과

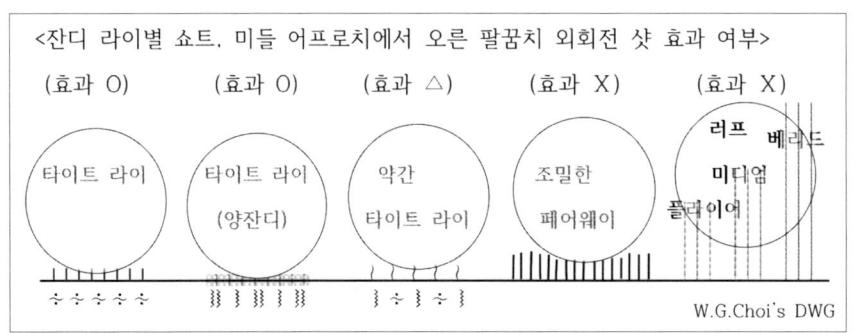

그림 2.1.19 피치샷, 잔디 라이별 오른 팔꿈치 외회전 샷 효과 여부

피치샷 어프로치에서 오른 팔꿈치 외회전 샷은 약간 타이트한 라이에서 뒤땅 완화 기능이 있다. 사용할 것인지 말지는 조건에 따른 골퍼의 선택이다.

반면, 러프 그리고 조밀한 페어웨이 잔디 라이에서는 뒤땅 완화 기능이 없는데, 이유는 잔디 저항이 점진적으로 증가함으로 반사신경 동작이 안 생긴다고 보면 된다.

20m 어프로치, 조금 딱딱한 바닥에서 뒤땅이 난 경우, 똑같은 뒤땅 궤도여도, 오른 팔꿈치 외회전 샷을 한 경우는 다음과 같이 큰 미스가 아닌, 작은 미스로 끝날 수 있다.
  - <u>외회전하지 않았을 경우</u> : Leading edge가 지면에 박혀 거리 손실로 10m 나감
  - <u>외회전 더 했을 경우</u> : Leading edge가 지면에 충돌하는 충격으로 반사신경 작동되어, 헤드가 지면에서 나오면서 타격 되어서 15m 거리가 나감

어프로치에서 하체는 어떻게 움직여야 하나?

1.5 어프로치 상하 궤도 정확성에 연관된 하체 동작

어프로치 상하 타점 정확성에서, 뒤땅 토핑을 내지 않고, 정타를 결정하는 것은 크게 네 가지 항목으로 구분할 수 있다.
- 라이 조건 – 환경
- 타격 높이 정확도 갖게 하는 자세
- 타격 높이 정확도 만드는 동작
- 클럽 및 구사하는 샷 종류 – 선택

실력별로 어프로치 상하 궤도 오차가 다르다. 이는 자세를 포함한 동작 정확성 능력 차이다.
클럽 헤드 궤도의 (상하 타점) 높낮이가 변하는 이유는 무엇일까?
두리뭉실하게 *"자세를 잘 잡아야지!", "잘 맞추어야지!"* 또는 *"연습을 많이 해야지!"* 라는 이야기는 해결책이 될 수 없다.

어프로치 스윙 동작 중에, 헤드 높낮이가 변하는 원인을 크게 세 가지로 나눌 수 있다.
- 왼 무릎과 힙의 회전에 의한 몸의 상하 변동 (힙 회전량 = 궤도 상승량)
- 하체 폄에 의한 몸의 상하 변동 (하체 폄 양 = 궤도 상승량)
- 상체 동작에 의한 상하 변동 (어깨 들어 올림, 손목 꺾어 올림)

어프로치 스윙 동작에서, 상하 타점 오차를 줄이는 방법은?
- 왼 무릎 Down & Up 리듬 맞추기   <--- 무의식적 실수 방지
- (90° 이하) 백스윙 왼 무릎 고정   <--- 하급자 사항
- 왼 힙 회전량 맞추기   <--- 중급자 사항
- 왼 하체 폄 양 맞추기   <--- All
- 손목(회전)의 릴리즈 타임 맞추기   <--- 상급자 사항
- 상체 동작 : 어깨(팔꿈치) 들어 올리지 않기, 손과 팔의 악력 맞추기

  * 백스윙~다운스윙 동작에서 등근육 사용 중심점의 상하 회전 Level 관리하면, 팔과 손 동작의 50%는 간접적으로 해결된다.

1) 스윙에서 상하 궤도 변동 요인 List up

'얇게 맞았다. 두껍게 맞았다'라는 표현을 하는데, 토핑성≈얇은 타격 또는 뒤땅성≈두꺼운 타격을 말한다.
클럽 헤드 궤도(Path)가 위로 지나가면 얇게 맞은 토핑성 하 타점이고, 아래로 지나가면 두껍게 맞은 뒤땅성 상 타점이다.

a) 상하 궤도 변동 요인
어프로치의 Setup ~ 백스윙 ~ 다운스윙에서 클럽 헤드의 상하 궤도를 바뀌게 만드는 요인은 다음 그림과 같다.

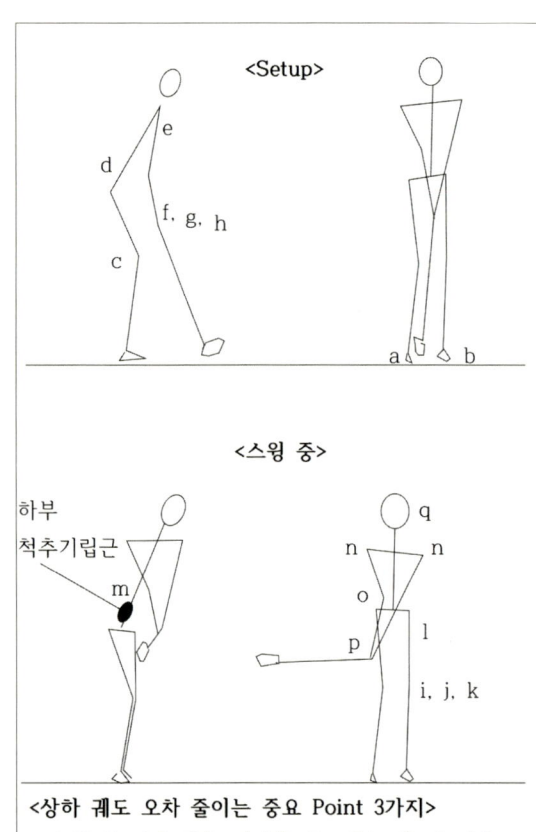

⟨Setup⟩
ⓐ 볼 위치 (전·후)
ⓑ 체중 분배
ⓒ 무릎 굽힘 양, 하체 Tension
ⓓ 척추 각
ⓔ 호흡
ⓕ 손목 각
ⓖ 손힘, 악력
ⓗ 그립 길이, 헤드 셋업 높이

⟨Swing⟩
ⓘ 백스윙 (왼 무릎) 트리거
ⓙ 왼 무릎 고정 (백스윙)
ⓚ 왼 무릎 폄과 주도 근육 (다운스윙)
ⓛ 힙 턴 양 (다운스윙)
ⓜ 척추 폄-배치기 (다운스윙)
ⓝ 어깨 듦-경직 (다운스윙)
ⓞ 오른 팔꿈치 폄 (다운스윙)
ⓟ 손목 코킹의 풀림 양 (릴리즈)
ⓠ 헤드업

그림 2.1.20 어프로치 클럽 헤드 궤도 Up & Down 요인

클럽 헤드의 타격점을 만드는, 상하 궤도를 변하게 하는 원인(요인)은 20가지 정도가 있는데, 일일이 모든 것을 인식하고 조절하려는 것은 어려우므로, Office program의 Layer 기능처럼, 또는 식당의 세트 메뉴처럼 묶어 한 번에 자동으로 실행되도록 해야 한다.

그림의 각 요인에 대하여 간략한 설명을 하면 다음과 같다.

-. ⓐ 볼 위치와 ⓑ 체중 분배 : 다운블로 타격 궤도를 결정하는 것이며, 궤도가 전, 후로 이동돼 뒤땅 토핑 조건을 결정한다. 보통 ⓐ&ⓑ는 뒤땅을 완화하기 위하여 사용되지만, 과하면 토핑을 만든다.

-. ⓒ 무릎 굽힘 양 :

Setup에서 무릎을 많이 굽히면, 보통 다운스윙 때 왼 하체가 많이 펴져 토핑을 만든다.

Setup에서 무릎이 펴있으면, 다운스윙 때, 펼 변위가 작아 (오히려 주저앉으며) 뒤땅 난다.

　＊ 단순히 너무 많이 굽혀도, 너무 적게 굽혀도, 다운스윙 때 하체 폄이 약하게 된다.

　하체 폄이 약하면 뒤땅이 된다.

다른 한편으로, 무릎 굽힘 양은 스프링과 같이 하체에 Tension이 걸리는 상태를 결정한다. 가벼운 하체 Tension은 폄을 활성화하여, 폄 양이 커져 토핑을 만든다. 강한 하체 Tension은 폄 양이 적어져서 뒤땅을 만든다.

-. ⓖ 손힘 (악력) : 그립 모양, 손의 악력 분배, 악력 세기에 따라서 궤도는 변한다. 이것은 거의 직접 제어 불가 사항으로써, 단지 일정한 기준을 갖게 하고, 손은 없는 것으로 취급하고 스윙하는 것이 좋을 것이다.

　＊ 간접 제어 방법으로, 왜글(Waggle)을 부드럽게 하면 부드러운 악력, 사납게 하면 강한 악력이 형성된다.

왼손 손가락의 악력에 따라 스윙 진행 중에 손목 각의 변화로 대략 다음과 같은 상하 궤도 변화 경향이 있다. 러프 및 경사지에서 타격 높이 조절 용도로 사용될 수 있다.

　- 왼손 검지 힘 (힘 10~30% Up) : 6mm 궤도 Up

　- 왼손 중지 힘 (힘 10~30% Up) : 3mm 궤도 Up

　- 왼손 약지 힘 (힘 10~30% Up) : Even - 궤도 변화 없음. 타격 강도 증가

　- 왼손 소지 힘 (힘 10~30% Up) : 4mm 궤도 Down

-. ⓗ 그립 길이, 헤드 Setup 높이 :

그립 길이는 경사지에 따라서 달라진다. 이것은 왼 하체 폄 주도 근육 사용과 연관 지어진다.
- 보통 짧은 그립 = 발끝 오르막 경사 = 엉덩이 폄 주도 근육 사용
- 보통 긴 그립　= 발끝 내리막 경사 = 장딴지 폄 주도 근육 사용

　　　Setup에서 헤드 높이를 인위적으로 조금 위로 가져갈 수 있다. 위로 가져갔다고 100% 뒤땅이 방지되는 것은 아니지만, 발끝 오르막 경사지에서와 같이 인위적으로 조금 올려 Setup 하여 사용되는 경우가 있다.

-. 양팔 가속-감속-가속 분담 : 중·하급 실력 단계 사항으로, 앞 1절 어프로치 샷감을 만드는 가속-감속-가속에 양팔의 비중이 전체 스윙의 진행을 50% 정도 결정하는데, 그 비중의 주도 비율 형태에 따라서 뒤땅과 토핑이 발생한다.
- 정상 궤도 : 왼팔 가속 - 오른팔 감속 - (힙 턴) - 오른팔&손 가속 & (폄)
- 뒤땅 : 오른팔로 백스윙 가속을 진행하는 경우
　　　　　왼팔로만 가속-감속-가속을 진행하는 경우
- 토핑 : 왼팔로 다운스윙 주도하는 경우

다음의 하체 동작과 관련된 요인은 따로 빼서 상세 설명한다.
-. ⓘ 백스윙 왼 무릎 트리거　--- 하체 폄의 리듬에 관계된 것
-. ⓙ 백스윙 왼 무릎 고정　　--- 상하 변동량 최소화에 연관된 것
-. ⓚ 왼 무릎 폄과 폄 주도 근육 --- 릴리즈 타이밍을 변화시키는 것
-. ⓛ 힙 턴 양　　　　　　　--- 상하 궤도 조절로 사용되는 것

b) 상하 타점 발생 일차적 원인
쇼트 어프로치 상 타점과 하 타점이 발생하는 일차적인 원인을 구분하면 대략 다음과 같다.

-. 하 타점(토핑성) : 왼 무릎 많이 펴짐　　------ +1cm
　　　　　　　　　손목 스쿠핑　　　　------ +2cm
　　　　　　　　　(힙)턴 많음　　　　　------ +1cm
　　　　　　　　　악력에 의한 손목 꺾임 ---- +2cm
　　　　　　　　　기타 (팔꿈치 들어 올림, 어깨 올림, 손목 꺾어 올림)
　　　　　　　　　* 왼팔 다운스윙 주도　---- +2cm

-. 상 타점(뒤땅성) : 왼 무릎 덜 펴짐   ------ (-)2cm
　　　　　　　　　팔 펴짐(눌러줌)   ------ (-)1cm
　　　　　　　　　(힙)턴 적음   ------ (-)1cm
　　　　　　　　　배치기(헤드업)   ------ (-)2cm
　　　　　　　　　기타 (오른 무릎 주저앉음, 손 회전 적을 때, 볼 라이)
　　　　　　　　　* 오른팔 백스윙 주도 --- (-)2cm

위의 것들은 일차적(표면적)인 원인이며, 원인을 만드는 내재한 이유가 있다.

Remarks
#1. 손목 스쿠핑 현상, 무릎이 덜 펴지는 것과 더 펴지는 것은 근본 원인을 알아야 개선할 수 있다. 무릎을 더 펴겠다고 해서 쉽게 제어할 수 있는 것도 아니고, 손목 스쿠핑을 안 하겠다고 해서 방지되는 것도 아니다.

#2. 상하 궤도 제어는 돌리는 것과 올리는 것의 역할 분담, 분리가 필요하다.
　- 돌리는 것은 회전력의 사용이다.
　- 올리는 것은 폄의 사용이다.

c) 쇼트 어프로치 상하 타점 발생 책임

골프 실력별로 상하 타점 발생량, 발생 빈도가 다르며, 원인의 비율도 다르다.
물론, 상황별, 조건별로도 같지 않다.
만약 어떤 Normal 한 잔디 라이, 평지, 20m 어프로치를 한다면, 실력별로 얇게 맞거나 두껍게 맞을 비율은 대략 다음과 같을 것이다. 상하 궤도 오차 때문이다.

실력	토핑성 실수	뒤땅성 실수
프로 수준	0.1%	0.2%
싱글	2%	4%
80타대 실력	4%	8%
90타대 실력	8%	16%
100타대 실력	16%	32%

표 2.1.21 일반적인 쇼트어프로치 실력별 토핑·뒤땅성 비율 (경험적 예시)

위의 뒤땅 토핑 타격에 대하여, 스윙 자세와 동작 측면에서 일차적 원인의 비중을 대략 추정하면 어떻게 될까?

실력\원인	무릎 폄 양 (상하 리듬)	어깨, 팔꿈치 손목 : 폄과 Up/Down	(힙) 턴 양	기타 (악력 불균형) (등근육 회전 Level)
프로 수준	50% (발생량 미미)	-	10%	40%
싱글	40%	-	30%	30%
80타대	40%	20%	20%	20%
90타대	40%	20%	20%	20%
100타대	30%	40%	10%	20%

표 2.1.22 일반적인 쇼트 어프로치 실력별 뒤땅 토핑 원인 비중 (추정 예시)

하급 골퍼에게서는 하체 폄 양과 팔 & 손목에 의해서 발생하는 실수가 큰 원인이 될 것이고, 상급자는 하체의 폄, 이동, 움직임이 중요한 요인으로 작용할 것이다.

Remarks

#1. 실력별로 원인과 비중이 달라서, 교습한다면 주제와 초점 내용이 수준별로 조금 달라야 할 것이다.

하급자에게서 나타나는 인위적인 팔·손목 동작은, 하체 제어가 안 되니 상체로 어떻게 해보겠다는 의지로부터 나오는 실수이다. 따라서 하체 움직임(동작)을 먼저 해결(습득)해야 한다.

* 하급자는 팔과 손으로 상하 타점을 제어하는 것으로 오해하고 있을 수도 있다.

#2. 만약 어떤 어프로치 영상에서 유독 상체(팔, 손목)에 대한 동작 내용을 강조한다면, 이것은 하급 골퍼를 대상으로 하는 내용인데, 시청자 수준에 맞춘 것일 뿐이고, 실제로는 하체 동작을 먼저 섭렵하도록 해야 한다.

상체 동작을 교정하려면, 하체 동작과 연계해야 한다. 하체와 몸통 동작 기준이 먼저 잡혀있어야 하며, 팔과 손은 도마뱀 꼬리와 같다고 하겠다.

* 맹모삼천지교와 같은 학습 효과로 인하여, 뒤땅 토핑이 발생하면, 보통 원인을 상체의 동작에서 찾으려는 경향이 있다. 실력이 올라갈수록 하체 움직임의 중요성을 알아야 한다.

#3. 앞에서 설명하는 것들은 방향만 제시하는 원론적인 내용이다. 원론적인 것으로는 문제를 해결할 수 없다. 상세한 요인들의 Logic을 더 알아야 답을 찾을 수 있다.

d) 대표적인 어프로치 뒤땅 토핑 실수
(4가지 어이없는 실수 유발 형태)

(A) 백스윙 트리거, 왼 무릎을 펴면서 백스윙 시작할 때 : 큰 뒤땅
왼 무릎을 눌러주거나 고정하고 백스윙을 시작해야 한다.
만약, 왼 무릎을 펴며(들며) 백스윙을 시작하면, 다운스윙, 하체 펌 리듬이 거꾸로 작용하여, 무릎은 덜 펴지고 낮은 궤도로 헤드가 움직인다. 2cm 정도 두꺼운 두께의 어이없는 뒤땅이 난다.
무릎을 올리는 트리거는, 실제 몸통 근육에서 복근 감각이 척추기립근 감각을 없애는 작용을 하여 회전과 지탱 감각 둔화로 뒤땅이 발생한다고 봐야 한다.
   * 비유 : 노래에서 엇박자가 발생하듯, 어프로치에서 왼 무릎을 펴면서 시작하는 백스윙은 다운스윙 임팩트 직전에 무릎이 굽어지는 엇박자 리듬이 만들어진다. 이런 날의 라운드에서는 대여섯 개의 어프로치 뒤땅 (뒤땅 방지를 위한 팔 & 손 올려 발생하는 토핑 포함) 발생하게 된다.
혹자가 *"어프로치는 Setup에서 왼발에 체중을 더 두라."* 라고 하는 이유 중 하나는 왼 무릎을 펴면서 백스윙을 시작하지 못하게 하려는 것이다.

ex) 체격 조건이 좋은 어떤 여자 선수는 비거리를 더 내기 위하여 왼 뒤꿈치를 바닥에서 매우 강하게 떼는 (힐 업) Full 스윙을 구사하는데, 이런 스윙 영향으로 타이트한 라이 쇼트 어프로치에서 상하 타점 정확도가 낮아 두려움을 느끼는 것처럼 보이는 예가 있다.

본 사항은 *다음 2) 항에서* 좀 더 상세히 설명한다.

(B) 오른 팔꿈치가 올라간 백스윙 : 토핑
오른 팔꿈치 높이는 하체 & 어깨의 높낮이 변화를 최종적으로 합한 것에 팔의 회전 중심의 높낮이 변화를 만든다.
   - 백스윙 최고점에서 오른 팔꿈치가 기준보다 올라갔으면 --- 토핑
   - 백스윙 최고점에서 오른 팔꿈치가 기준보다 내려갔으면 --- 뒤땅

(C) 왼손 2nd & 3rd 손가락에 악력이 꽉 들어가면 : 토핑
왼손 검지 악력을 세게 하면, 다운스윙, 손목 각이 위로 꺾여 높은 궤도로 헤드가 움직인다. 얇게 타격 된다.
왼손 소지(5th 손가락) 악력을 세게 하면, 다운스윙, 손목 각이 아래로 펴져 낮은 궤도로 헤드가 움직인다. 두껍게 타격 된다.

(D) 경사지별 오른손 3rd & 4th 손가락 악력 분배가 어긋날 때 : 토핑 or 뒤땅

내리막에서는 중지에 힘 빼면(= 약지에 힘을 주면) 토핑

오르막에서 중지에 힘을 주면 뒤땅 --- 약지에 힘을 줘야 얇은 궤도

   * 중지 힘은 팔 경직도를 키우고, 약지 힘은 팔 경직도를 낮추는 경향이다.

   경직도가 크면 헤드 진행이 빨라 뒤땅, 작으면 헤드 진행이 느려 얇은 궤도가 된다.

2) 백스윙 시작 왼 무릎 트리거

(원래 의식하지 않고 하는 것인데, 어프로치 뒤땅 토핑 원인 중 한 가지)
(무의식적 오동작에 대한 설명)
(주로 중·하급자에서 나오는 뒤땅 토핑 원인)

백스윙을 막 시작할 때, 왼 하체(무릎) 상하 움직임은 다음 세 가지 경우다.
이것은 눈에는 거의 보이지 않고, 골퍼 자신만 알 수 있다.
'백스윙 시작 왼 무릎 트리거'라고 명명한다.

 (A) 살짝(0.5cm) 왼 무릎을 올려주며(펴주며) 백스윙 시작

 (B) 왼 무릎 고정상태(왼 하체 변동 없음 = No Trigger)로 백스윙 시작

 (C) 왼발을 살짝 밟아주면서 (왼 무릎 0.5cm Down) 백스윙 시작

결론을 말하면, 어프로치 스윙에서,
 - (A) 트리거 동작을 하면 큰 뒤땅 난다.
 - (C) 트리커 동작을 과하게 하면 토핑 난다.

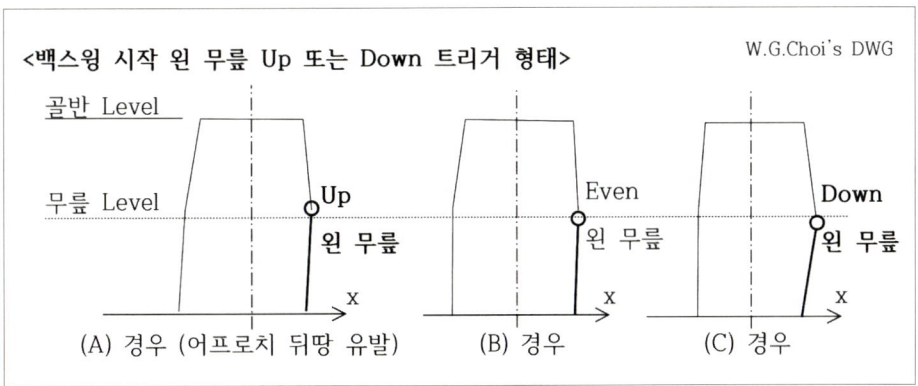

그림 2.1.23 백스윙 시작 왼 무릎 Up or Down 트리거

Remarks
#1. (A) 트리거는 티 위에 놓고 치는 긴 클럽(드라이버) 샷 할 때 사용은 가능하다. 사용 여부는 선택이다.
 만약 (A) 트리거를 비거리 늘리기 위하여 드라이버 샷에서 사용하는 골퍼가, 은연중에 어프로치에서

이 트리거 형태가 나왔다면, 큰 뒤땅이 나오게 된다.

이때 왼 다리가 Up ~ Down ~ Up 리듬으로 진행되는데, 뒤땅 이유로 어프로치에서는 임팩트 직전의 Up이 느려지고 약해지기 때문이다.

cf) 보통 스윙 중 왼 무릎 상하 움직임은 다음과 같다.

    쇼트 어프로치 : 고정 ~ (회전) ~ Up

    일반 Swing   : Down ~ (회전) ~ Up

    백스윙 시작 왼 무릎 펴는 어프로치 : Up ~ (회전) ~ Down/Up --- 뒤땅

#2. (C) 트리거는 왼발 체중 분배를 추가하는 기능으로 작용한다. 왼발을 눌러 주면, 하체 쿠션 활성화되고 반력이 커져 몸의 Down ~ Up 리듬이 빨라지고 강해져서, 임팩트 직전의 Up은 조금 세진다. 강한 이 트리거 형태는 얇은 토핑을 만들 가능성을 키운다.

* *"어프로치 자세는 왼발에 체중을 더 주고"*라는 이야기는 다운블로 타격을 하려는 의도도 있지만, (A) 트리거 못하게 하고, (C) 트리거를 유도하는 것인데, Setup부터 왼발에 체중을 잔뜩 주면 토핑 나거나, 아니면 과체중에 의한 보상 동작으로 (A) 트리거가 무의식중에 유도되면서 뒤땅 날 수 있다.

백스윙 시작 직전에 왼발에 체중이 살짝 들어가는 것이 맞다. 미리 잔뜩 주는 시범은 교습가가 시간적인 것 무시하고, 시각적인 것을 과장한 형태라고 알고 이해해야 한다.

#3. 이 세 가지 트리거는 의도적으로 사용할 사항은 아니다. 또한 의식하고 스윙할 사항도 아니다. 무의식 중에 맞게 구현되어야 한다. 무의식중에 맞게 구현되도록 하기 위해서는 연습에서 몸에 배도록 틈틈이 관리(확인)해야 한다.

라운드에서 Shot 할 때는, 다운스윙에 대한 몸동작은 한 가지 이상을 생각(의식)하면 안 된다. 그 한 가지는 왼 힙 턴 양을 생각하든, 폄을 주도하는 하체 근육(리더 근육)이든, 아니면 테이크어웨이 가속-감속-가속에서 양팔의 역할 분담이 되어야 한다.

#4. 이 트리거에 대하여 의식을 너무 많이 하게 되면, Shot 감이 떨어질 수 있으니 유의한다. 중요한 것은 회전과 폄 동작이다.

3) 백스윙 때 왼 무릎 고정
(90° 이하 크기 쇼트 어프로치에서 왼 무릎 고정은 중요한 사항)
(중·하급자 내용)

중계방송을 보면, 선수들은 짧은 거리 어프로치 백스윙에서, 왼 무릎을 거의 이동하지 않는다.
반면, 일반 골퍼(중·하급자)는 상당수가 왼 무릎을 후방으로 많이 이동한다.
결론부터 말하면, 백스윙 때 왼 무릎을 후방으로 이동하면 상하 움직임(변위)이 생겨서 다운스윙 상하 궤도 오차가 커진다.
90° 이하 백스윙 크기의 쇼트 어프로치에서는 백스윙 때 왼 무릎은 거의 고정하고, 다운스윙에서 힙과 함께 회전하면서 펴져야 한다.

* 중·하급 골퍼의 쇼트 어프로치 뒤땅 토핑의 가장 큰 원인은 왼 무릎의 Down & Up 움직임 부정확이며, 이것의 책임은 백스윙에서 왼 무릎을 이동하는 것이라 할 수 있다.
중·하급 골퍼가 쇼트 어프로치 뒤땅 토핑에서 쉽게 헤어 나오지 못하는 가장 큰 이유는 왼 무릎 움직임이 문제인데, 원인을 팔과 손으로 생각하고 그곳에서 답을 찾으려 하여 문제 해결이 쉽게 안 되는 상황이다.

a) 중·하급자들은 왜 백스윙에서 왼 무릎을 움직이나?
(골프 일반사항 핵심 내용)
(왜 큰 움직임 위주의 영상들이 제작되나? --- 딜레마)

쇼트 어프로치에서, 프로선수와 교습가의 백스윙 동작을 유심히 보면, 왼 무릎이 거의 움직이지 않는다는 것을 확인할 수 있다. 그런데 그렇게 봐왔으면서, 왜 중·하급 골퍼는 백스윙에서 왼 무릎을 살랑거리며 움직일까?

(A) 고정하는 것보다는 살랑거림이 인체 동작에 자연스럽다.
뇌의 무의식적 동작 명령이다.
 * 고정하는 것이 불편하므로, 고정하기 싫다.

(B) 혹자가 "모든 스윙은 같은 형태다.", "작은 스윙도 큰 스윙의 축소판이다."라고 했던 말들이 뇌를 세뇌해서, 고정이 보여도 보지 못한다.

* Full 스윙, Middle 스윙, 쇼트 어프로치 스윙의 형태는 비율이 같지 않다. 백스윙 진행 위치로 봐야 하는데, 왼 무릎이 움직이는 진행 위치는 클럽 헤드가 90°(허벅지 옆)에 왔을 때여서, 90° 이하 쇼트 어프로치에서는 왼 무릎 이동은 해당 없는 동작이다.

위의 혹자 이야기는 단순함으로 혹하게 홀리는 말일 뿐이다.

(C) 보이지 않으니, 고정하지 않는다.

화면 영상에서 왼 무릎의 움직임이 차지하는 비중은 1%~2%도 되지 않을 것이다.

뇌(시신경)는 움직임이 많은 것을 쫓는다. 비중이 작은 것은 관심 밖이다.

뇌의 편식증이다. 뇌는 생존을 최우선으로 해서 작은 동작의 시각적 움직임은 등한시한다.

움직임이 빠른 것, 큰 것 위주로 시신경은 반응하고 느린 것, 작은 것은 시시하게 취급한다.

골프 동작에서 움직임이 작은 것에 초점을 두고 뚫어져라 바라보면 답답하고 짜증이 난다. 귀찮음이 강하게 몰려온다. 그래서 관심을 가지고 무릎만 뚫어지게 쳐다보지 않는 한, 무릎 움직임 차이는 보이지 않는다.

우리는 뇌의 이러한 성격을 인지하지 못한다. 그래서 여간 관심을 두고, 신경쓰고 인내하지 않으면 골프에서 Why? 의 답을 찾기는 어렵다고 볼 수 있다.

* 중계방송에서 선수의 왼 무릎 움직임을 관찰하려면 여간한 인내가 필요한 것이 아니다. 아마도 1~2개월은 짜증을 참아가며 봐야만 겨우 조금 적응이 될 것이다. 이 과정은 답답하며, 가슴이 울렁거리고, 무기력증이 생기며, 심지어는 오바이트(토) 증상이 나타날 수도 있다.

찰나의 시간에 움직임이 작은 것을 유심히 보는 것은 뇌의 중노동이다. 마치 모르는 것을 붙잡고 어떻게든 이해해보려고 하는 노력과 같다.

〈딜레마〉

골프 레슨 영상 제작 딜레마 : 큰 도움이 되는 영상을 제작하자니, 작은 것과 보이지 않는 것이 대부분이라 화면이 답답하고, 움직임이 큰 것을 주제로 하여 화면이 그럴싸하게 하자니, 별로 도움이 되는 내용이 없다. 제작자는 선택의 고민에 빠진다.

* 골프 영상 제작하는데, 매우 유익하지만 난해한 것을 주제로 그리고 View가 안 좋을 것을 만들었을 경우, 그때의 시청률(구독자) 저조는 노이로제 수준의 충격을 안겨주고, 절대 그런 것 제작하면 안 된다는 불문율을 갖게 할 수 있다는 것을 상상해보자.

골프 교습가 딜레마 1 : 교습자는 쉬운 걸 원한다. 그러나 골프는 어렵다. 복잡하게 설명하자니

유능하지 못하게 보이고, 듣고 보기 쉬운 것을 하자니, 수박 겉핥기가 된다.
가끔 투어 프로선수가 공개 레슨하면서, 진짜 유용하지만 약간 난도가 있는 주제에 대해서는 매번 주저주저하는 모습을 보인다.

골프 교습가 딜레마 2 : 작지만, 하체 동작이 중요한데, 교습자는 큰 상체 동작에서 답을 찾고자 한다. 교습가는 하체 동작 먼저 잡아주고 싶으나 접어두고, 이심전심으로 눈에 띄는 상체 동작을 주로 짚어준다. 발전은 더디고 실력 향상은 미미하게 된다. 답이 없는 곳에서 답을 찾는 노력이 계속된다.

골프 저술가 딜레마 : 골프는 어렵다고 말하면서, 자신의 책은 쉬운 것이라 하고, 독자가 쉬운 것을 찾을 것이라는 추측 속에서 알맹이 없는 책을 만들게 된다. 골프가 어려운 것이니, 책이 어렵게 쓰인 것이 맞다.

Remarks
#1. 쇼트 어프로치, 백스윙 때 왼 무릎을 살랑거리며 움직이는 주위의 일반 골퍼 중에서 골프 잘하는 사람은 거의 찾아보기 힘들 것이다.
연습장에서 대략 60%의 일반 골퍼들이 왼 무릎을 이른 시점에 많이 움직이는 어프로치 연습을 하는데, 어깨의 Up & Down이 심하고 부정확하여 헤드 궤도의 상하 움직임을 키우고 상하 타점 정확도를 떨어트려 라운드에서 뒤땅 토핑 실수를 자주 만들게 된다.

#2. 프로 대회 중계방송을 보면, 그들은 거의 백스윙 왼 무릎을 고정하고 일반 짧은 거리 어프로치를 하는데, Save 비율이 70~80%에 육박한다. 그런데, 간혹 그들도 왼 무릎을 움직임이며 백스윙하는 경우가 있고, 그때 Save 비율은 30% 수준으로 떨어진다. 시청자 관찰 입장의 통계적 측면에서 두 경우의 성공률은 매우 큰 차이를 보인다.
어떤 심리적 현상인지, 선수들도 왼 무릎을 고정하지 못할 때가 있다.

b) 쇼트 어프로치 왼 무릎 움직임

90° 이하 크기 백스윙, 왼 무릎 고정은 백번을 이야기해도 모자라지 않는다.
(미들 거리 어프로치에서도 백스윙 왼 무릎 움직임은 절제되어야 한다.)
* 어프로치에서 하체 흔들거리는 것, 백스윙에서 과도하게 왼 무릎을 이동하는 것은 사상누각(모래 위에 집짓기)과 같다고 하겠다.

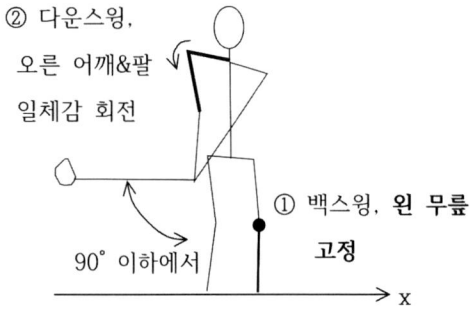

그림 2.1.24 쇼트 어프로치 스윙 동작 첫 번째 중요한 것은 왼 무릎 고정

90° 이하 크기에서는 왼 무릎 거의 고정되고, 백스윙한 이후 다운스윙 초반, 왼 무릎은 왼 골반과 함께 회전을 주도한다. 그리고서 왼 하체는 회전과 함께 폄이 진행되어 임팩트를 맞이한다.

다운스윙 중후반에 오른 어깨와 오른팔은 일체감을 느끼고 회전하면서 클럽을 돌린다. 이 동작을 그래프로 나타내면 다음 그림과 같다.

실제 왼 무릎 움직임은 백스윙 Top 직전, 회전 전환을 부드럽게 하는 목적 및 상체의 부드러운 Stopping 용도로 그래프와 같이 조금(살짝) 움직인다.

이어서 다운스윙은 하체가 리드하고, 그 다음 몸통(어깨)이 회전되며, 이후 스윙의 컨트롤은 오른 어깨와 상완이 일체가 되는 느낌으로 수행된다. 최종적으로 손목 회전이 쓰인다.

전완과 손은 거의 신경 쓰는 대상이 아니며 (단, 오른 팔꿈치 외회전 제외), 그냥 연결고리처럼 따라다닌다고 보면 된다. 왼 하체는 회전이 먼저 되며 뒤따라서 폄이 수행된다.

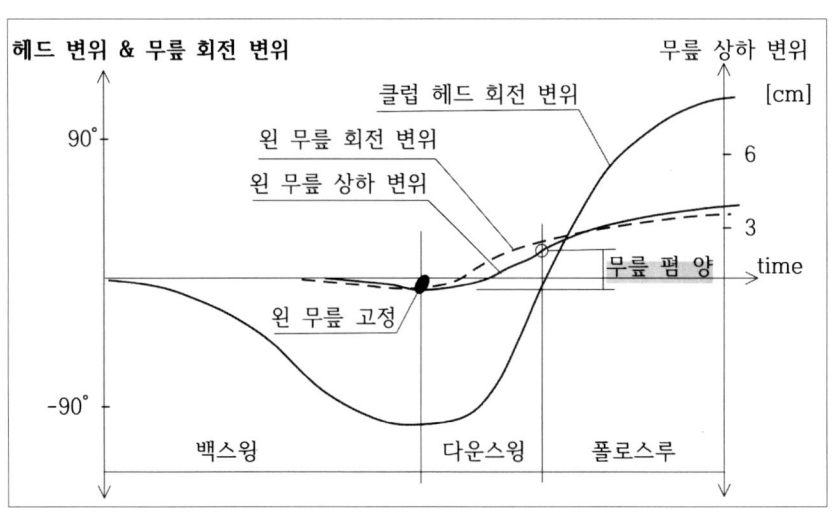

그림 2.1.25 쇼트 어프로치 왼 무릎 상하 변위 (백스윙 때 고정 잘된 경우)

이렇게 동작이 이루어지면, 다운스윙 임팩트에서 무릎 폄 양이 일정하게 되고, 클럽 헤드의 상하 궤도 일관성이 좋아진다. 어프로치에서 하체 동작의 **첫 번째 목표**는 일관된 폄 양을 갖는 것이다. **두 번째**는 회전이다.

일관되고 원활한 하체 동작(회전 & 폄)을 유도하는 것은, *1절에서 설명한* 백스윙 단계의 양팔 가속-감속 역할 분담이 50% 정도를 좌지우지한다.

Remarks

#1. 혹자는 "*헤드 무게로 쳐라.*"라는 것으로 어프로치 타법을 이야기 하나, 헤드 무게? 글쎄! 적합한 표현 같지는 않다. 아마 그 뜻은 "*손·손목을 억지로 꺾고 돌려서 치지 말라.*"라는 의미로 사용하는 것 같다. 실제로 말의 본 의미는, "*클럽 헤드의 가속 회전 관성력(어깨, 팔, 손목 회전 가속력)을 순서대로 적당히 사용해서 가속하라.*"라는 일반적인 뜻이 된다.

　＊ '헤드 무게'가 '중력을 이용해서 치라'라는 의미는 아닐 것인데, 그렇게 생각하고 받아들이는 골퍼도 있다. '헤드 무게'는 초등학생용 낱말이라고 생각하면 오류에 빠지지 않을 것이다.

#2. Remind 비교 : Full swing에서 왼 무릎이 이동(회전)되는 것은 백스윙 2/3 구간이다. 대략 스윙 각도 90°~180° 구간이다.

왼 무릎이 회전되기 시작하는 지점을 90° 정도로 보면 되고, 쇼트 어프로치는 90° 이하 백스윙 크기이므로, 왼 무릎의 회전이 필요하지 않다고 생각하면 편하게 동작을 정의할 수 있다.

　＊ 스윙이 크든 작든 백스윙 왼 무릎이 이동되기 시작되는 시점은 샤프트가 90°쯤 진행될 때이다.

#3. 90° 이하 스윙 크기에서, 왼 무릎이 회전하면서 백스윙하는 쇼트 어프로치는 성공률이 거의 반으로 줄어든다고 보면 된다. 이유는 상하 타점 오차가 커지기 때문이다. 상하 타점 오차는 '무릎 폄 오차 + 척추 폄 오차 + 손목 각 오차 + 기타'이며, 척추 폄 오차 또한 절반 정도는 무릎 폄의 영향을 받는다.

　＊ 배치기는 무릎 폄이 작을 때 발생한다.

무릎 폄이 상하 타점 오차를 만드는 것에 50% 이상 연관된다고 생각하면 얼추 맞을 것이다.

c) 쇼트 어프로치 백스윙에서 왼 무릎 많이 움직여버린 경우

　(하면 안 되는 Case)

백스윙 때, 왼 무릎 변위는 작지만 클럽 헤드를 따라서 움직이면 어떻게 될까?
그림은 백스윙 때 왼 무릎을 회전한 경우의 왼 무릎 회전 변위와 상하 변위를 나타낸 것이다.

굽었다가(Down) 펴지는(Up) 왼 무릎의 상하 변위 오차는 그대로 클럽 헤드의 상하 궤적 오차로 나타난다고 보면 된다. 그것은 상하 타점 오차를 키우게 되어서 뒤땅 토핑 가능성을 키우게 되는 원인을 제공한다.

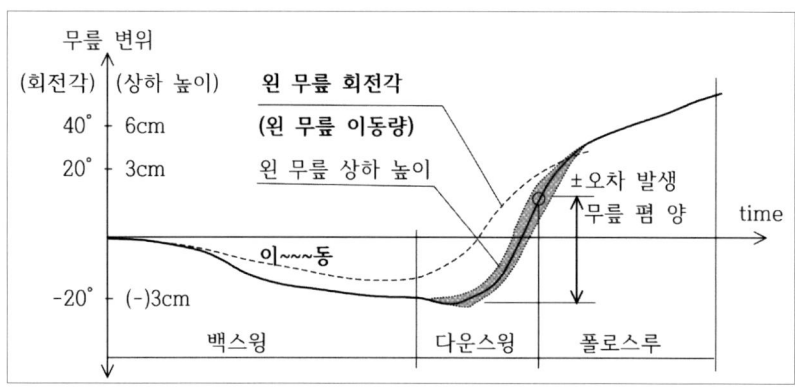

그림 2.1.26 쇼트 어프로치 왼 무릎 **움직인** 백스윙 (상하 타격 오차 증가)

메커니즘 : 회전(이동)되는 무릎은 굽혀짐이 수반되고, 이것은 어깨(상체)높이를 낮추게 되는데, 이후 다운스윙 때 다음과 같은 형태로 상하 궤도 변화를 커지게 만든다.
- 무릎 빨리 펴면서 힙 턴 강하면 : 토핑 발생
- 무릎 늦게 펴고, 척추 빨리 펴면 : 뒤땅 발생(배치기 형태)
  중·하급 골퍼에게서는 주로 이 형태의 뒤땅이 발생한다.
  이 뒤땅이 무서워서, 손·손목에 힘을 주고 인위적으로 꺾어 올리면 토핑이 발생하게 된다. 일관된 궤도 제어는 불가능에 가깝다. 즉 통제가 안 되는 상태가 되는 것이다.

* Full swing에서 백스윙 때, 왼 무릎 이동(회전)은 꼬임과 굽힘&폄 형태로 Power를 만들고, 밸런스(균형)를 잡는 역할을 해 준다.
반면 쇼트 어프로치에서는 그런 Power는 필요가 없으며, 오히려 임팩트 상하 타점 변화만 키우는 악영향을 준다.
이것으로 막연하게 어프로치 상하 폄 리듬을 잡아보겠다는 생각이나, 모든 스윙은 비례적으로 같은 형태라는 선입견은 버리고, 백스윙 90° 이하 크기 어프로치에서는 가능하면 백스윙 왼 무릎은 고정하거나 적게 이동해야 한다. 그것이 동작 정확성을 높여 뒤땅 토핑을 줄이는 방법이 될 것이다.

4) 왼 하체 폄과 주도 근육

쇼트 어프로치도 다운스윙에서 하체 폄 동작은 그대로 이루어진다.
(예외로, 짧은 거리의 칩샷인 경우는 어깨 높이를 고정하고, 어깨 회전까지만 사용하므로, 하체 폄이 거의 없다)

다운스윙에서, 힙을 돌리면서 이어서 무릎(발목)-골반 관절을 펴는 것이다.
다리를 펴지 않고 돌리기만 하는 것으로 착각하는 일부 일반 골퍼 있는데, 그러면 척추 폄이 불안정해진다. 즉 척추 폄의 타이밍을 잡기 어려워진다.

a) 무릎 폄 형태와 폄 주도 근육

다운스윙 후반부에서 굽혀있던 무릎이 펴지는 폄(Extension)이 이루어진다.
무릎 폄이 약하면 뒤땅, 강하면 토핑 궤도가 만들어진다.

　　폄 형태 : 많이 * 빨리　　vs　　적게 * 느리게
　　　　　 =　강하게 폄　　vs　　약하게 폄
　　　　　 =　　토핑　　　 vs　　뒤땅

스윙 크기가 작은 어프로치에서도 무릎 폄이 약하면, 배치기가 살짝 되고, 헤드업도 발생한다. 타격은 토우 뒤땅 타점이 된다.

　　"배치기 하지 마라." = *"얼리 익스텐션 됐다."*
　　　　　　　　　　 = *"어깨 들렸다."*
　　　　　　　　　　 ≒ *"헤드업 했다."*

　　* 이 실수 동작들은 무릎(하체)이 약하게 펴진 것에 대한 보상 동작으로 나타나는 것이다.

적당한 무릎 폄 동작이 만들어지기 위해서는,
　　첫째 : Setup에서 무릎 굽힘 양(각도)이 적당해야 한다.
　　　　 ≈ 무릎 Tension(하체 관절 근육의 경직도)이 적당해야 한다.

　　둘째 : 폄을 Lead 하는 주도 근육 선정이 맞아야 한다.
　　　　　그립이 길게 잡혔다면 왼 하체 아래쪽 근육(장딴지), 그립이 짧게 잡혔다면 왼 하체 위쪽(힙 내측) 근육이 폄을 선도하는 근육이 되어야 한다. Even은 왼 허벅지 내측 근육을 사용한 폄이다.

폄 주도 근육 선정이 상황에 맞아야, 작지만 코킹 되었던 손목의 사용 시점이 적당한 때 릴리즈로 이루어진다.

아래쪽 근육(장딴지)을 폄 주도 근육으로 사용하면 두꺼운 궤도로 헤드가 들어오고 릴리즈는 늦어진다. 위쪽 근육(힙)을 폄 주도 근육으로 사용하면 얇은 궤도로 헤드가 들어와 타격 되고 릴리즈는 빨라진다.

ex) 백스핀을 증가시키는 '칙칙이 타법'은 왼 힙 내측 근육을 폄 주도 근육으로 사용하는 칩샷 어프로치이다.

셋째 : 2)항에서 설명한, 백스윙 시작 왼 무릎 트리거에 문제없어야 폄 리듬이 맞게 만들어진다.

b) 다운스윙 하체 폄 양 변화시키는 폄 주도 근육

(고급 내용임)

(빠른 이해와 습득을 위한 내용)

하체 폄 양을 결정하는 요소와 그 영향은 대략 다음과 같다.
- 많이/적게 펴려는 의지에 따라 상하 궤도 ±0.5~1cm 변동
- 폄을 주도하는 왼 하체 근육 선정에 따라,
  (그립 길이는 Even 기준)
  ^ 엉덩이 (내측) 근육 사용 폄 : 0.5cm 많이 펴짐(빨리 펴짐) & 당겨짐
  ^ 허벅지 (내측) 근육 사용 폄 : Even
  ^ 장딴지 (내측) 근육 사용 폄 : 0.5cm 적게 펴짐(느리게 펴짐) & 밀림
  * 오른 옆구리 근육으로 회전 동작 주도 : 느린 다운스윙의 로브샷 형태
  ** 오른 장딴지 근육을 폄 주도 근육으로 사용 : 플롭샷, 그린 벙커샷
  *** 왼 허벅지 외측 근육 사용 폄 : 컷 샷 어프로치
- 무릎(하체) Tension 상태에 따라,
  ^ 아주 약한 Tension : 그립 힘도 헐렁해져 폄 작음 ((-)0.5cm)
  ^ 가벼운 Tension : 폄이 활성화 되어 폄 양 커짐 (+0.5cm)
  ^ Even Tension : Even 폄
  ^ 강한 Tension : 하체만 강하면, 폄 작음 ((-)0.5cm)
  　　　　　　상체(팔, 그립)까지 강하면 상체의 어깨 올림, 팔꿈치 굽힘, 손목 꺾음이 우

성이 되어 0.5~1cm 토핑 궤도가 됨
* 하체 Tension 강도로 상하 타점을 조절하기 어렵다. 영점 조정상태 만들어서 일정하게 하고 사용한다.

c) 그립 길이와 폄 주도 근육

(고급 내용임)

(상급자가 되기 위한 필수 인지 사항)

그립 길이에 따라서 왼 다리 폄을 주도하는 근육을 바꿔주어야 상하 궤도가 Even으로 형성된다. 핵심은 **왼 하체**의 어디 부위 근육이 폄을 주도하느냐에 따라서 궤도 높이가 조금 달라진다는 것이다.

　- 짧게 잡은 그립 : 엉덩이 근육을 폄의 주도 근육으로 사용해야 Even 폄
　　^ 오르막(왼발 오르막, 발끝 오르막) 경사에서 사용
　　^ 짧게 잡고 치는 피치샷에 사용
　　^ 일명 '칙칙이', 낮게 백스핀을 걸어서 치는 어프로치 타법에 사용
　- Even 길이 : 엉덩이 또는 허벅지 근육을 폄의 주도 근육으로 사용
　- 길게 잡은 그립 : 장딴지 근육을 폄의 주도 근육으로 사용해야 Even 폄
　　^ 발끝 내리막 경사에서 사용
　　cf) 그립 길이와 관계없이 그린사이드 벙커에서는 반드시 **오른 장딴지** 근육을 폄 주도 근육 사용

Remarks

#1. 일반적으로, 다양한 어프로치는 무수한 연습으로 몸에 쌓인 감각을 이용해 샷을 하는데, 그것을 분석해보면 *a) b) c)항 내용*이 된다는 이야기다.
　*a) b) c) 내용*을 알면, 감각 체득 기간이 획기적으로 감소하게 될 것이다.
　* 이들 내용은 눈에 잘 보이지 않는 사항의 '동작 분석'이다.

#2. 작은 스윙이고, 손목의 릴리즈 양도 작지만, 어쨌든 손목의 릴리즈 타이밍이 왼 하체의 폄 근육 동작과 연동된다.
　손목이 쓰이는 릴리즈 타이밍 맞추기는 '그립 길이 vs 폄 근육 사용'에 의해서 결정되므로, 다음과 같이 두 개가 서로 맞아야 한다.
　- 빠름 : 짧게 잡았을 때 빠름 vs 엉덩이 근육이 폄을 주도했을 때 빠름

- 느낌 : 길게 잡았을 때 느낌 vs 장딴지 근육이 폄을 주도했을 때 느낌

만약, 두 가지 관계가 맞지 않으면 앞 b)항에서 설명된 클럽 헤드 상하 궤도 ±0.5cm와 방향성(당겨짐 2°/밀림 2°) 정도의 오차가 발생한다고 보면 된다.

#3. 작은 몸동작 Swing이라고 해서, 팔 동작만 정확히 한다고 어프로치가 정확히 이루어지는 것이 아니다.

혹자가 이야기하는 *"큰 근육을 사용하라", "하체 근육을 사용하라."* 라는 의미는 Full swing뿐만 아니라 짧은 어프로치에서도 위와 같이 하체 근육 사용조합이 맞아야 한다. (3권 7장 하체 폄 대장 근육 내용에서 Full swing의 하체 근육 사용에 대해 자세히 설명함)

#4. 중·하급자 골퍼라면, 쇼트 어프로치에서 일단 왼 힙 내측 근육을 폄 주도 근육으로 사용하는 것을 추천한다. 그러면 일단 조금 얇게 타격된다. 얇게 타격 되는 경향을 보정하고, 내리막 경사지에서 토핑 나는 것은 폄 주도 근육을 허벅지 또는 장딴지로 바꾼다. 이것은 빠르게 상하 궤도 영점 잡는 방법이 될 것이다.

5) 다운스윙 힙 턴 양 vs 상하 궤도
(클럽 헤드의 상하 궤도 제어용으로 사용하는 것)

힙 턴 양이 많으면(강하며), 어깨는 조금 열리고, 클럽 헤드 궤도가 전방으로 이동되어, 고저 궤도는 상승한다. 하 타점(토핑 타점)이 된다.
힙 턴 양이 적으면, 어깨는 조금 닫히고, 클럽 헤드 궤도가 후방으로 이동되어, 상 타점(뒤땅 타점)이 된다.

힙 턴 양에 따라 나타나는 고저 타점 변화량은, 대략 힙 턴 5°에 0.5~1cm이다. 힙 턴 양이 맞지 않으면, 그만큼의 상하 타점 오차가 생긴다는 이야기다.
±0.5~1cm 헤드 궤도 고저 변화 ≈ ± 5° 힙 턴 양

힙 턴 양은 우측 옆구리 근육이 Relax 하면 많이 되고, 우측 옆구리 근육이 Strong 하면 적게 된다. 우측 옆구리 근육은 보통 그립 힘이 느슨하면 Relax 하게 되고, 그립 꽉 잡으면 Strong 하게 된다.

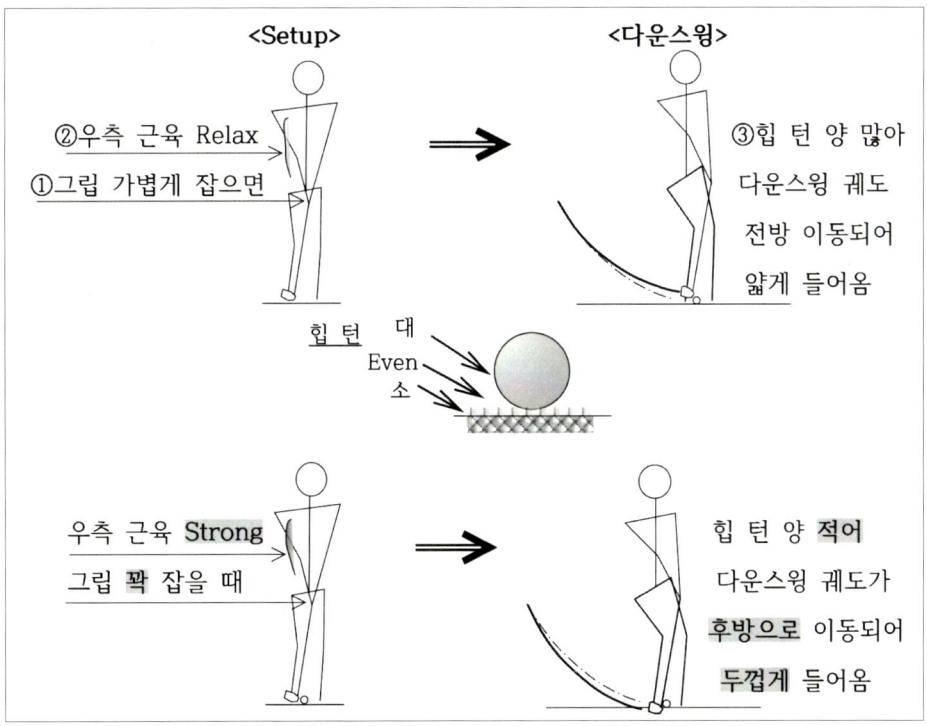

그림 2.1.27 힙 턴 양에 따른 헤드 상하 궤도 변화

얇게 맞추려면, 힙 턴 양 많아야 한다.
   얇게 맞추기 = 오른 옆구리 Relax
             = 그립 가볍게 잡기

ex) 뒤땅 발생 경사지에서 방지법으로 사용 : 발끝 오르막 라이에서는 뒤땅 경향(배치기 조건)이 있는데, 이를 상쇄하기 위해서는, 클럽 헤드 궤도가 올라가는 스윙이 되어야 하므로, 의도적으로 그립을 가볍게 잡고 힙 턴 양을 많이 해주면 뒤땅이 방지된다. 일명 턴 샷 어프로치다.
이것은 자주 그리고 매우 유용하게 사용된다.
왼발 오르막에서도 턴 샷을 구사하면 두꺼운 타점을 완화할 수 있다.

* 클럽의 궤도를 낮추려고 일부러 힙 턴을 적게 하는 것은 사용하지 않는다.
단, 발끝 내리막에서 조건상 자연적으로 힙 턴이 적게 되어 궤도가 내려가게 된다.

1.6 쇼트 어프로치 팔과 손에 의한 상하 궤도

어깨, 팔, 손을 인위적으로 제어하려 하는 것은 득보다 실이 크다. 다운스윙 0.2sec 시간에 인간의 근육 신경 동작 제어 능력으로는 팔 근육을 사용하여 헤드 상하 궤도를 직접 정교하게 제어할 수 없다.

상체(어깨 팔 손)로 제어하려 할 때 필연적으로 상하 타점 실수가 나온다.

1) 손목 스쿠핑(Scooping)에 의한 토핑
   (스쿠핑은 토핑 유발)

100° 전후 백스윙 크기에서, 손목의 스쿠핑은 하 타점 궤도(토핑)를 만든다.
손목이 전방으로 꺾이면 위쪽으로도 일부 꺾이기 때문에, 궤도가 상승한다.
헤드 궤도 상승 1~2cm 되면 큰 토핑이 되는데, 결과는 큰 실수가 된다.

* 골프에서 스쿠핑은, 다운스윙 손목이 꺾이면서 클럽 헤드가 손보다 먼저 지나가는 것이 아니고, 클럽 헤드가 먼저 지나가니 손목이 전방으로 꺾이는 것이다. 손목을 꺾는 것이 아니고 꺾이는 것, 즉 능동이 아니고 피동(수동) 형태 동작이다.

그림 2.1.28 손목 스쿠핑

손목이 전방으로 꺾이는 이유는 다음과 같다.
① 다운스윙 후반부, 팔의 가속을 일찍 감속으로 전환해버리는 경우 :
   = 손의 진행이 일찍 느려지는 경우
   = 손의 진행을 일찍 멈추는 경우
   = 클럽 헤드는 관성과 릴리즈에 의해서 계속 회전하려 하므로 먼저 지나가는 헤드가 손목을 전방으로 꺾는다.
   대처 : 몸통의 회전에 맞추어 팔(손)의 가속 진행량을 잡는다.
          오른 팔꿈치 외회전을 해 준다. 손목 회전은 마지막에 사용된다.
          왼 하체의 회전과 폄을 과감하게 해준다.
   * 손이 후행 되는 것보다는, 선행되는 것이 낫다.
   어프로치, 클럽에 Alignment stick을 겹쳐 잡고, 다운스윙~임팩트 때 Stick이 왼 옆구리에 걸리지 않도록 하는 Drill은 손이 선행되도록 하는 것이다.
   (손이 클럽 헤드보다 선행되는 3가지 필요조건 : **가속-감속-가속 양손 비중**, **오른 팔꿈치 외회전**, **왼 힙 턴**)

② Setup부터 그립 힘을 너무 가볍게 잡을 때 :
   = 팔의 턴이 약해져 버리게 되어 클럽 헤드가 선행
   대처 : 그립 악력 약하지 않게, 특히 오른손 4th & 3rd 손가락은 견고하게
   * 그립 악력은 너무 강하게 잡는 것도 문제지만, 약하게 잡는 것도 문제다.

③ 스윙에서 팔과 손목에 힘이 너무 빠진 상태 :
   = 작지만 릴리즈가 진행되고, 클럽 헤드 원심력가속도 성분에 의해 스스로 헤드가 선행하면서 쉽게 손목을 꺾음
   = 일반 어프로치를 로브샷 형태처럼 부드럽게 스윙하기 위하여 오른 옆구리로 다운스윙 턴을 하면, 팔과 손에 힘이 너무 빠져버린다.
   대처 : 삼두박근에 약간의 Tension을 갖는 상태로 백스윙과 다운스윙이 진행되면, 팔과 손목에 적정 강도를 갖게 된다.

④ 신경 Feedback 반응 시점 일치 :
   시간상으로 너무 느린 다운스윙을 진행하면, 뇌의 Feedback 반응 동작이 대략 0.16sec에 나타나는데, 스윙 진행 대비 이른 시점에 릴리즈가 이루어지게 된다(*1권 1장 4절* 퍼팅 템포의 Feedback 반응 내용과 유사). 동작 진행 대비 이른 릴리즈는 스쿠핑을 만든다.

대처 : 로브샷 이외에는 느린 다운스윙을 하지 않는다. 일반 어프로치에서 '백스윙 크기 vs 보내고자 하는 거리' 비율이 맞지 않는 것인데, 백스윙 크기를 줄여서 다운스윙 시간을 줄인다.

⑤ 회전 분절 사용 순서 :

팔 & 손목 회전을 먼저 사용하고 나중에 힙 & 몸통 회전을 하면 손목이 전방으로 꺾인다. 분절의 회전 사용 순서가 바뀌면 손목 스쿠핑이 발생한다.

대처 : 클럽 헤드, 팔로 급가속 다운스윙 시작하지 말고, 부드러운 가속 시작이 되게 왼쪽 골반으로 회전을 리드 한다.

어프로치, 스쿠핑에 의한 토핑은 초급자, 하급자에게서 나타난다. 위 5가지는 가장 기초적인 스윙 기본 사항이다.

중·상급 골퍼는 그립 악력이 그렇게 약하지 않고 견고하여서, 임팩트까지 팔의 회전 가속을 해주기 때문에, 스쿠핑 성격의 토핑을 내지는 않는다.

2) 왼팔 뻗음에 의한 뒤땅
(어깨와 팔의 경직은 뒤땅 vs 손목 경직은 토핑)

왼손에 힘을 조금 더 분배하면, 왼팔에도 힘이 더 들어가고, 다운스윙 왼팔은 조금 더 펴지고, 펴진 팔이 손목 각을 조금 더 펴지게 만들면서 클럽 헤드가 멀고 깊게 돈다. 이때, 하체 폄이 크면 정상 타점이고, 하체 폄이 작거나 보통이면 뒤땅 & 힐 타점이 만들어진다.
또한 왼팔로 리드하여 스윙하려 하면 뒤땅이 발생한다.

주의할 점은 팔의 조작으로 궤도를 잡으려 하면 일관성이 떨어진다는 것이다.
그런데도 이것을 감수하고, 오르막 경사 라이, 러프 잔디 라이에서는 뒤땅과 잔디 저항을 극복하기 위하여 왼손 손가락 악력 변화를 조금 이용해야 한다.

Remarks
#1. 비정상 방법이며, 추천하지 않는 사항인데, 왼손에 힘을 조금 더 주면서도 뒤땅을 방지하는 방법은,
   (A) 왼손 중지(3rd 손가락)에 국한해 힘을 조금 더 주면, 손목 코킹 각이 조금 덜 풀려서 뒤땅이 완화된다. 단, 코킹 각이 덜 풀리는 것과 함께 팔의 진행이 느려서 페이스가 조금 닫혀 맞는, 좌향 방향성 갖는다.
      cf) 왼손 5th 손가락에 국한해 힘을 조금 더 주면 손목 코킹 각이 조금 더 풀려서 토핑이 완화된다. 단, 코킹 각이 더 풀리는 것과 함께 팔의 진행이 빨라서 페이스가 조금 열려 맞아 우향 방향성 갖는다. 단, 이런 손 조작을 자주 사용하면 전체 샷감을 떨어트린다고 봐야 한다.
   (B) 왼손에 힘 더 주고, 왼 하체 폄 주도 근육을 엉덩이 근육으로 사용하면, 하체 폄 양이 커져서(빨라져서) 뒤땅을 조금 상쇄한다. 빠른 릴리즈 타이밍이 되어서 페이스가 닫혀 맞아, 좌향 방향성 갖는다.

#2. 어프로치에서는 가능한 손과 팔의 조작으로 뭔가를 하지 않는 것이 좋다.
   손(그립)은 그냥 팔에 달려 있다고 여기고 뭘 느끼려고도 하지 않는 것이 스윙에 일관성을 갖는 방법이다. 손의 조작으로 스윙이 제어되지 않는다고 생각하면 헛고생은 하지 않을 것이다.

3) 어깨(팔) 들어 올림, 손목 꺾어 올림
(중·하급자 상체 조작에 의한 뒤땅 토핑 유형)

a) 어깨 들어 올림에 따른 팔꿈치와 손목 꺾임
(초보에게서 나타나는 토핑)

진행 1 : 뒤땅 날까 봐 어깨를 움츠리면 토핑이 된다.
움츠림은 팔과 손에 힘을 증가시켜 타격은 더 세게 되게 하면서, 팔꿈치와 손목이 위로 꺾이므로 토핑 타점을 가중한다.
2~3mm의 상하 타점 정확도가 요구되는데, 10배, 즉 20~30mm의 타점 변화가 생긴다.
   * 근본적으로 부드러운 하체 폄을 이용하기 시작하면 어깨 움추림은 사라짐.

진행 2 : 위의 동작으로 토핑이 나니, 다시 허리를 숙여 궤도를 낮추려 한다.
그러면, 힙 턴이 적게 된다. 힙 턴이 적게 되니 궤도는 더욱 낮아진다.
큰 뒤땅이 난다.

진행 3 : 다시 위의 동작으로부터 뒤땅을 해결하기 위하여 손목을 꺾어 올리는 동작을 반영한다.
이쯤 되면 몸의 회전 동작 의지는 거의 사라지고, 팔 관절의 높낮이 조절에 온 신경을 쓰는 형국이다. 상하 타점도 안 맞을 뿐만 아니라, 스윙 세기를 만드는 회전 가속이 엉망진창이 되어 버린 상태다.

위의 어프로치 연습 스윙은 아무리 해봐야 (단기적, 장기적으로) 점점 더 망가지는 악순환의 연속이다.
해결책은 하체 동작을 이해하고 형태 만드는 것으로부터 시작하면 된다.

   * '경직 vs 타점' 경향 :
       그립 악력 강 & 손목 경직 ------ 토핑
       팔(팔꿈치) 경직 --------------- 뒤땅
       어깨 경직 -------------------- 토핑

b) 그립 악력에 따른 토핑
(전체 손가락에 힘을 더 주면 손목이 경직되어 토핑)

왼손 검지 & 중지에 힘 꽉 주면 손목이 위로 꺾여 토핑 난다.
(중·하급자 : 오른손 검지, 중지에 힘 꽉 쥐면 손목이 위로 꺾여 토핑 난다)
  cf) 왼손 약지 & 소지에 힘 꽉 주면 손목이 아래로 꺾여 뒤땅 난다.

보통 손 & 손가락에 힘을 주면, 두 가지 Case의 상하 궤도 변화가 나타난다.
(A) 중·하급자 : 하체에도 힘이 많이 들어가고, 하체 폄이 작아져 뒤땅 발생
(B) 중·상급자 : 하체 폄은 잘 되면서, 손에만 힘이 들어가서 손목 각이 위로 꺾여 토핑 발생

손가락 힘 들어가는 것에 대한 근본 방지 대책은, 전체 그립 악력이 세게 들어가서 나타나는 팔과 몸 경직이 없도록 적정 악력의 그립을 잡는 것이다.
  * 정적 그립 악력 (무릎 쿠션 포함) 만들기는 어드레스 자세를 잡았다가 풀었다가를 반복하면서 클럽의 하방 중력 무게 변화를 감지하는 것이다.

하체를 견고하게 잡으려 힘 들어가면, 손에도 악력이 조금 더 들어간다.
결과는 '하체 폄 작아 뒤땅 + 손 악력 더 들어가 토핑 = 뒤땅 or 토핑 변동성 증가'하게 된다.
어프로치 하체 Tension과 그립 악력 관계를 느슨하게 하는 방법은 일단 왼 옆구리 Tension을 빼는 것이다. 그러면, 다운스윙 힙 턴 원활히 잘 되며, 하체 Tension과 그립 힘의 연동 관계를 분리할 수 있다.
이것은 어프로치에서 클럽 헤드의 상하 변동을 줄이는 것이다.
  * 부드러운 왜글을 하면 몸통과 상체(손목)가 부드러워진다. 강한 왜글을 하면 팔 손목 그립 강도가 세진다.
  ** 체중 분배, 체중 이동을 척추기립근 감각으로 느끼면 복근과 옆구리 근육 강도가 자연스러워진다.

만약 왼손 손가락 악력 조금 다르게 하여, 궤도 Up & Down 제어에 사용하고자 할 때는, 악력 변경은 스윙 도중이 아니라, 클럽을 바닥에 놓고 왼손 그립 잡을 때, 해당 손가락의 악력을 조금 세게 잡는 것을 추천한다. 이렇게 잡으면 더 이상 신경 쓰지 않고 스윙하면 되기 때문이다.

  * Reminder + 상세 : 어프로치, 얼라인먼트 스틱을 그립과 함께 잡고 하는 연습법에서 스틱이

왼 옆구리를 치지 않게 하는 방법은 다음 3가지가 되어야 한다.
- 옆구리 Relax 하게 가져가 다운스윙 힙 턴 크게 되게 하는 것
- 다운스윙 오른 팔꿈치 외회전하여 손목이 제일 나중에 사용되도록 하는 것.
- 백스윙 가속에 왼팔 사용, 백스윙 감속에 오른팔 사용하고, 그때 오른팔에 입력된 근력을 Base로 다운스윙 가속에 이용

c) 쇼트 어프로치 상체 제어 가능 여부
(중·하급자 상체 조작 금지)

인간의 동작 능력의 한계 차원에서 봤을 때, 직접적인 상체 근육 조작으로 움직임 변화를 제어하는 것은 뒤땅 토핑을 해결할 정도의 제어 정확도를 갖지 못한다.
  * 유용하게 사용 가능한 것은 극히 일부이다.
    ex) 오른 팔꿈치 외회전, 왼손 손가락별 그립 힘 증가, 의도적인 왼 팔꿈치 치킨윙
따라서 어프로치에서 다음의 동작으로 상하 궤도를 제어하는 Shot을 하려 하면 안 된다.
 - 팔꿈치 움직임 :
   ^ 오므림으로(팔꿈치 각으로) 헤드 궤도 올리려 해보는 것
   ^ 폄으로 헤드 궤도 내리려 해보는 것
 - 손목 움직임 :
   ^ 위로 꺾어 헤드 궤도 올리려 해보는 것
   ^ 아래로 펴 헤드 궤도 내리려 해보는 것
 - 손가락 그립 변화 :
   ^ 그립 모양 바꿔서 궤도를 위아래로 제어하려 해보는 것
   ^ 기준 없이 그립 악력 바꿔서 궤도를 위아래로 제어하려 해보는 것

결론적으로, 클럽 헤드 움직임과 궤도 제어는 하체로 해야 한다.

Remarks
#1. 쇼트 어프로치 상하 타점 정확도는 Full 스윙에 비하여 2~3배의 더 높은 정확도를 요구한다. 이유는 헤드 운동 에너지가 1/6 (1/10~1/2) 정도로 작아져서, 지면과 잔디 저항에 의한 영향을 더 크게 받기 때문이다.
   어프로치에서 이 점은 항상 상기하고 있어야 한다.

#2. 타점 제어에서, 쉽다고 생각한 것(상체 제어)이 가장 어려운 것이고, 어렵고 복잡하다고 생각했던 것(하체 제어)이 가장 쉬운 방법이다.

#3. Normal 피치샷 어프로치 뒤땅 토핑을 완화하는 방법의 순서는 다음과 같다.
    Ⓐ 하체 폄 양 제어
    Ⓑ 힙 턴 양 제어
    Ⓒ 왼손 손가락 악력 제어
만약 팔이나 손가락 악력으로 상하 궤도를 제어하는 것을 하체 제어보다 먼저 익히려 해봤자, 사상누각과 같이 아주 조금 될 것처럼 보일 뿐, 더 이상의 발전은 기대하기 어렵다고 생각해야 한다.

#5. 영상에서 팔, 손, 클럽 움직임은 시각의 80~90%를 잡아먹는데, 이들 움직임은 그렇게 중요한 비중을 차지하지 않는다. 보이지 않거나 보일락말락 하는 것에 대한 이해가 선결되어야 숙제를 해결할 수 있다.

#6. (심화) 등 근육 회전 Level 변화에 따른 상하 타점 변화 : 등 근육의 근력 사용 중심점이 변하는 것(이동되는 것)에 따라서 다음과 같이 상하 타점 변화를 연관 지을 수 있다.
    - Normal 타점 : 백스윙에서 왼 견갑골 하부 ---〉 다운스윙에서 오른 견갑골
    - 토핑 발생 :   백스윙에서 왼 견갑골 하부 ---〉 다운스윙에서 오른 어깨
    - 뒤땅 발생 :   백스윙에서 왼 견갑골 하부 ---〉 다운스윙에서 오른 옆구리
    * 의도적인 로브샷 :   백스윙에서 왼 옆구리 ---〉 다운스윙에서 오른 옆구리

1.7 De-loft 핸드포워드 어프로치 샷
(선택사항)

좀 짧은(가까운) 거리, 그리고 Hole cup과 플랜지 사이 공간이 있을 때 칩샷 어프로치를 선택하게 된다. 이때 핸드포워드를 하는 골퍼도 있고, 하지 않는 골퍼도 있다. 이것은 선택사항이다.
  * 핸드포워드 칩샷은 찍어 치려는 의도보다는, 낮고 정교한 높이로 쓸어치기 위함이다.
  일단, 어프로치에서 찍어 치는 방식은 잘 깎인 조밀한 페어웨이 잔디 위에 볼이 있을 때뿐이라고 생각해야 한다.

1) 핸드포워드 동작

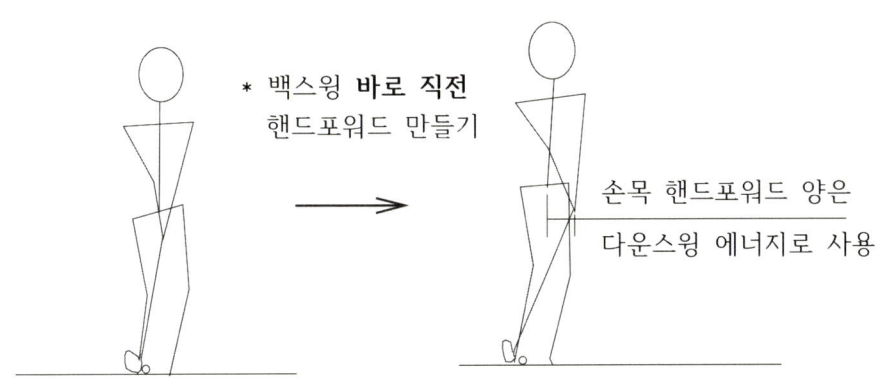

그림 2.1.29 핸드포워드 칩샷 동작

핸드포워드 손목 숙인 양은 Shot을 시작하기 직전에 주어야지, 미리 그 자세로 그립을 잡거나, 핸드포워드를 만들고 한참을 기다리다가 Shot을 하면 안 된다. 손목 근육에 저장된 에너지가 사라지기 때문이다.

핸드포워드는 손목 꺾음(숙임)을 주어 손목 근육에 생성된 에너지를 부드러운 다운스윙 가속을 만드는 데 사용하기 위함이다. (*1권 1장 8절 퍼팅 스트로크 핸드포워드*와 같은 원리)

하체의 움직임은 최소화하고, 어깨와 팔의 가벼운 회전과 부드럽게 사용되는 손목으로, 다운스윙 가속을 부드럽게 만들어서 궤도 정확성, 페이스 정확성, 스피드 정확성을 얻는 것이다. 이들 중에서, 상하 궤도 정확성 향상기능이 뒤땅 토핑 발생을 완화해 준다.

아울러, 세워진 로프트(De-loft)가 *앞 3절 확률 계산*에서 살펴본 바와 같이 타격 높이 공간을 키워 줘서 뒤땅 토핑 가능성을 낮춰준다.

Remarks

#1. 핸드포워드 어프로치가 짧은 거리의 정교한 쓸어치기 타법인데, 조밀한 페어웨이 잔디 위에 볼이 있을 때, 볼을 후방에 두고 핸드포워드 방식으로 가볍게 끊어서 찍어 치는 타법도 있다.

이때는 다운블로로 타격 되어야 하므로, 볼 위치는 오른쪽으로 조금 더 옮기고(총 볼 2~4개 후방), 그립은 조금 더 짧게 잡고 뚝 끊어치기 타법을 사용한다. 끊어치는 타법은 오른손 약지(4th)에 악력을 더 안배한다.

#2. 중계방송을 보면, 선수들이 백스윙 바로 직전에 손을 전방으로 보내서 핸드포워드 만드는 것이 눈에 띈다.

일반 골퍼는 이것을 의아하게 생각할 수도 있는데, 그립을 잡으면서 미리 핸드포워드 자세를 만들어 놓으면 더 정교할 것으로 생각하지만, 프로들은 그렇게 하지 않는다.

미리 만들어 놓지 않는 이유는 전완(손목) 근육에 도움이 되는 Tension이 시간의 흐름에 따라서 사라지기 때문이다.

백스윙 직전에 핸드포워드를 만들면, 오른 손목 손등 쪽(전완 외측 근육)이 주근으로 수축하고, 왼 손목 날 쪽(전완 외측 근육)에 길항근 Tension이 걸려, 이것들이 백스윙과 다운스윙을 부드럽게 해주는 기능으로 작용한다.

* 교습 영상이나, 책자에서는 시간적인 차이 구분 없이, 그 모양에만 초점을 두고 이야기하는 경향이 있는데, 핵심을 빠트린 것이라 봐야 한다. 다수의 일반 골퍼들은 핵심을 모르기 때문에, 핸드포워드 모양을 미리 만든 자세를 취한 후 스윙한다.

2) 핸드포워드 장·단점

〈장점〉
- 정확도 높은 스윙 궤도, 페이스, 스피드
- De-loft와 스윙 궤도 정확도에 의해 뒤땅 토핑 가능성을 낮춰준다.
  핸드포워드 10cm는 asin(10/70) = 8°, 대략 8° 정도 로프트를 줄이는 효과가 있다. 두 클럽 정도 높여 잡은 효과이다.
  3절 확률 계산표 기준, 대략 1/3~1/4 정도로 뒤땅 토핑을 줄여주는 효과가 있다.
- 토핑에서 거리 미스 완화
  (단, 뒤땅에서는 클럽 헤드 동적에너지가 작아서 거리 손실 커진다)

〈단점〉
- 뒤땅에 거리 손실 커짐
- 잔디 저항에 거리 손실 커짐
  러프에서는 핸드포워드 타격을 하면 안 되는 이유가, 거리 손실 편차가 크기 때문이다.
- 가까운 거리(짧은 거리)에서만 사용할 수 있다.
  백스윙 크기가 커지면 핸드포워드 상체 모양이 스윙 동작 정확도를 떨어트릴 수 있다.

핸드포워드 쇼트 어프로치는 짧은 거리의 타이트한 잔디 라이에서 굴려 치기 위한 용도로만 추천된다.

주의할 점은 그립을 짧게 잡아야 한다는 것이다.
길게 잡으면, 무릎이 펴져 하체가 견고하게 고정되지 않아서 뒤땅 발생 가능성이 커진다. 헤드 스피드가 작아서 뒤땅 시에는 아주 짧게 가는 큰 거리 미스가 발생하기 때문이다.
  cf) De-loft 타격하는 간단한 방법은 Loft가 작은 클럽을 선택하고, 백스윙 크기를 줄여서 사용하는 것이다. *3절의 확률 계산표*를 보면 클럽 선택에 의한 뒤땅, 토핑 완화 효과를 알 수 있다.

컷 샷은 Full swing 및 Approach에서 필수 기술

1.8 지면을 절단하는 컷 샷

(핵심 : 헤드 동적에너지가 크다는 것 & 지면을 절단할 수 있다는 것)
(Shot 거리는 같은데 스윙 크기를 키움. 부가적으로 탄도 & 스핀 높임)

일반 골퍼가 컷 샷을 연습한다면, 주위에서 *"Normal shot이라도 잘해라."* 라고 비아냥거릴 수 있다. 그러나 싱글 플레이어가 되려면 반드시 컷 샷과 펀치 샷은 어느 정도 숙달해야 한다.
컷 샷의 방식은 긴 거리나 짧은 거리나 비슷하며, 쇼트 어프로치와 미들 어프로치에서도 사용된다. 알면 상황에 따라서 선택하여 유익하게 사용할 수 있다.

1) Cut shot 작용

칼로 대나무를 수평으로 자르려면 안 잘리고, 비스듬히 베어야 잘 잘린다.

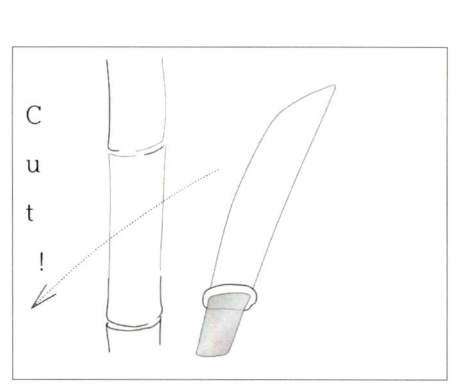

그림 2.1.30 칼로 대나무 베기(컷 샷)

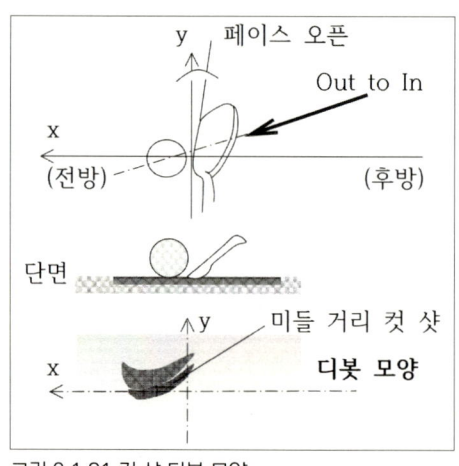

그림 2.1.31 컷 샷 디봇 모양

Open 페이스에 Out to In으로 볼에 접근하는 컷 샷은 뒤땅이 나더라도, Leading edge가 지면(잔디 뿌리)을 더욱 쉽게 적은 저항으로 자를 수 있어서 거리 손해를 덜 보게 된다.
또한 헤드 스피드가 빨라 동적에너지가 커서, 잔디 저항을 이겨내기 쉽다.

30m 타이트한 라이(양잔디)에서 일반 피치샷 어프로치를 해서 뒤땅 발생으로 15m를 갔다면, 컷

샷인 경우, 동일 궤도 뒤땅이더라도 25m를 가게 된다.

단, 컷 샷 어프로치에서 헤드가 두껍게 진입하는 뒤땅이 발생하면 잔디 저항이 토우 쪽에 치우쳐 걸려서, 페이스는 열리게 되어 다음과 같은 결과를 만든다.

- 탄도 더 높아진다. --- 무조건 페이스가 후방으로 젖혀지며 Loft는 늚
- 방향은 우측을 향한다. --- 조금 두꺼우면 10°, 아주 두꺼우면 20° 우향
- Side spin 더 증가한다. --- 낙구된 볼은 우측으로 구른다.

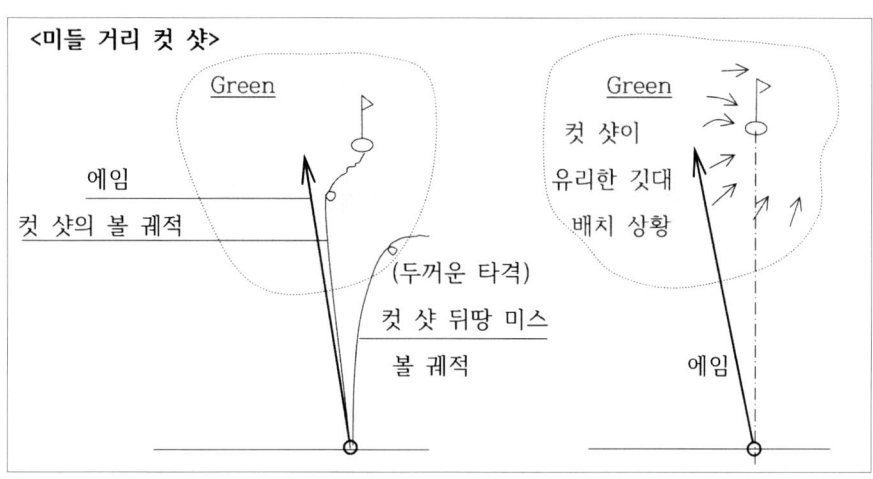

그림 2.1.32 Cut shot 에임 방향 및 볼 궤적

〈컷 샷 어프로치 방법〉

- Setup : 왼발 오픈, 클럽 페이스 오픈, 그립은 조금 짧게 잡는다.
  중요한 사항으로, 그립과 손목은 가벼워야 한다(가벼운 왜글).
- 스윙 :
  ^ Out to In으로 테이크어웨이 해서, Out to In으로 다운스윙한다.
  ^ 왼 다리 편의 리더 근육은 왼 허벅지 외측 근육을 사용한다.
- 주의점 :
  ^ 체중 분배를 왼발에 너무 많이 주면, 스윙 아크 궤도가 전방에 형성되어서 얇게 맞는 토핑이 난다.
  ^ 거리는 컷양에 따라서 달라진다. 대략 일반 샷의 80%~95% 거리이다.

2) Cut Shot 어프로치의 장·단점

〈장점〉
- 볼과 잔디 사이 타격 높이 공간을 넓혀주는 기능
  Leading edge가 지면을 자르고 들어갈 수 있어서, 3~5mm의 공간 확보됨.
  *3절 확률 계산표*와 같이 타격 높이 공간 확보되면, 같은 스윙 궤도 정확도에서 뒤땅 토핑 실수는 반절 정도로 줄어든다.
- 뒤땅 시, 뒤땅 미스에 의한 거리 감소 현상이 완화된다.
  컷 샷은 헤드 에너지 더 큰데, 볼에 전달하는 에너지는 작다.
  25m 일반 어프로치 거리일 때, 컷 샷은 30~35m 스윙 크기와 헤드 스피드를 갖는다. 빠른 헤드 스피드는 잔디(바닥)를 절단하기 쉽고 저항을 이겨내기 편하면서, 볼에 에너지 전달을 적게 하여 25m 거리를 보낸다.
- 더욱 높은 탄도, 백스핀 증가로 그린 공략이 쉽다.
- 컷양으로 거리 조절할 수 있다.
- 우측 Side spin
- 손목 부상 방지 (잔디 뿌리, 지면이 잘 절단되어 뒤땅 충격 작음)

* Full shot(쇼트 아이언, 미들 아이언, 롱 아이언 모두)에서 컷 샷 구사는 필수이다. 어렵지 않고 매우 유용한 것이다.
초보 때 하지 말아야 하는 Out to In 궤도의 스윙으로 보면 된다. 단, 의도적으로 페이스를 조금 열어야 한다.
싱글 플레이어가 되려면 필요한 곳(때)에서 사용해주어야 한다.
컷양만 조절해주면 되므로, 거리 컨트롤도 쉽고, 유용하게 사용된다.

〈단점〉
- 에미밍(조준 방향)을 변경해야 한다.
- 더 두껍게 가격 되는 경우, 우편향(10°~20°) 심하다.
- 오르막 라이(특히 발끝 오르막)에서는 토우 뒤땅이 심하여 사용을 금한다.
  발끝 내리막에서는 힐 뒤땅이 심하여 사용이 어려울 수 있다.
- 너무 무른 땅에서 컷 샷을 하면, 바운스가 이용되지 못해서 두꺼운 타격이 된다(ex. 벙커에서 컷 샷을 사용하면, 헤드가 조금 더 깊이 들어간다).

〈사용처〉

- -. 어느 정도 탄도와 스핀이 필요한 타이트한 페어웨이 잔디 라이 :
    바닥이 약간이라도 물러야 한다. 너무 단단하면 클럽 헤드의 Leading edge가 파고들지 못한다. 쇼트 어프로치 컷 샷에서는 바운스가 작은 클럽을 주로 사용해야 한다. 샌드 클럽과 같이 바운스가 크면 Leading edge가 지면을 절단하기 힘들다.

- -. 80~90% Full shot 거리에서 컷 샷 :
    거리 컨트롤이 애매할 때, Full cut shot을 구사하면, 바닥 조건과 함께 거리 & 방향 & 탄도 & 스핀을 한꺼번에 해결할 수 있다.

- -. Heavy lough에서 잔디 저항을 이겨내기 위해 :
    단, 이때 그립을 견고하게 잡아야 한다. 스탠스도 더 벌려야 한다.
    느슨하게 잡으면 잔디에 걸리는 순간 그립을 놔버리는 반사신경이 작용하고, 페이스는 확 닫힐 수 있다.
    아주 높은 탄도에 큰 스핀을 원할 때는 플롭샷을 구사하겠지만, 잔디 이외에 제약조건이 없다면 조금 부정확한 플롭샷보다는 컷 샷이 유용하다.
    러프에서는 LW 클럽 대신, 45° 클럽의 컷 샷 어프로치도 유용하다.

Remarks

#1. 컷 샷 어프로치는 어려운 것이 아니다. 1~3개월 정도 연습하면, 필요한 곳에서 Normal shot보다는 더 접근율을 가까이 만들 수 있다. 1년 정도 꾸준히 사용하면 필요한 곳에서 유용하게 사용할 수 있다.

#2. 샷의 형태가 정형화 되어 있고 구분되어서, Normal 샷의 동작에 혼란을 만들지 않는다. 방법과 사용처를 알면 샷 구사는 간단하다.

#3. 주의 : 컷 샷 구사가 잘 된다고, 무심결에 오르막 경사지에서 사용하면 낭패를 본다.
    - 왼발 오르막에서는 토핑 난다. --- 폄이 덜 되고 팔과 그립이 경직되는 조건이어서
    - 발끝 오르막에서는 뒤땅 난다. --- 토우가 먼저 더 깊이 접근되어서
    * 조금이라도 오르막 경사지라면, 컷 샷 선택은 안 하는 것이 좋다.

#4. 버뮤다 그라스 페어웨이는 잔디 줄기가 질겨서 컷 샷보다는 끊어치는 샷이 유용하다.

1.9 잔디 저항을 이겨내는 왼손 4th & 3rd 손가락 힘
(스윙 크기와 동작은 같고, 조금 강하게 타격하는 방법)

1) 파워 증가시키는 왼손 손가락 힘

25m 어프로치 거리인데, 러프의 잔디 저항 때문에 5~10m 정도의 거리 감소가 예상되는 잔디 라이 트러블이 있다.

잔디 저항을 고려하여서 33m 어프로치 스윙을 선택할 수 있다.
이 경우 다음과 같은 문제가 유발될 수 있고, 결과는 최악이 될 수 있다.
   (A) 스윙을 보다 크게 (또는 세게) 가져가야 한다는 생각이 머리를 지배하여 스윙 정확도 떨어진다.
   (B) 눈에 보이는 시각적 거리는 가까운데, 좀 더 큰 스윙을 하려고 하니, 시각 정보와 의지가 서로 충돌하여 약한 스윙이 되어 버린다.
즉, 다운스윙, 임팩트 전에 감속해버리는 형태의 스윙이 나올 수 있다.
   * 골프했던 내내 돌이켜보면, 억센 러프 어프로치에서 이렇게 스윙 크기를 조금 키운 큰 스윙을 해서 성공했던 것은 채 10%로도 안 되었을 수 있다.

위와 같은 세기 조절에 따른 미스샷을 차단하기 위하여, 러프 길이(깊이)가 공 지름의 80%±30% 정도 되는, 좀 저항이 있을 것 같은 잔디 라이에서의 어프로치 샷을 할 때, 왼손 4th 손가락(약지)을 좀 더 꽉 쥐고서 스윙 크기는 키우지 말고 스윙하면, 대략 10~20%의 파워가 가산되는 타격이 만들어져서, 잔디 저항을 상쇄시킬 수 있다. 그리고 조금 얇게 타격 되게 하려면 왼손 3^{rd}(중지) 또는 2^{nd}(검지) 손가락에 살짝 힘을 더 주고 잡는다.

이 샷의 장점은 다음과 같다.
Ⓐ 이것 이외에 다른 변형 동작이나 변경 사항이 추가로 필요 없다.
Ⓑ 클럽 헤드가 잔디에 걸려 페이스가 닫히는(잡히는) 현상도 극복해준다.
　왼손 5th 손가락 힘을 더 주면, 페이스는 약간 열리고, 두꺼운 타격이 된다.
　왼손 3rd 손가락 힘을 더 주면, 페이스는 약간 닫히게 되고, 조금 얇은 타격이 된다.
Ⓒ 아주 짧은 거리의 러프 어프로치부터 Full 샷까지 모두 Cover 되는 범용성이 있다.

Ⓓ 무조건 좀 더 강한 임팩트가 만들어진다.

Ⓔ 잡다한 것 : 러프가 아니더라도, 일반 페어웨이 미들 어프로치 스윙에서, 왼발을 눌러주는 백스윙 시작 트리거와 함께 이것을 하면, 임팩트 때 손목 스냅이 살아나는 조건이 되어서 페이스가 열리는 미스샷과 임팩트 타이밍이 어긋나서 나오는 토핑 뒤땅 미스샷을 줄일 수 있다.

단, 기본 스윙을 사용하는 것으로 하고, 이것은 응급 처치 수준으로 사용해야 한다. 자주 혼용해서 사용하면 기본 샷감이 떨어진다.

* 왼발을 눌러주는 백스윙 시작 트리거는 다운스윙 후반 왼 하체 펴에서, 왼 엉덩이 내측 근육이 리더 근육으로 사용되게 해 준다.

** 주의 : 왼 무릎을 살짝 펴주는 백스윙 시작 트리거는 다운스윙 후반 왼 하체 펴에서, 장딴지 내측 근육이 리더 근육으로 사용되게 하여 짧게 잡고 치는 웨지 샷에서도 뒤땅(대략 1~2cm)이 발생한다.

이 백스윙 시작 트리거는 유일하게 드라이버 Full swing에서만 '힐 업' 형태로 사용할 수는 있는데, 많은 연습이 필요할 뿐만 아니라 샷의 일관성을 저해할 수 있다.

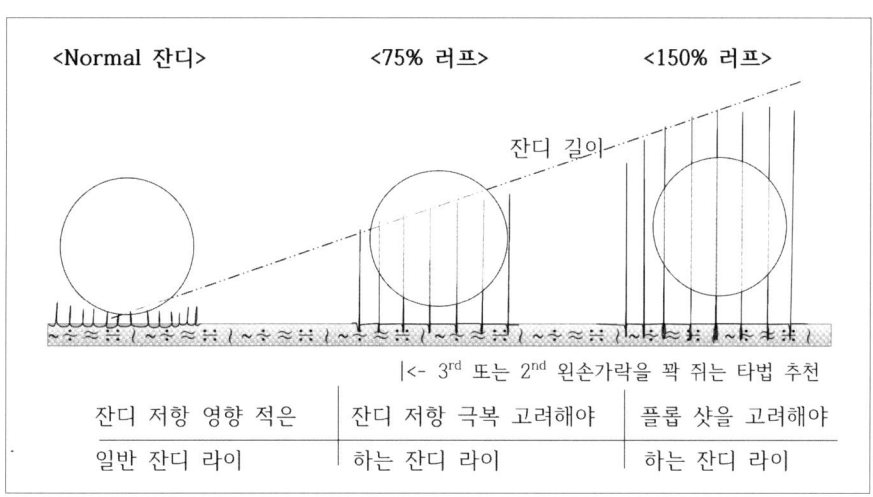

그림 2.1.33 러프 쇼트 어프로치 잔디 저항 고려한 타법

부담스러운 깊이의 러프에서 아이언 Full shot 할 때도, 그립을 조금 짧게 잡고, 왼손 약지(4th) 또는 중지(3rd)를 꽉 쥐고 스윙하면 클럽 헤드에 잔디가 걸려서 페이스가 닫히는 현상이 완화되면서, 좀 더 강한 임팩트가 저절로 되어서 예상외로 좋은 결과를 얻을 수 있다.

왼손 4th, 3rd 손가락에 힘 들어가는 시점은 Setup에서 주어도 되고, 스윙 진행 중에 주어도 결과는 비슷하다.

* 주의 : 모든 샷을 이렇게 하려고 하면, 왼손 그립이 변형되어버려 (손가락이 말려 올라가) 손바닥으로 잡으려고 하게 되어, 힘들게 만들어진 좋은 일반스윙이 요요 현상에 의해서 강한 임팩트도 되지 않는 망가지는 스윙이 된다. 따라서 기본적인 Normal swing은 유지하고 있어야 한다.

왼손 손바닥으로 그립을 잡으면, 손바닥 두툼한 부위에 굳은살이 생긴다.

Remarks

#1. 왼손 약지에 힘을 더 주는 샷이 사용 가능한 이유는 Impact power 이외에는 나머지 스윙 결과를 바꾸지 않기 때문이다.

#2. 왼손 약지에 힘을 더 주는 것은 연속적인 변환 값(점점 센, 점점 약한 악력)을 사용하여 조정하려 하지 말고 On - Off의 전기 스위치처럼, 사용 안 할 때(Normal : OFF) 사용할 때(Trouble : ON)의 방식이다.

타격 두께 조절은, 피아노 건반 치듯, 2nd, 3rd & 5th 악력 주는 손가락을 바꿔 적용하는 것이 가능하다.

#3. 왼손 약지에 힘을 더 주고 타격했을 때, 러프의 저항이 손과 손가락을 꽉 쥐는 반사신경으로 반응해서, 샷의 결과에 도움을 주는 쪽으로 작용하는 긍정 요소가 있다.

#4. 왼손(팔)과 오른손(팔)에 힘의 변화를 주는 것도 상하 타점 변화를 가져온다. 그러나 일반적인 상황에서는, 이것을 어프로치 상하 궤도 제어를 위한 용도로 사용하는 것은 추천하지는 않는다.

이유는 첫째로 제어에 일관성이 모자라고, 둘째 제어하기 힘들고, 셋째는 상하 타점뿐만 아니라 헤드 스피드와 방향성 변화도 가져오기 때문이다.

#5. 상하 타점이 변하는 경사지의 어프로치 샷에서, 왼손 손가락에 힘을 주어서 상하 타점을 변경하여 사용하는 것은 선택 사항이다.

- 발끝 오르막 어프로치 : 오르막 경사는 뒤땅이 발생하는 환경이다. 얇게 쳐야 하는 경우 (절대 뒤땅을 내면 안 되는 경우), 왼손 중지 또는 검지를 조금 더 꽉 잡고 스윙한다.

^ 중지를 꽉 쥐면 손목 각이 조금 꺾여 3mm 정도 헤드 궤도가 상승한다.

^ 검지를 꽉 쥐면 손목 각이 더 꺾여 6mm 정도 헤드 궤도가 상승한다.

- 억센 러프 어프로치 : 얇은 궤도의 얇은 타격이 필요하고, 러프의 저항을 이겨내는 그립 악력이 필요하므로, 이때 왼손 검지나 중지에 힘을 조금 더 쥐고 그립을 잡아서 스윙하면, 복합 트러블 상황을 극복하는 데 도움이 될 것이다.

#6. 왼손 약지에 힘을 주는 샷, 그리고 위쪽 검지, 중지에 힘을 주는 샷은 특별히 예외로 사용되는 경우이다.

일반적으로, 그립 모양이나, 자세를 조금 바꿔가면서 뭔가를 제어해보겠다는 생각을 가지면 안 된다. 몸(신경, 근육, 뇌)이 따라가지 못한다. 즉 몸이 의도하는 것을 구현하지 못하고, 몸의 신경 제어 기능에 혼선을 초래할 가능성이 크다.

상체로 뭔가를 제어하기는 어렵겠지만, 만약 제어되는 어떤 방식을 찾은 것 같다면, 먼저 그것의 득과 실을 꼼꼼히 따져봐야 한다.

#7. 비교 --- 오른손 4th & 3rd 손가락 악력 :

그립에서 오른손 4th & 3rd 손가락 악력은 가장 견고히 잡아야 한다. 변형된 것으로써, 4^{th}(약지) vs 3^{rd}(중지) 악력 배분(안배)에 따라서 사용처가 다르다.

ex) 뚝 끊어치는 타법 : 4th (약지) 조금 강하게 잡고, 3rd (중지)는 약하게 잡는다. 폴로스루가 짧은 어프로치 타법이 된다.

왼발 내리막 경사 어프로치에서도 토핑이 염려되지만 약한 타격에 많은 스핀을 걸어 칠 때 유용하다. 왼발 오르막 경사에서 가볍게 툭 끊어치기도 편하다.

2) 상하 궤도 변화시키는 왼손 손가락 악력
(손가락 악력별 상하 타점 변화 요약)

요약하면, 왼손 손가락(검지 중지 약지 소지) 악력을 조금 세게 하면 손목 각이 변하고, 변한 손목 각은 다음과 같이 타격 두께를 변화시키는 기능이 있다.
- 검지 악력 세게 : 손목 각 4° 정도 꺾여 4~6mm 상승한 궤도 만듦
- 중지 악력 세게 : 손목 각 2° 정도 꺾여 2~3mm 상승한 궤도 만듦
- 약지 악력 세게 : 손목 각 & 상하 궤도 변화는 거의 없고 파워만 증가
- 소지 악력 세게 : 손목 각 2° 정도 펴져 3~5mm 하강 궤도 만듦

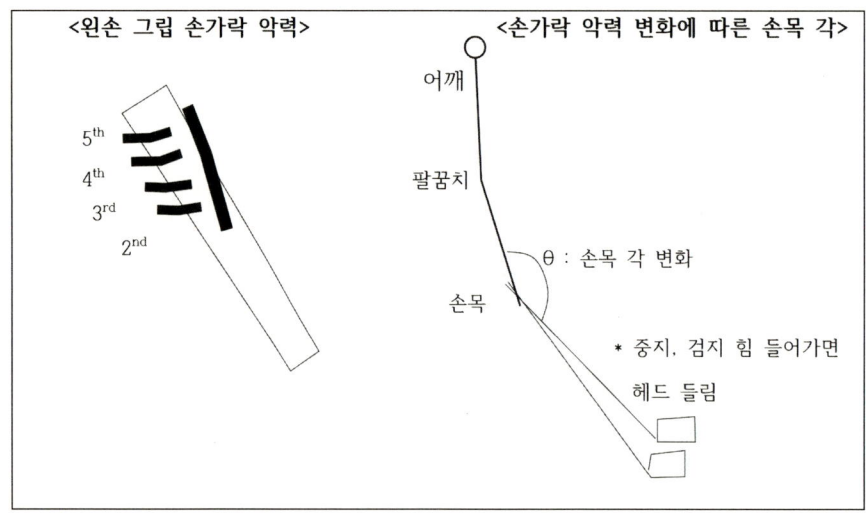

그림 2.1.34 왼손 손가락 악력에 따른 손목 각 변화와 영향

Remarks

#1. 왼손 손가락 악력 변화로 상하 궤도를 조절하는 것을 과하게 사용하면 Normal shot에서 감이 떨어진다. 얻는 것이 있으면, 잃는 것도 있다. 따라서 손가락 악력 제어에 너무 의존하지 말고, 제한적으로 사용하는 것을 추천한다.

#2. 각각의 손가락에 악력을 증가시켜 만드는 Power 증가와 헤드 궤도 올라감 양은 미리 연습(Test)으로 Data를 가져야 한다. 이것은 얇게 타격하거나, 뒤땅에 대항하는 용도로 사용될 수 있다.

1.10 상하 궤도와 관련되는 어프로치 Setup

어프로치에서는 몇몇 Setup 변경으로 조금 유리한 조건을 만드는 사항이 있다.
- 볼 위치 후방 --- 다운블로 타격이 필요할 때
- 스탠스 오픈 --- 스윙 궤도 직선화
- 왼발 체중 분배 --- 체중 이동 억제, 백스윙 트리거, 다운블로 타격

어설프게 알고 있는 정보가 오히려 화근을 만드는 것이 어프로치 Setup 모양이다. 예를 들어서 다운블로 타격을 위한 *"체중은 왼발에, 볼은 오른발 쪽으로"*라는 말은 토핑의 첫 번째 조건이 된다. 얻는 것 보다 잃는 것이 많은 이야기가 될 수 있다. 체중 분배와 볼 위치 조정으로 큰 이득이 있을 것이라는 생각을 하지는 말자.

1) 볼 위치

볼을 오른쪽에 두는 것에는 얻는 것과 잃는 것이 있다.
얻는 것은 다운블로 궤도 타격이고, 잃는 것은 샷 메이킹에 방해되는 것이다.

a) 타격법과 볼 위치

혹자는 *"어프로치에서 볼을 오른쪽(후방)으로 이동시켜라."*라고 한다.
그러나, 이것은 어떤 목적에 부합되어야지, 무턱대고 그렇게 한다고 좋은 결과를 얻는 것은 아니다. 필요 없는데 하면 동작의 부정확성만 높이게 된다.

볼을 오른쪽(후방)에 놓을 때와 필요 없을 때 :
  〈필요한 경우 : 예시〉
  - 촘촘하게 잘 깎인 페어웨이 잔디 위 : 다운블로 타격 --- 볼 1~2개 오른쪽
  - 디봇, 움푹 꺼진 자리에 있을 때 : 다운블로 타격 --- 볼 2~3개 오른쪽
  - 발끝 오르막 라이 극복 : 지면 간섭 극복 --- 볼 1~2개 오른쪽
  - 왼발 내리막 라이 극복 : 지면 경사와 궤도가 만드는 뒤땅 완화 --- 볼 1~2개 오른쪽

〈필요 없는 경우 : 예시〉

- 일반 잔디 라이 : Loft 작은 클럽 쓸어치기 ----- (표준) 볼 1개 우측
- 라이트 러프 : Loft 큰 클럽 Normal 타격 ------ (표준) 볼 1개 우측
- 깊은 러프 : Loft 큰 클럽 플롭샷 --- 볼 좌측 0~1개
- 탄도 높이는 스핀 공략 : Loft 큰 클럽 로브샷 -- 볼 중앙
　　　　　　　　　　　　Loft 큰 클럽 컷 샷 --- (표준) 볼 1개 우측

교습 영상에서 볼을 우측 발끝 또는 밖으로 놓고 치는 것은 화면 View의 구별(시각적 구분)을 위한 과장된 표현이다.
그런데 칩샷과 피치샷 모두, 진짜 볼을 우측 발끝 또는 발 외측에 놓고 Setup 하는 일반 골퍼들이 제법 있다. 그림의 3번, 4번 위치이다.

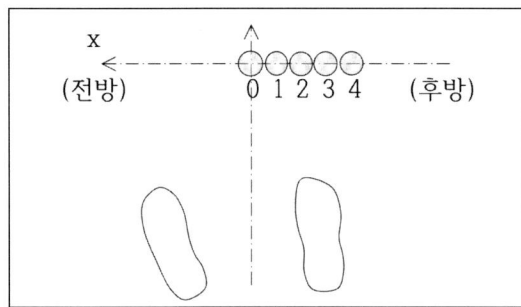

그림 2.1.35 쇼트 어프로치 Setup 볼 위치

볼을 우측(후방)으로 이동시키면 기하학적으로 접근 각(Attack angle)이 커진다. 어프로치에서 큰 다운블로 각을 주면 잔디 저항 완화 기능은 있지만, 뒤땅 완화 기능은 Loft가 조금 세워져서 타격된다는 것 이외에는 없다.
더구나 타이트한 잔디 라이에서는 잔디 높이(공간)가 거의 없으므로, 가파른 다운블로 타격이 더 큰 효과가 있을 것이라는 생각은 버리는 것이 좋다.
　* 다운블로 타격에서 두껍게 들어가면 Leading edge가 박히는 문제가 있다.

뒤땅을 완화할 목적이라면, Loft가 작은 클럽을 선택하든, 핸드포워드를 해서 쓸어치는 것이 볼을 우측에 옮기고 치는 것보다는 좋은 선택일 것이다.
볼을 오른쪽에 놓고 치면 뒤땅이 해결될 것이라는 착각에서 좀처럼 빠져나오기는 힘들다. 실제 일반 잔디 라이에서는 거의 상관없고, 타이트한 라이에서는 별로 도움이 안 되는데도 말이다. 볼을 오른쪽에 놓고 치면 오히려 스윙 정확도만 떨어지고, 샷 메이킹 할 수 있는 여지만 없애는 것이다.

어프로치 볼을 우측에 2~3개 정도 옮기고 치는 것은 제한적으로 사용해야 한다. 이것은 조밀한 페어웨이 잔디 위에서 클럽 헤드가 잔디에 적게 쓸려오도록 하는 용도와 볼 뒷부분 경사가 헤드의 궤적에 간섭되어 뒤땅을 유발하는 조건일 때라는 것을 되새길 필요가 있다.

b) 트러블 경사 라이와 볼 위치

다음과 같은 복잡한 사항은, 정형화된 세트-메뉴처럼 선택되어 사용한다.

-. 왼발 내리막 어프로치 : 뒤땅을 조금 완화할 목적으로 볼의 위치를 오른쪽에 1~2개 정도 옮겨 놓는 것이 유리하다.

내려찍는 타격은 좋은 결과를 기대하기 어렵다. 동작의 정확도만 낮춘다. 왼발 내리막 경사지에서는, 임팩트 후에도 경사를 타고 쭉 내려가는 샷(컷 샷, 플롭샷, 로브샷) 형태를 구사하면 더 좋은 결과를 얻을 수 있다.

* 로브샷 구사는 토핑 주의

-. 발끝 오르막 어프로치 : 뒤땅 완화 목적 및 좌향 방향성 완화를 위하여 볼의 위치를 1~2개 정도 오른쪽으로 이동하여 Setup 한다.

타격은 내려찍는 샷을 하면 뒤땅 가능성만 높인다. 그리고 컷 샷도 토우 뒤땅 확률이 매우 높아진다. 또한 탄도를 높이는 샷은 뒤땅 가능성을 높인다.

발끝 오르막 어프로치에서는 가볍게 잡고 힙 턴을 많이 하는, 타격&타점 정확도를 높이는 샷을 구사해야 한다.

* 높은 탄도가 필요한 경우 볼을 가운데 두는 로브샷 어프로치

-. 왼발 오르막 어프로치 : 볼 위치를 1개 정도 오른쪽으로 이동하여 Setup 할 수 있다. 선택이다.

쓸어치는 힙 턴 샷을 구사할 것 같으면, 헤드가 위로 지나는 궤적을 그리기 때문에 굳이 볼을 오른쪽으로 옮겨 Setup 할 필요는 없다.

2) 스탠스

스탠스는 발의 위치와 모양을 말한다. 볼과 발의 거리도 포함된다.
어프로치 샷 방법에 따라, 또 거리에 따라서 스탠스 모양과 폭이 변한다.
이것은 세트-메뉴와 같은 정형화된 샷에 스탠스 형태가 포함되는 것이다.

a) 오픈 스탠스
일반적인 어프로치에서 왼발 오픈 스탠스를 서는 이유는 다음과 같다.
이것은 근본적인 해결책이 아니고, 보조 도움을 주는 비타민 정도의 역할이다.
 - 체중을 왼발에 조금 더 분배하기 수월하다.
 - 백스윙에서 클럽 헤드를 똑바로 빼기 위한 어깨와 팔 동작이 수월하다.
 - 백스윙에서 왼 무릎 이동을 억제한다.
 - 다운스윙에서 클럽 헤드를 똑바로 내려보내는 궤도 만들기가 편하다.
    또, 임팩트 페이스를 직각으로 맞추기 쉽게 해 준다.
 - 다운스윙에서 힙 턴 하기가 편하다.
왼발 오픈 스탠스 양은 위 사항에 부합되도록 결정하면 된다.

b) 스탠스 폭
짧은 거리에서는 좁은 스탠스 폭으로 Setup 한다.
샷을 해야 하는 거리가 조금씩 길어지면, 백스윙 크기도 커지는데, 스탠스 폭을 조금씩 넓혀준다.

일반 Wedge full shot의 스탠스 폭이 발바닥 4개(체형에 따라 3~4ea 발바닥 폭)의 발바닥 넓이였다면, 다음과 같은 스탠스 폭이 얼추 적당하다.
 - 15m, 25m 어프로치 : 1~2개 발바닥 스탠스 폭
 - 40m 어프로치   : 2~3개 발바닥 스탠스 폭
 - 50, 60m 어프로치 : 3~4개 발바닥 스탠스 폭
 * Heavy lough 어프로치 : 샷 견고성을 위하여, (+)0.5~1개 더 벌려준다.
    로브샷에서 1개 더 벌려주고, 플롭샷에서는 1.5개 더 벌려준다.

양발을 바짝 붙여 Setup하고서 짧은 어프로치를 구사하는 일부 일반 골퍼가 있다. 의도는 양 무

릎이 가까워 상하 밸런스 잡기가 좋고 무릎 고정을 편하게 만들어서 타격 정확도를 높이고자 하는 선택으로 보인다.

이 모양은 퍼팅하는 것처럼 웅크리게 된 것으로써, 일반 Normal 잔디 라이에서 Normal 칩샷 어프로치 하기는 편한데, 피치샷이나 스킬 샷을 구사하기에는 몸의 부드러움이 없어져 유리하지 않다.

어차피 Normal 잔디에서는 어떤 Shot을 하든지 결과에 차이는 거의 없다. 그러나 다양한 상황 대처, 다양한 샷의 구사를 위하여 스탠스를 조금이라도 벌리고 서서 어프로치 하는 것을 추천한다.

cf) 혹자가, 토핑 뒤땅을 방지하는 방법으로, *"빈 스윙을 해보면서 클럽 헤드가 제일 저점을 지나는 곳에 볼을 놓아라."* 라는 이야기를 하는 경우가 있다.

그럴싸한 이야기처럼 들리지만 실효성이 있다고 보기는 어렵다.

비유하자면 몸을 옷에 맞추겠다는 것과 비슷하다. 그런 방법으로 토핑 뒤땅이 방지되지 않는 경험이 대부분일 것이며, 오히려 기본 Setup을 헷갈리게 만든다.

이 Tip(훈수)은 105타 골퍼가 95타 골퍼가 되는 과정에서 겪는 일시적인 시행착오의 한 가지라고 보면 맞을 것이다.

3) 체중 분배
(왼발 체중 분배가 필요할 때는 다운블로 타격할 때)

어프로치에서 왼발 체중 분배를 강조하는 말을 지겹도록 들었지만, 이것이 필요할 때는 의외로 한정적이다. 아마도, 왼발 체중 분배를 적게 해서 뒤땅 난 미스보다는, 너무 많이 해서 토핑 난 미스가 더 많을 수도 있다.
    * 체중 분배를 느끼는 감각 : 몸의 스윙 기준점은 척추 양옆의 척추기립근이다. 좌우 2개인데, 다시 상점 중점 하점 세 곳으로 세분할 수 있다.
        - 왼발에 체중이 더 있으면 좌측 척추기립근에 Tension이 더 느껴진다.
        - 오른발에 체중이 더 있으면 우측 척추기립근에 Tension이 더 느껴진다.

a) 왼발 체중 분배 목적 1 – 왼 무릎 움직임 억제

혹자는 *"어프로치에서 체중 이동량이 많이 필요 없으니, 왼발에 체중을 조금 더 두고 스윙해라."* 라고 한다. 이것은 일반 평지 좋은 잔디 어프로치의 경우이다. 경사가 있으면 체중 분배하는 것도 일정하지 않고, 인위적으로 분배하기도 힘들다.

체중을 왼발에 주느냐, 마느냐, 얼마만큼 왼발에 두느냐, 하는 것은 중요한 사항이 아니다. 왼 다리가 어떻게 움직이느냐가 중요하다. 백스윙 & 다운스윙 중에 왼 무릎의 이동과 폄 양이 중요하다.
왼발에 체중을 더 두라는 이유는 백스윙에서 왼 무릎 움직임을 억제하기 위한 간접 방법이다. 체중의 느낌은 하체가 아니라 좌측 척추기립근에 느껴야 한다.

왼발에 체중 많이 주고 Setup 했는데, 왼 무릎을 살랑살랑 움직인다면 아무 소용없다. 오히려 상하 궤도 오차를 키울 것이다. 일반 골퍼 중에서 체중은 왼발에 많이 분배하고, 왼 무릎을 많이 움직이는 스윙을 할 때 다음의 문제가 발생한다.
    - 백스윙에서 왼 무릎 이동 많으면 타점 부정확
    - 백스윙에서 왼 무릎 이동 많아, 상체로 궤도를 만들려고 하게 됨
    * 왼발에 체중 많이 주고 Setup 했는데, 백스윙 시작 직전, 왼 무릎을 살짝 펴는 백스윙 트리거를 사용하면, 다운스윙에서 왼 다리 폄 리듬이 반대로 작동되어, 하체 폄 진행 양이 작게 되므로 큰 뒤땅이 발생한다.

b) 왼발 체중 분배 목적 2 - 다운블로 타격
(과하면 토핑의 원인)

왼발에 체중을 조금 더 분배하는 것은 그만큼 스윙 중심이 왼편(전방)에 형성되어서 스윙 궤도가 좌측으로 이동되므로 다운블로로 타격 되지만 얇게 맞을 가능성은 커진다.

얼추 추정하면, 10%씩 체중이 왼발로 더 가면, 내려오는 클럽 헤드 궤도가 전방으로 이동되어서 다음의 결과를 만든다.
- 볼 접근 각(α)은 1~2° 커진다.
- 볼 타격점의 상하 Path(H)는 3~5mm 올라간다.

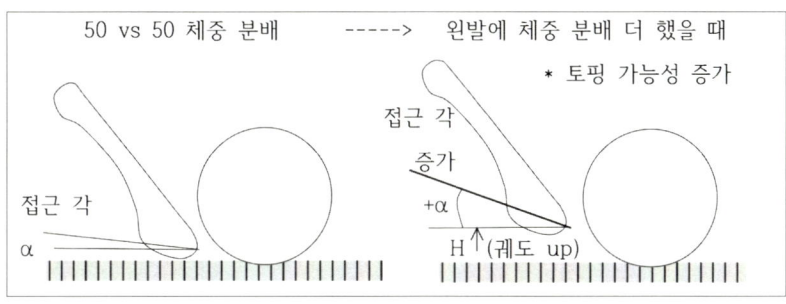

그림 2.1.36 어프로치 체중 분배에 따른 궤도 변화

이 왼발 체중 분배의 사용은 다운블로 타격이 필요할 때인데, 다운블로가 필요할 때는 앞 1) a)항 '볼을 오른쪽에 놓을 때'에 나열되어 있다. 아무 때나 왼발에 체중 분배 많이 하는 것은 아니다.

다운블로 타격이 필요 없는데, 왼발에 체중 많이 분배하면 토핑 타격이 될 확률이 높아진다. 볼은 오른쪽에 놓고, 체중은 왼발에 준다면 과한 다운블로 타격이라고 할 수 있다.
대표적인 미스샷 사례가, 타이트한 잔디 라이에서 볼은 오른쪽에 놓고, 왼발에 체중 많이 줘서 발생하는 토핑이다.
타이트한 라이로 심적인 압박을 느껴 상체(어깨) 힘까지 들어간 상태에서 클럽 헤드 내려오는 궤도를 전방으로 이동시키는 왼발 체중 분배를 했으니, 토핑이 날수밖에 없다.
진짜 문제 되는 사항은 타이트한 잔디 라이에서 왼발에 체중을 많이 주어서 토핑이 났는데, 동작이 잘못되어서 토핑 미스가 발생한 것으로 판단하고 상체 동작을 교정하려 하는 것이다. 엉뚱한 곳으로 원인을 돌린다면 답(해결책)을 찾기는 쉽지 않다.

Remarks

#1. 쇼트 어프로치 교습 영상에서 *"왼발에 체중은 더 주고"* 라는 이야기는 잘 깎인 촘촘한 페어웨이 잔디 위에 볼이 있을 때 잔디 저항을 줄이기 위한 다운블로 타격에서 필요한 Setup 방법에 국한된 설명이다. 일반적이지 않고, 매우 단편적인 사항이다.

다르게 표현하면, 이것은 100타 실력 골퍼가 최소한 기본 잔디 라이에 평지 경사, 평이한 조건에서 잔디 저항(초보가 생각하기에는 잔디 저항도 뒤땅이라고 여김, 타점 오차가 심하여 먼저 잔디를 두껍게 타격하는 뒤땅 형태)만이라도 극복하는 방법을 이야기한 것이었다.

그런데 조밀한 페어웨이 잔디 라이에서 체중을 왼발에 더 주는 것을, 포괄적으로 일반적인 조건에서 뒤땅 완화 방법이라고 넘겨짚는 것은, 시청하는 시청자의 오해이며 선입견일 뿐이다. 너무 강하게 머릿속에 '어프로치 체중 왼발'이라고 각인되면, 좀처럼 벗어나기 힘든 틀에 갇힌 꼴이 된다.

#2. Reminder : 체중을 왼발에 더 주고 더군다나 볼을 오른쪽에 둔다면 거의 토핑이다.

2~3년 이상 골프를 쳐왔다면, 사실 체중 분배는 크게 신경을 쓰지 않아도 몸이 그 정도는 알아서 가장 적당한 체중 분배를 만든다. 오히려 억지로 왼발에 체중 분배를 하려는 것이 샷을 부자유스럽게 하고, 미스샷 가능성도 높이게 된다고 봐야 한다.

4) 다운블로 타격에서 뒤땅 완화 효과

(심화 내용)

(어느 정도 효과가 있는지, 기하학적 계산 확인)

a) 타이트한 잔디 라이, 다운블로 타격에서 뒤땅 비교

그림은 접근 각 5°와 10°의 타격 단면이다. 1cm 높이의 뒤땅이었다면, 어떤 차이를 보일 것인가?

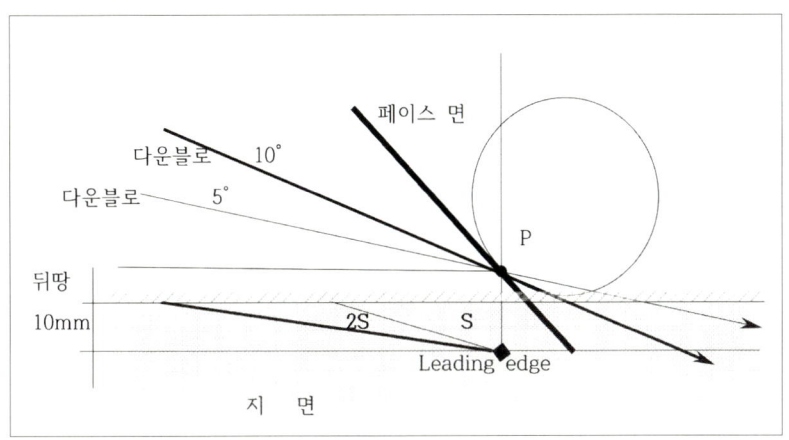

그림 2.1.37 어프로치 다운블로 뒤땅 양 비교

다운블로 각도 차이에 의한 기하학적 뒤땅 되는 흙의 양은 2배 차이이다.

두 가지 다운블로 각도에 의한 차이는 표와 같다.

항목 \ 타격 접근각	5° Attack angle	10° Attack angle
뒤땅 높이 mm	10	10
지면 접촉 길이 = (10 * sinα) mm	114	57
뒤땅 흙양 비율	2 S	S
뒤땅 저항(Drag)	1.5~2 D	D
지면에 Leading edge & 바운스 영향	튀어나오는 각	찍히는 각

표 2.1.38 어프로치 다운블로 타격 뒤땅 비교

두 경우, 뒤땅 저항 차이가 얼마나 되고, 그 영향이 어떻게 나타날 것인가가 관건이다.
- 잔디가 무르면 처박힐 것이고, 단단하면 튀어나올 것인데, 실제 상황은 유동적이다.
- 바운스가 작은 클럽이면 처박힐 것이고, 바운스가 크면 튀어나올 것인데, 실제 상황은?
- 오른 팔꿈치 외회전이 많이 들어가 있으면 튀어나오고, 엎어 친다면 박힐 것인데, 실제 상황은?
- 10mm 깊이가 아니고, 2mm 뒤땅 깊이였다면, 영향은 어떻게 나타날 것인가? 칩샷 거리 20m가 아니고, 30m였다면?

여러 고민을 해도 쉽게 답을 찾을 수는 없다.
실전이라면 퍼터를 선택할 수도 있고, 컷 샷을 구사할 수도 있다.
어떤 선택이 좋은가는, 자신의 샷 정확도와 조건에 따라서 구사할 수 있는 보유한 샷의 종류에 달려 있다. 또 볼이 놓여있는 라이(잔디 라이, 경사 라이)에 따라서, 통하는 것이 있고, 손해가 되는 것이 있다.

b) 조밀한 페어웨이 잔디, 다운블로 타격에서 잔디 저항 비교

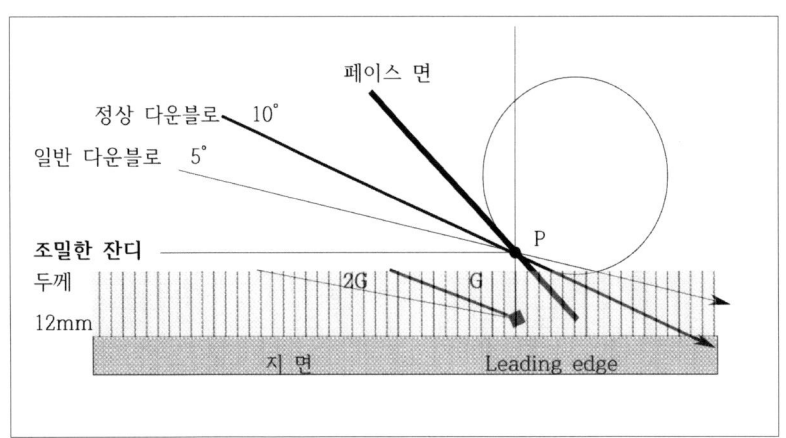

그림 2.1.39 어프로치 조밀한 잔디, 다운블로 타격의 잔디 저항 비교

잔디가 촘촘한 페어웨이는 영향이 달라진다.
그림은 접근 각 5°와 10°의 타격 단면이다.
1.2cm 높이의 조밀하고 잘 깎인 잔디를, 10mm 깊이로 두텁게 타격하였다면,
두 가지 다운블로 각에서 거리 감소는 어떻게 될까?

지면과 바운스의 영향은 없고, 순수한 잔디 저항만 있는 조건이므로, 5° 다운블로 각은 10°다운블로 각에 비하여 2배의 잔디 저항을 받게 될 것이다.
  (Leading edge가 쓸고 지나간 잔디 면적은 2G vs G)
  - 5° 다운블로 각으로 타격 된 경우에 그만큼 거리 감소가 심하게 된다는 이야기인데, Full shot에 비해 헤드 스피드가 느려, 클럽 헤드 운동에너지가 1/6밖에 되지 않는 어프로치 샷에서는 거리 감소 40% 정도가 일어난다.
  - 10° 다운블로로 가격한 경우는 20% 이하의 거리 감소 있다고 봐야 한다.

그림과 같은 잔디 위에 볼이 있는 경우는, 빈 스윙을 서너 번 하면서 잔디 저항도 느껴보고, 스윙 세기를 얼마나 그리고 어떻게 고려할 것인지 심사숙고해야 한다.
이러한 '각인 과정'이 잔디 라이를 구별하고 대처하는 능력을 키워줄 것이다.

Remarks

#1. 배수구 근처의 잔디, 여름철 잘 깎인 페어웨이 잔디는 이런 형태이다. 어떻게 치든 잔디 저항은 걸리게 될 가능성이 큰데, 이곳에서 Loft가 큰 클럽으로 어프로치 할 때는, 다운블로 타격하는 Setup을 하고, 거리는 +α를 고려해서 쳐야 한다. 그렇지 않으면 잔디 저항에 의해서 힘없이 매우 짧은 거리가 날아가는 결과가 나올 수 있다.

#2. 조밀한 페어웨이 잔디에서는 로브샷이나 플롭샷의 거리 정확도가 현저히 떨어진다. 잔디 저항이 큰 변수로 작용하기 때문이다.

로브샷 vs 플롭샷

1.11 어깨 들썩임을 줄여 주는 오른쪽 아래 옆구리 회전(로브샷)
(살짝 해주면 부드러운 스윙 폼, 많이 해주면 로브샷 기술이 된다)

1) 로브샷

프로선수들의 로브샷 어프로치 스윙 폼을 보면 부드럽고 유연하며 멋진 피니쉬가 된다. 반면, 일반 골퍼의 동작을 보면 뭔가 어색한데, 특히 어깨 회전이 부자연스럽다.
일단 오른 팔꿈치 외회전 동작을 시행하면 50% 정도는 개선되어 (팔보다 먼저 오른 어깨가 회전되기 때문에) 예쁜 동작이 되는데, 프로선수와 비교하면 아직 만족스럽지 못한 스윙 폼이다.

프로와 같은 부드러운 Normal 쇼트 어프로치 스윙 폼에, 높낮이 궤도 오차를 줄이는 방법은, 다운스윙 하체 턴에 이어서 오른 옆구리 밑부분으로 어느 정도 턴을 하는 것이다.
　＊로브샷의 비밀 : 오른쪽 아래 옆구리를 중심으로 다운스윙 몸통 회전
관심을 두지 않으면 옆구리 회전을 구분하지 못하는데, 이 정도는 시각적으로 차이를 구분할 수 있어야 한다.

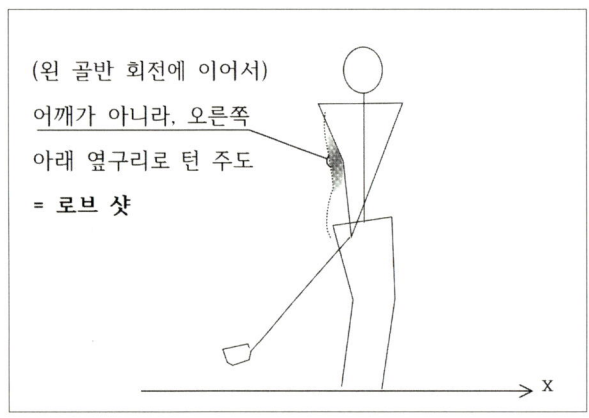

그림 2.1.40 오른 옆구리 턴 어프로치 샷(로브샷)

보통 Shot은 '하체(골반) 턴 -> 어깨 턴 -> 팔 턴 -> 손목 턴 -> 클럽 헤드'로 다운스윙 회전이 이루어지는데, 부드러운 어프로치 샷의 몸 회전은 '하체(골반) 턴 -> 오른쪽 아래 옆구리 턴 -> 팔 턴

-> **손목 턴 -> 클럽 헤드'** 순서로 되어, 어깨 턴의 일부를 오른 옆구리로 대체해버리는 것이다. 이렇게 하면 다음 사항이 이루어진다.

 Ⓐ 옆구리로 턴을 하므로 어깨의 들썩임이 줄어들어서 (크고 느린 다운스윙임에도 불구하고) 상하 궤도 오차가 감소된다.

 Ⓑ 높은 탄도와 큰 백스핀이 걸린다. 볼은 부드럽게 날아가고 부드러운 착지가 된다. 클럽 헤드가 뉘고 뒤처지는 형태로 임팩트 되기 때문이다.
  (러프에서 50% 거리 감소하는 것을 고려한 부드러운 샷도 가능하다)

 Ⓒ 곡선 거리로, 어깨~손 길이보다 옆구리~손 사이 거리가 멀어서 유연성(Flexibility)이 높아져 스윙이 부드럽게 진행되고, 어깨와 몸통이 분리되는 느낌으로 턴 되어서 폴로스루 동작에서도 가슴과 어깨 회전 동작 및 이동이 자연스럽게 만들어진다. 멋진 어프로치 폴로스루 & 피니쉬 동작이 된다.
  * 턴을 주도하는 오른쪽 옆구리의 높이 위치와 옆구리 회전 사용량(어깨 턴 vs 옆구리 턴 비율)에 따라서 최종적인 부드러움은 결정된다.

 Ⓓ 페이스를 조금 열고, 오른 옆구리 회전을 더 많이 사용하는 것이 로브샷이다.

반면 이 쇼트 어프로치 스윙은 다음과 같은 문제 사항이 있다.
 ⓐ 페어웨이 잔디에서는 우수한데, 러프에서 하면 거리 손실(잔디 저항) 크게 받는다.
  러프에 공이 100% 파묻힌 정도면, 20m 샷 하는 경우 10m 나가는데, 대략 50%의 거리 감소가 있다.
  * 러프에서 이것과 *9절에서 설명한 왼손 손가락 힘주고 치는 방법*을 병행하면, 러프 길이와 상태에서 목표 거리에 맞게 (더 길게 또는 더 짧게) 자유자재로 사용할 수 있는 유용함이 있다. 단, 경험과 연습량 필요한데, 일반 골퍼에게는 효용가치가 있다고 보기는 어렵다.

 ⓑ 오른쪽 옆구리를 회전하면서, 오른 골반, 오른 허벅지, 오른 무릎을 앞으로 튀어나오게 할 수 있어서 생크 위험이 있다. 이것들이 앞으로 튀어나오지 않게 신경을 써야 한다.

 ⓒ 미들 어프로치에서 이 방법을 사용하면 손목 스쿠핑에 토핑이 살짝 발생한다. 팔과 손목이 너무 부드러워 클럽 헤드가 크게 앞서가면 궤도가 상승한다.
  이것을 그대로 이용할 수도 있고, 굳이 이걸 적용하지 않고 컷 샷을 사용하여 미들 거리 어

프로치 타점, 탄도 맞출 수도 있다.

각각 스윙 동작 및 메커니즘은 다르지만, 로브샷은 컷 샷과 플롭샷의 중간 정도의 공략조건에 사용된다.

ⓓ 100% Full shot에 이 스윙 동작 방법을 계속 적용하면, 어깨 회전력 사용이 점점 약해져 버려, 일반 스윙의 거리가 10% 정도 짧아질 가능성이 있다. 또 스윙 궤도(접근 각)가 가팔라진다.

따라서, 로브샷은 90° 정도 백스윙 크기의 샷 거리부터 180° 하프스윙 크기 이하에서 사용하는 것을 추천한다.

2) 플롭샷

플롭샷은 로브샷과 다른 메커니즘으로 동작이 이루어진다. Setup도 다르다.
물론, 일반 샷과는 전혀 다른 형태이다.
일반적인 잔디에서 쓰는 플롭샷은 그린사이드 벙커샷*(2장 2절에 상세 설명)* 과 같다. 그린사이드 벙커샷을 잔디에서 그대로 사용하면 플롭샷이 된다.

플롭샷의 사용처 :
- 그린 공간이 절대적으로 없는 경우 --- 매우 높은 탄도의 큰 스핀 필요시
   * 로브샷보다 더 높은 탄도와 스핀이 필요한 경우
- 포대와 같이 그린이 위에 있고 공간이 부족한 경우
- 깃대와 거리는 가까운데, 깊고 억센 러프에 볼이 들어가 있는 경우
- '왼발 내리막 경사 + 러프 + 그린 공간이 없거나 그린 낙구 지점이 내리막' 같은 복합 조건의 경우
   * 의외로 왼발 내리막 잔디 라이 경사에서는 플롭샷 구사가 쉽다. 클럽 헤드가 경사면을 타고 내려오기 편하므로 바운스 활용이 자연스럽게 된다.

부드러운 플롭샷 : 그린사이드 벙커샷(일반 플롭샷)에 로브샷과 같은 오른 옆구리 회전을 조금 섞어 사용하면 부드러운 플롭샷이 만들어진다.
   cf) 끊어치는 플롭샷 : '오른 골반 회전력 + 왼팔 회전력' 조합 사용

플롭샷에서 토핑 뒤땅 :
- 토핑 :
   ^ 하체 폄 주도 근육을 오른 장딴지를 사용해야 하는데, 왼 힙 또는 왼 허벅지 근육을 폄 주도 근육으로 사용하면 큰 토핑(홈런)이 발생한다.
   ^ 하체 폄이 과다하면 약한 토핑 발생한다.
   ^ 강한 그립 & 강한 손목 상태에서 왼팔 위주 스윙을 하면 토핑 발생한다.
- 뒤땅 :
   ^ 하체 폄을 하지 않고 주저앉게 되면 두꺼운 궤도 형성한다.
      * 하체 폄을 많이 하려다 무릎이 못 견뎌, 되려 폄이 안 되었을 때 뒤땅
   ^ 완전 오른팔 위주로 스윙하면 조금 두꺼운 궤도로 진입한다.

2장
조건별 어프로치 방법

골프에서 가장 어려운 주제 중의 하나인, 어프로치 뒤땅 토핑 방지하는 방법에 대하여 *앞 1장에서* 설명하였다. 어프로치는 Hole에 접근시키는 샷이다. 그린에 올리지 못하거나, 그린에 가까우면 어프로치 샷을 한다(극히 일부의 경우는 그린 위에서 어프로치 샷을 해야 하는 일도 있다).

본서에서는, 가장 Loft가 큰 클럽의 Full shot 85% 이하 거리를 어프로치 샷이라 정의한다(혹자는 100m 이내 거리, 또는 웨지 샷을 어프로치라 하기도 하는데, 가장 Loft가 큰 클럽의 Full shot 85% 이상의 거리는 일반적인 Swing 동작을 사용하는 Long 게임 영역이라고 취급한다).

온그린 못 했을 경우, 어프로치 조건별 비율은 대략 다음과 같다.
- 에이프런, 플랜지로 퍼터가 유용한 선택의 경우 -- 퍼터 어프로치 10~30%
- 그린사이드 벙커에 빠졌을 때 ------------------ 벙커샷 10~20%
- 거리 조절, 방향성, 탄도 타격이 있는 잔디 샷 ---- 일반 어프로치 50~80%

그린 밖 퍼팅은 그린 위 퍼팅과 같은가? 아니면 다른가?
그린 사이트 벙커샷은 일반 스윙과 무엇이 다른가?
잔디 어프로치 샷의 종류, 거리, 탄도 조절법은 어떤 것들이 있는가?

Remarks
#1. 롱게임 스윙은 힘과 기술적인 면이 많은 부분을 차지하지만, 어프로치에서는 상대적으로 상황 판단과 타격 방법에 관한 지식이 꽤 큰 비중을 차지한다.
그 지식은 경험의 축적 또는 조건 분석으로부터 생성된다.

#2. 어프로치 샷은 미시세계를 바라보는 것 같다. 미세한 차이가 결정적인 요소로 작용한다.

시신경은 움직임이 많은 것을 추종한다. 그래서 중요한데 겨우 보일락말락 하는 것은 관심 밖이 된다. 뇌의 편식증이다. 골프 동작에서 움직임이 작은 것에 초점을 두고 뚫어져라 바라보면 답답하고 짜증이 난다. 귀찮음이 몰려온다.

또한, 대화(설명)에서 작은 움직임 동작에 관하여 이야기하면 뇌는 싫어한다. 듣고 싶지 않은 이야기가 된다. 뇌는 생존을 최우선으로 해서 그런 것은 등한시한다.

우리는 뇌의 이러한 성격을 인지하지 못한다. 그래서 **여간 관심을 두고, 신경 쓰고 인내하지 않으면 골프, 특히 어프로치에서 답을 찾기는 어렵게 된다.**

이런 이유로, 일반 중하급 골퍼는 쉬운 어프로치 방법을 찾고 하나만 배우면 다 써먹을 수 있는 어프로치 방법을 찾으려 하고 생각하는 것을 싫어하며, 복잡하게 어프로치 조건을 나누려고 하지 않는다.

#3. 온그린 못 한 경우 Hole까지 남은 거리와 Save 비율은 대략 다음과 같다.

수준 \ 실력	프로	싱글	80타대	90타대	100타대
온그린 (프로는 프로 티 기준)	12/18	11/18	8/18	5/18	2/18
샷 접근율(18홀 모든 평균)	92%	90%	87%	84%	81%
어프로치 평균 거리 Ⓐ	15m	17m	19m	21m	24m
어프로치 Save 율	60%	45%	30%	20%	10%
그린 공략 평균 거리	130m	135m	140m	145m	150m
ON 못한 것 아이언 접근율	90%	88%	86%	84%	82%
어프로치 홀 접근율 Ⓑ	88%	86%	84%	81%	77%
남은 퍼팅 거리 = Ⓐ x Ⓑ	1.8m	2.38m	3.04m	3.99m	5.52m
남은 거리의 퍼팅 성공률	60%	45% (프로50%)	30% (프로40%)	20% (프로30%)	10% (프로20%)
온그린 못 한 홀 기대 타수	+0.5	+0.7	+0.9	+1.1	+1.3
온 못 한 홀 잃은 총 타수 (쇼트 게임 잃은 타수)	+3.0	+4.9	+9	+14.3	+20.8

표 2.2.1 어프로치 실력별 성공률 (추정 예시 – 상대 비율 이해 참조용)

- 온그린 못 하고 어프로치 한 것에서 잃은 총 타수의 반절 정도는 아이언 샷과 퍼팅의 책임일 것이다.
- 중하급 골퍼의 어프로치 Save 비율이 낮은 이유는,

① 아이언 접근율 차이에 의해 어프로치 하는 거리가 더 멀고,
② 어프로치 정확도가 낮아 Hole에 접근된 거리가 멀기 때문이며,
③ 퍼팅 거리가 훨씬 길어서 Hole in 성공이 낮고,
④ 기본 퍼팅 실력도 낮기 때문이다.
즉 어프로치 Save 비율을 높이려면, **첫째로** 아이언 접근율 높이고, **둘째로** 어프로치 정확도 높이고, **셋째는** 퍼팅 실력 키워야 한다.

- 어프로치로만 한정하면, 일단 Hole 접근율을 높이면 되는데, 상하 타점 정확도 향상, 잔디 라이 극복, 경사지 극복, 그 외 다양한 조건과 그것에 적합한 대응 방법을 찾아야 한다.

#4. 앞 표를 기준으로 80대 타수가 프로선수처럼 쇼트게임(어프로치 & 퍼팅)을 잘한다면, 쇼트게임만으로 손실 타수의 절반인 3타((9-3)/2 = 3) 정도를 줄여서 싱글 플레이어가 될 수도 있을 것이다. 그러나 수많은 시간을 연습하고 있는 프로선수 같은 실력이 되기는 그리 쉽지 않을 것이다.

* 80대 타수 골퍼는 어프로치 시행 거리가 멀어서 프로선수보다 Save 비율을 높이기는 어려움.

#5. 앞 표의 수치는 경험상 대략적인 값이며, 현상 파악을 위한 이해 용도로 만든 것이다. 수치로부터 깨달을 수 있는 사항은,
- 단순히 어프로치만 잘한다고 Save 비율이 마냥 높아지는 것 아니고,
- 많은 연습을 한다고 해도 접근율에는 한계가 있으며,
- 골프 실력에 따라서 어프로치로 줄일 수 있는 타수가 한정되어 있다는 것이다.

#6. 프로선수와 일반 싱글 플레이어 골퍼의 실력 차이는 매우 크다. 프로선수는 프로 티 기준 수치이며, 나머지는 White(레귤러) tee 기준이다.

그린 위 퍼팅과 그린 밖 퍼팅은 다르다.

2.1 퍼터 어프로치

그린 주위에서 퍼터를 선택하여 어프로치 하는 경우는 다음과 같으며, 의외로 전체 쇼트 어프로치에서 차지하는 비율은 높다.
- 대부분의 에이프런
- 퍼팅이 가능한 그린 밖 근접 Edge (그린과 엇비슷한 퍼팅 조건일 때)
- Edge ~ 3m 정도 페어웨이 (주로 타이트한 라이로 어프로치 뒤땅 가능성이 클 때), 최대 5m 정도도 가능
- Edge ~ 1.5m 깊지 않은 러프(주로 순결일 때), 최대 3m 정도도 가능

퍼터 어프로치의 장점 :
- 뒤땅 토핑 우려 없음
- 어려운 동작 만들기 필요 없음
- 타격에서 Roll을 주지 않는 수평 타격을 하는데, 볼이 잔디를 지나며 Roll이 생성되어 그린에 올라, 그린 위에서 Break 덜 먹음
- 방향성과 거리 정확도 향상

1) 퍼터 어프로치 거리 계산

그린 밖 퍼터 사용하여 퍼팅할 때는, 거리 계산에서 일관된 Logic이 필요하다.
감으로 친다는 것에는 한계가 있다.

a) 잔디 길이에 따른 거리 차
그린 밖에서 퍼팅할 때, 그림과 같은 정도의 잔디 길이에 따라서, 퍼팅 거리는 배수로 증가시켜 계산해 준다. 계산기준이 있어야 경험에 따른 가감을 할 수 있다.
- 기본 거리 : 1보 배수
- 에이프런 : 2보 배수
- 30%~40% 깊이 러프 : 3보 배수 (~4보 배수 --- 경험에 따름)

- 촘촘한 페어웨이 : 3.5보 배수
- 60% 깊이 러프 : 4보 배수
- 뻣뻣한 러프 : 5보 (건기 & 겨울철 밟혀 눌러 붙은 잔디는 2보 배수)
* 이슬 (물기가 흥건한) 페어웨이 & 잔디 : 2보 배수

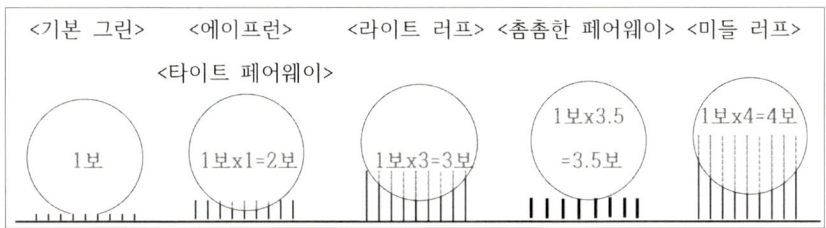

그림 2.2.2 그린 밖 잔디 길이에 따른 퍼터 어프로치 거리 증가

여기에 다음 조건을 가감해 준다.
- 순결부 거리만큼 배수를 (-)1보 해 준다.

- 역결부 거리만큼 배수를 (+)1보 해 준다. 단, 강한 역결부가 조금이라도 있으면 퍼터 사용했을 때, 거리감과 방향성이 크게 변함을 참작한다.

- 비가 오거나, 비가 온 후 물기에 젖어 있는 그린 밖 잔디의 모든 퍼팅 거리는 '1보 x 2 = 2배' 정도의 배수를 적용한다. 물기에 Slip 효과 때문이다.
  * Slip 효과로 좌우 Break이 반절 정도로 줄어드는 영향도 인지해야 함.

- (겨울철, 이른 봄철, 건기) 바짝 말라 뻣뻣한 러프에서는 추가로 (+)1보를 더해준다. 마른 러프는 Skid 저항이 커서 퍼팅 거리가 더 필요하다.
  마른 잔디 저항 영향으로 좌우 방향성 편차도 더 커진다.

- 촘촘한 페어웨이(여름철, 아열대 지방 잔디 성장이 잘되어 억센 조건)는 잔디 저항이 강하여 대략 3.5배수의 퍼팅 거리 증가가 필요하다.
  억센 페어웨이 잔디는 비 온 후에도 잔디잎이 뻣뻣해져서 잔디 저항이 더 강해지는 경향이 있다. 이때 그린도 안 구르지만, 그린 밖 잔디 저항도 심해진다.

b) 고저 경사의 거리 영향(계산)

그린 밖 고저에 따른 퍼팅 거리 계산은 그림과 같다.

그린에서 7cm 높이를 1보로 계산했다면, 그린 밖에서도 똑같이 7cm 고저 높이를 ±1보로 계산해 주면 된다(1m를 1보로 보는 경우, 높이 10cm 차이는 ±1보 퍼팅 거리 가감이다).

　* 높이에 따른 퍼팅 거리 가감은 중력의 위치에너지 사항으로, 그린이든 그린 밖이든, 빠른 그린이든 느린 그린이든, 똑같은 높이를 10배(x10) 한 것으로 퍼팅 거리를 환산하면 된다.

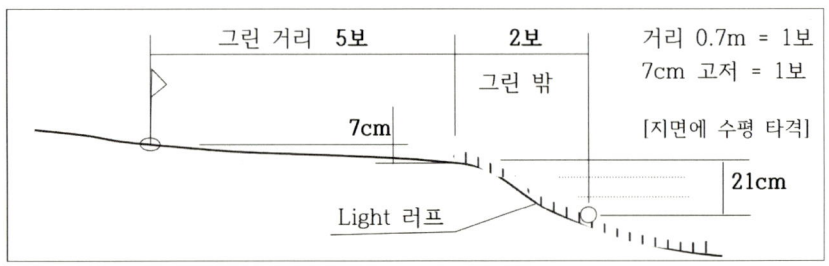

그림 2.2.3 퍼터 어프로치 그린 밖 고저 높이의 퍼팅 거리 계산

계산 예 : 그림에서 퍼팅 거리는 다음과 같다.

　　퍼팅 거리(D) = (그린위거리+그린위높이환산치)+(그린밖거리x잔디 길이 배수)+그린밖높이환산치

　　　　　　　 = (5보 + 1보 고저) + (2보 x 3배) + 3보 고저

　　　　　　　 = 15보 <--- 15보 퍼팅 스트로크 + 수평 타격

Remarks

#1. 막연하게 거리 읽는 것보다는, 위 계산과 같이 Logic을 가지고 하면 일관된 결과를 얻을 수 있고, 거리 읽는 감각도 커진다.

#2. 그린 밖 퍼팅은 타격 Roll을 주지 않기 위해 수평 타격이 필요하다는 것을 항상 상기해야 한다.

2) 퍼터 어프로치의 특징

a) 타법 (수평 타격)

그린 위 퍼팅은 직진성을 높이고, 거리 오차를 줄이기 위하여 Roll을 주는 De-loft, 상승·상향 타격을 한다. 그러나 그린 밖에서는 초기 Roll을 생성하는 타격을 하면 안 되고, 잔디 위를 Skid 할 수 있도록 수평 타격을 해주어야 한다. 만약 Roll을 주는 타격을 하면, 초기 볼이 잔디 속으로 파고 들어 잔디 저항 증가로 거리 감소 및 거리 오차 심해지고 방향성도 더 틀어지게 된다.

Remarks

#1. 그린 밖 1~2m에서 (그린 위와 같은) Roll을 주는 타격을 하면, 수평 타격했을 때와 비교하여 거리 오차, 방향 오차가 오히려 3배 정도 크게 발생한다.

#2. 그린 밖에서 퍼터 타격은, 어깨를 앞으로 조금 오므려지도록(모이도록) Setup 하면 Roll이 적은 수평 타격 형태의 스트로크를 하는 데 편리하다.

b) Roll 영향에 따른 Break 보정 (Break 축소)

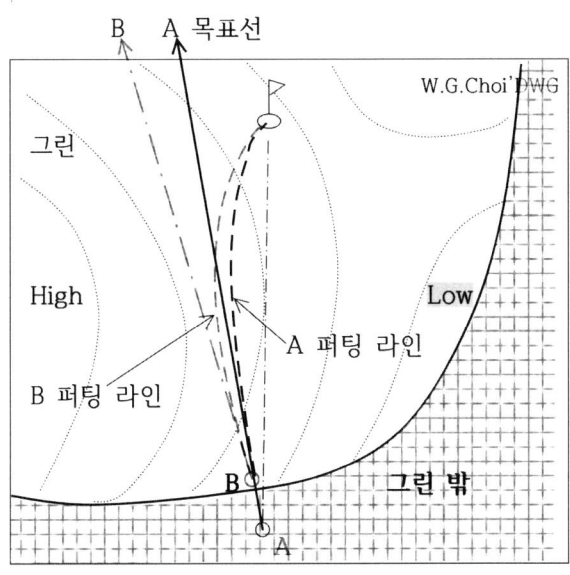

그림 2.2.4 그린 밖 퍼터 어프로치에서 Break 감소 현상

그림은 그린 밖 A-지점에서 퍼팅한 볼이 B-지점 부근을 통과하여 Hole cup으로 가는 Break line을 표시했다.

많은 골퍼가 B-지점에서 Hole cup까지의 Break을 읽고, A-지점에서 퍼팅한 볼이 B-지점을 통과하면 B-Line의 Break을 따라서 굴러갈 것이라고 상상한다.

그러나 Break에 차이가 있음을 알아야 한다. 그 차이는 의외로 크다.

A-지점의 퍼팅 Break과 그린 위 B-지점에서 퍼팅했을 때 Line이 다르다.
이유는 초기 Roll 차이 때문이다.
- A-지점에서 출발한 볼은 그린 밖 잔디를 지나며 큰 Roll이 생성되어 그린 위에 올라간다(그린 밖 잔디는 길어서 그린보다 Roll 생성이 쉽다).
  그래서 B-지점을 지날 때는 이미 큰 Roll을 가지고 있으므로 그림의 예에서 슬라이스 Break을 덜 타게 된다. 따라서, 그린 밖에서 퍼팅할 때는 그림에 표기된 A-Break line을 상상해야 한다.
- 반면, B-지점에서 출발하는 그린 위 퍼팅은, 타격 후 (타격 Roll 포함) 그곳부터 Skid에 의한 Roll이 생성되기 시작하므로 슬라이스 Break을 더 많이 탄다. 따라서, B-Break line을 봐야 한다.

그린 밖 퍼팅에서 Break 감소량은 그린 밖 퍼팅 거리에 거의 비례하며, 대략 다음과 같다.
단, 잔디 길이 및 상태에 따라 양은 변화한다.

   0.5m 그린 밖 퍼팅 --- 10% Break 감소
   1m 그린 밖 퍼팅   --- 20% Break 감소
   2m 그린 밖 퍼팅   --- 30% Break 감소
   3m 그린 밖 퍼팅   --- 35% Break 감소

   * 응용 : 만약 그린 밖 퍼팅 라이가 측 경사를 타고 간다면, Side roll이 일부 생성되는 조건으로 볼이 그린 위에 올라가서, 그만큼의 Side break을 더 타며 굴러가게 된다.

Remarks

#1. 그린 밖 퍼팅에서 Break을 덜 먹는 것을 모르면, 다음 Hole에서 Feedback 입력된 것에 판단 오류 있게 되어 Break 읽는 능력에 혼선을 일으킬 수 있다.

#2. 비 오거나, 비가 온 후 잔디에 물기가 있을 때 그린 밖 퍼팅은 잔디 저항이 감소하여 거리 감소량이 (대략 50%까지) 줄어들게 됨은 물론, Break도 50% 정도 감소 된 Line을 탄다. 볼이 잔디 위를 미끄러져

지나가기 때문이다.

이때는, 저항 감소에 따른 퍼팅 세기 감소, Break 양 감소, 이물질 영향 없어져 직진성 향상 되어, 예상외로 그린 밖 퍼터 어프로치가 한결 수월해진다.

* 단, 여름철 그리고 더운 지역의 페어웨이 잔디는 물기가 잔디잎을 억세게 하여 잔디 저항이 증가할 수도 있으므로 계절별, 지역별, 잔디별 영향이 달리 나타남을 인지해야 한다.

#3. 퍼터 어프로치에서, 일정한 수평 타격하지 않고 타격 방법을 이랬다저랬다 하면 거리오차 심해진다. 그리고 Break 보는 능력도 떨어지게 된다.

#4. Hole cup과 아주 가까운 짧은 거리의 그린 밖 러프에서 퍼터 사용은 헤드 스피드와 볼 스피드가 작아서 (볼의 운동에너지가 작은 관계로) 잔딧결의 좌우, 앞뒤 영향(저항)을 상대적으로 크게 받는다. 오히려 LW 사용이 수월할 수 있다.

ex) 5m 전후 퍼팅 거리의 그린 밖 러프에서 웨지를 퍼터 잡듯이 잡고 퍼팅 스트로크하는 것처럼 타격하면, 거리와 방향에서 만족할 만한 결과를 얻기 쉽다.

cf) 그린 밖 짧은 거리 퍼팅은 샌드 웨지를 퍼터처럼 잡고 날(Leading edge)로 볼 중앙을 쳐서 굴리는 방법도 있다.

#5. 그린 밖 퍼팅은 볼의 바로 앞 잔디 결에 따라 큰 방향 변화 영향을 받는다. 초반 좌우 잔디 결 영향은 그린 위 퍼팅에서 초반 급횡경사와 같이 방향성을 확대하는 (방향성 편차를 크게 하는) 작용을 한다. 따라서 퍼터를 사용할 때 볼 바로 앞 잔디 결은 유심히 봐야 하며, 경험이 축적되면 생각한 것과 결과의 편차가 점점 줄어들게 될 것이다.

3) 기타 창의적인 그린 밖 퍼터 사용

다음은 특별한 상황인데, 그린 밖에서 퍼터를 사용하여 어프로치 하는 경우이다. 위험을 피하고 안전하게 플레이하기 위한 방법이다. 판단에 필요한 정보(어림치)는 연습그린에서 틈틈이 Test 해 보면 된다.

a) 오목한 곡면을 지나는 그린 밖 퍼터 어프로치

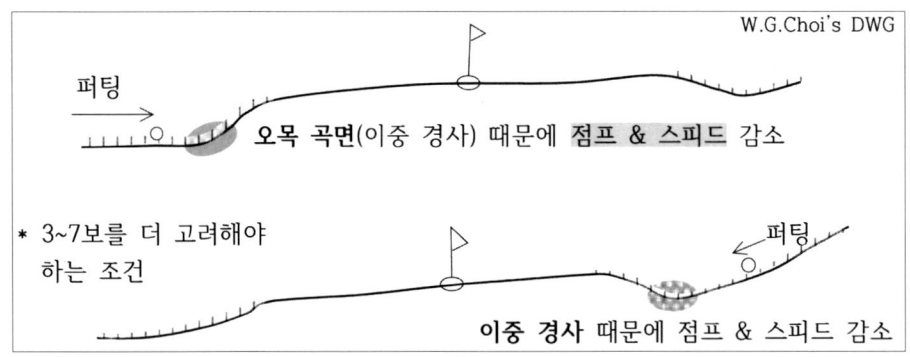

그림 2.2.5 오목 곡면을 통과하는 그린 밖 퍼터 어프로치 두 가지 경우

그림과 같은 상황에서, 그린 밖 퍼터 어프로치를 해야 하는 경우가 있다.
퍼팅 길(Route)에 오목 곡면(변곡점 = 이중 경사)을 지나게 되는데, 볼이 이 곡면에 충돌할 때 거리가 많이 감소한다. 이것은 퍼팅 거리 정확도를 떨어뜨리는 변수가 된다.
또한, 오목 곡면에 부딪히면서 방향성도 크게 변하곤 한다.

이런 이중 경사 조건의 그린 밖 퍼팅에서는, 보통 약 5보 정도 거리 감소하는 것을 참작하여 퍼팅 세기를 더 계산해 주어야 한다.
오목 곡면 형상에 따라서, 볼이 부딪히는(바운스 되는) 부위의 경사와 잔디 결에 의한 방향 변화도 과감하게 고려해 주어야 한다.

b) 디봇 자국에 들어가 있는 볼의 퍼팅

그린에 올리지 못한 볼이 불행하게도 디봇 자국 안으로 들어가 있거나, 움푹 팬 자리에 들어가 있어서, 웨지(아이언)를 사용하여 어프로치를 하면 (볼을 깨끗하게 타격하기 어려워) 거의 뒤땅 아니면 토핑이 발생할 것 같은 상태이다.

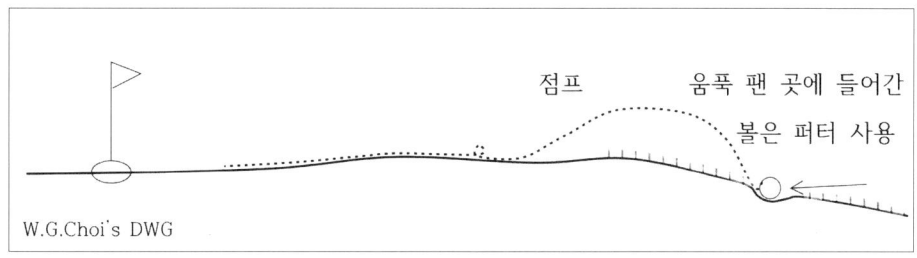

그림 2.2.6 디봇 자국 안의 볼을 퍼터로 어프로치

그림 같은 경우라면, 어프로치 실수는 보기 스코어 기록도 어렵고 더블 보기를 기록할 가능성이 매우 크다.

이런 상황에서 퍼터로 볼을 때려주면(수평 타격), 볼은 팬 곳의 앞턱을 맞고 점프하여 떨어져 Roll이 많은 상태로 Hole cup까지 쭉 굴러간다.
Roll은 볼이 팬 곳의 앞턱에 맞으면서 일차적으로 많이 생성되는데, 떨어지면서 바운스에 의하여 한 번 더 Roll이 증가한다.
Jump와 Roll 때문에 Break은 30% ~50% 정도만 봐주면 된다.
보통 거리(세기) 계산은 일반 그린 밖 퍼터 어프로치와 같다. 조금 과감하게 친다면, 3보 정도만 더 고려해 주면 된다.
특별한 경우이지만, 이런 상황에서 파 또는 보기를 안전하게 기록하는 하나의 창의적인 방법이다.

　* 비슷한 예 : 잔디가 거의 없는 (맨땅과 같은) 급 오르막 등성이를 지나는 곳에 놓여있는 볼을 퍼터로 경사면에 수평으로 타격하면 적당한 Jump & Roll이 형성되어 좋은 결과를 얻을 수 있다.

c) 밟힌 역결 잔디 위 볼의 퍼팅

그림과 같이 볼이 밟혀 눕힌 잔디 줄기 위에 있는데, 밟힌 잔디가 역결이다.

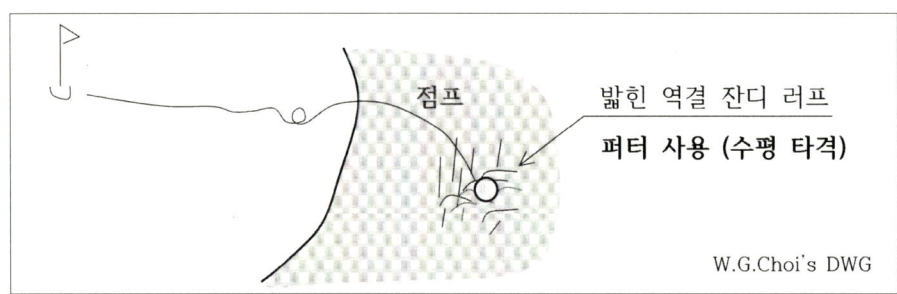

그림 2.2.7 밟힌 역결 잔디 위 퍼터 어프로치

웨지(아이언)를 사용하여 어프로치 하면 잔디 뒤땅 확률이 높은 조건이다. 역결의 잔디 줄기가 헤드 Leading edge를 붙잡게 되기 때문이다. 또한 잔디 저항이 얼마만큼 먹을지도 불분명하다.

이때 퍼터로 수평 타격하면, 볼은 앞의 러프를 맞고 살짝 튀어 올라 큰 Roll 조건으로 그린에 떨어져 홀 쪽으로 쭉 굴러간다. 큰 미스 없이 쉽게 Par 또는 Bogey를 기록할 수 있을 것이다.

거리(세기) 계산은 *앞 1) b) 항에서 설명한* 일반 그린 밖 퍼터 어프로치와 같다.

d) 그린 주위, 축축한 물기의 잔디에서 퍼터 어프로치

비 온 뒤, 비가 올 때, 라운드 도중에 비가 왔다가 그친 상황에서는, 그린 주위 잔디가 젖어 있다. 이때는 잔디 저항이 줄어들어서 '*그린 밖 기준 거리 x 2배*' 정도의 거리 계산과 Break을 1/2~1/3 만큼만 봐주며 퍼터를 사용하여 어프로치 하면 의외로 무난한 결과를 얻을 수 있다.

3보 이상의 긴 거리 러프에서도 퍼터를 사용하여 어프로치 하는 것이 가능하다. 볼은 잔디 잎 끝의 물기를 윤활유 삼아서 스치듯 지나가며 줄어든 저항 조건으로 거의 Break을 타지 않고 똑바로 그린 위로 가게 될 것이다.

일반 스윙과 전혀 다른 스윙 형태

2.2 그린사이드 벙커샷

18홀 라운드 도중 1~3회 정도 발생하는 것이 그린 주위 벙커 어프로치다.
전체 타수 비율로는 100 * 2회 / (70타~90타) ≒ 2.5% 정도 비율이 된다.

그린사이드 벙커샷 실력은 3부류로 나누어지며 다음과 같다.
  - 못하는 사람 -------- 일반 스윙처럼 샷 하는 골퍼
  - 잘하는 사람 -------- 벙커샷 특징을 알고 샷 하는 골퍼
  - 아주 잘하는 사람 ---- 다양한 벙커샷 연습 많이 한 골퍼

못하는 사람과 잘하는 사람 사이의 '중하', '중', '중상' 이런 Level이 거의 없다.
싱글 플레이어 중에도 이 벙커샷을 못 하는 사람이 있고, 보기 플레이어 중에도 잘하는 사람이 있다.

Remarks
#1. 그린사이드 벙커샷을 잘하면,
  - 그린 주위에 배치해 놓은 벙커를 굳이 피해 가려고 크게 고려할 필요가 없어진다.
    단, 벙커 벽면(앞턱)에 박히는 형태는 염려해야 한다.
  - 한번 빠지면, 못하는 사람은 +1.5타 정도, 아주 잘하는 사람은 +0.5타로, 대략 1타 차이가 발생한다. 한 라운드에 1~3회 그린 주위 벙커에 빠지니, 대략 2타 정도 라운드 타수 가감이 된다고 예측할 수 있다.

#2. 그린사이드 벙커샷 빨리 배우는 방법 : 잘하는 사람 것 실제 연습을 1시간 계속 보고 나서 그림자 따라 하기를 한다. 영상 보는 것은 효과가 거의 없고 실제 하는 것을 봐야 한다. 핵심은 1시간 동안 계속 관찰만 하는 것이다. 뇌의 자동 학습 효과를 이용하는 것으로서, 말과 설명이 따로 필요 없다.

1) 그린사이드 벙커샷 특징

일반 샷과 완전히 다른 자세 & 동작이라고 보면 된다. 플롭샷과 같다.
결론을 말하면, 벙커샷은 다음 설명과 같이 어마어마한 차이가 있으므로, 인식의 전환이 먼저 필요하다.

a) Setup 차이
이 벙커샷은 그림과 같은 Setup 특징이 있다. 웨지 일반 스윙과 다음 사항들이 다르다.

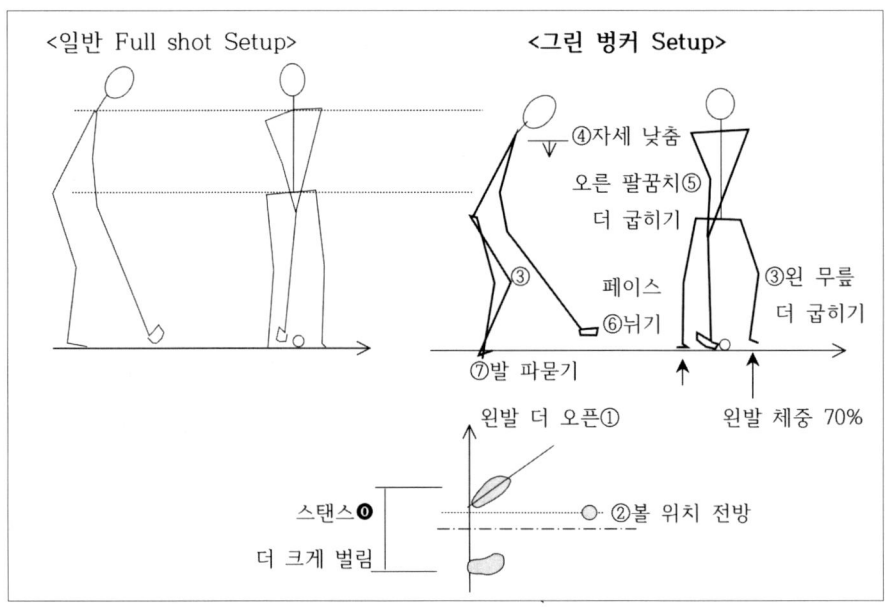

그림 2.2.8 그린사이드 벙커샷 Setup 차이

① (스탠스 더 많이 벌리고) 왼발 더 많이 오픈
② 볼 위치는 전방
③ 왼 무릎 더 굽힘 <--- 과감하게 더 굽혀줘야 한다. (뒤땅 치기 위함)
④ (상체 앞으로 더 숙이고) 자세 더 낮춤 <--- 스탠스 더 벌려주고 왼 무릎을 과감하게 굽혀주면 자세가 낮아진다.
　* 왼 무릎을 과감하게 굽혀주면서 자세를 낮추지 않으면, 이미 샷은 실패했다고 보면 된다. 단, 자세 낮춘다고 척추를 어정쩡하게 더 굽히는 것은 그린사이드 벙커샷 자세가 아니다. ③ & ④ 모양을 일반 샷과 구분 짓지 못하면 '못하는 사람' 부류에 머무를 수밖에 없다.

⑤ 오른 팔꿈치 더 굽히고, 뒤로 빼고 몸에 붙이기 <--- 자세 낮아진 영향 흡수 및 백스윙에서 빠른 코킹을 위한 준비 그리고 뒤땅을 치는 스윙
⑥ 페이스 뉘어 잡기 <--- 바운스로 모래를 가격하기 위함
⑦ 모래 속에 발바닥 파묻기 <--- 하체 펌을 위함. 만약 어설프게 딛고 있다면, 다운스윙 하체 펌에서 발이 모래를 큰 힘으로 짓누르게 되어 발바닥이 눌리며 하강하면 실제 펌 양이 약해져서 헤드가 계획보다 더 두껍게 들어간다. 즉, 펌 동작에서 발바닥이 땅으로 꺼지는 것을 방지하려는 목적이 있다
　＊체중 왼발 앞꿈치에 더 분배, 60~70% <--- 왼 무릎을 굽혀 왼발에 체중이 더 들어간다.

그린사이드 벙커샷을 빨리 배우기 위한 Setup 바꿔가기 Test는 다음과 같다. 전혀 다른 샷이라는 것을 깨닫고 몸에 모양을 저장하기 위함이다.
　- 과감하게 왼발 오픈하고 쳐보기
　- 스탠스 더 넓히고, 왼 무릎 더 굽히고, 자세를 더욱 낮춰 쳐보기
　- 체중 왼발 (앞꿈치 부위에 조금 더) 쪽에 더 두고 쳐보기
　- 페이스를 완전히 뉘어 잡고 쳐보기
　- 볼을 더 왼쪽에 놓고 쳐보기
　- 극단적으로 가파른 코킹을 해서 쳐보기
이런 의도적인 과도상태 조건은 몸과 뇌가 경험을 근거로 최적의 Setup을 짐작하게 해준다. 깔짝깔짝 뭔가를 조금씩 바꿔 해봐서는 습득속도가 느리다.
단, 위의 Test는 Full Shot(100%)으로 하는데, 다음에 설명하는 스윙 차이를 인지하고 반영하여 Test 하여야 한다.

cf) 그린 주위 벙커 실력이 늘지 않는 경우 :
　- 하프스윙 이하 크기로 볼을 얇게 맞춰 탈출하려는 골퍼
　- 볼을 오른쪽에 놓고 치는 골퍼
　- 스탠스를 좁게 하고 치는 골퍼
　- 페이스를 과감하게 뉘지 못하는 골퍼
　- 자세를 낮추지 않는 골퍼
　- 하체 턴과 하체 펌을 안 하는 골퍼
　　＊그린사이드 벙커샷의 하체 펌 핵심은, 오른 장딴지 근육으로 펌 동작을 주도해야 한다는 것.

b) 스윙 차이

그린사이드 벙커 거리 15m인데, 100% Full swing을 하는 것이다. 그런데 다음과 같이 일반 스윙과는 완전히 다른 형태이다.

뭐 하나 바꾼다고(적용한다고) 좋아질 것이라는 생각은 버리는 것이 좋을 것이다. 모든 것들의 구색이 어느 정도 맞춰져야 한다.

① 더 가파르게 들어 올리는 백스윙 <--- 일반 스윙과 같은, 좀 긴 테이크어웨이를 하면 벙커샷에서 모래를 직접 타격하는 다운블로 궤도 만들기 어렵다.

② 앞 ①을 하기 위해서는 오른 팔꿈치를 보다 빨리 접어야 한다.

③ In to Out 궤도는 버리고, Out to In 궤도가 적합하다고 생각한다.

④ 백스윙, 다운스윙에서 척추는 펴지 않는다. 스웨이도 하지 않는다(가파르게, 그리고 오른 팔꿈치가 빨리 접히는 백스윙 하면, 스웨이 방지되고, 척추 일어섬 예방될 것이다).

⑤ 백스윙, 다운스윙에서 체중 이동은 거의 하지 않는다.

⑥ 다운스윙 하체 익스텐션은 오른 장딴지 근육이 주도한다. 장딴지 근육을 폄 대장 근육으로 하는 이유는 느린(0.005초 정도) 손목 회전력 사용을 위한 것이다. 릴리즈가 0.005초 느리게 진행된다. 왼 하체도 펴기는 펴지만, 왼 무릎 굽힘 양이 많아서, 왼 장딴지를 폄 대장 근육으로 하면 폄 양이 일정하지 않고, 제어도 되지 않는다.
   * 궤도의 상하 두께 조절은 오른 하체 폄 양으로 하는데, 오른 장딴지 폄 근육이 주도한다. 만약 일반 스윙과 같이 왼 허벅지 또는 힙 근육으로 폄을 주도하면 볼을 직접 가격하는 궤도가 만들어져 홈런이 된다.
   무릎을 더 많이 굽혔고, 폄이 장딴지 근육으로 시작되니, 왼 하체 폄이 작아서 자연적인 뒤땅 (대략 1cm 깊이) 만들어지는 것이다.
   두텁게 들어가는 궤도는 팔과 상체에 의해서 억지로 만들어지는 것이 아니고, 하체의 사용 형태로 만들어진다.

위의 것들이 일반 웨지 Full swing과 그린 주위 벙커샷의 큰 차이점들이다. 겉으로 (눈에 보이는 것은) 왼 무릎 레벨이 그대로 유지되면서 헤드를 모래에 내려치는 것으로 보이지만, 왼 하체 펌은 비슷하게 진행하게 한다.

* 핵심 & Reminder : 만약 오른 장딴지 근육으로 펌을 주도하는 것 대신에 왼 허벅지 근육(또는 왼 힙 근육)을 주도 근육으로 하여 왼 하체를 펴는 스윙을 하면, 헤드 궤도가 위로 올라와서 볼을 직접 타격하게 된다. 거의 홈런성 타격이 된다.

또한, 궤도 상승을 억지로 내리는 보상을 인위적으로 손, 손목을 써서 만들려고 하면 스윙에 일관성이 없고 오차가 크게 발생할 것이다. 그리고 릴리즈 빨리 시작되고 자연 로테이션이 커서 바운스로 타격하기 어려운 상황이 된다.

이 사항의 차이(구분)를 반영하지 못하는 것이 그린사이드 벙커샷을 못 하는 사람들의 공통된 특징이다.

⑦ 타격 두께 조절은 하체 쿠션 강도와 오른 다리의 펌 양으로 한다.

왼 다리 & 오른 다리의 Down & Up 양은 일반 스윙보다 반 정도로 줄어든다. 특히 오른 무릎의 Up -> Down -> Up 양을 줄이고, 다운스윙에서 오른 무릎 펌 양의 크기로 모래를 타격하는 두께를 조절하는 것이 그린사이드 벙커샷의 큰 특징이다.

cf) 일반 스윙에서는 왼 하체의 펌 대장 근육 선정과 왼 하체의 펌 양이 미세 두께(높이 Path)와 릴리즈 타이밍 조절에 중요한 작용을 한다.

펌 양은 Setup에서 유지되었던, 하체 쿠션의 강도에 의해서도 결정된다.
- <u>얇게 치기</u> = 하체 펌 크게 = 하체 쿠션 약한 Setup
            = 부드러운 그립 = 왼 힙 턴 많이
- <u>두껍게 치기</u> = 하체 펌 작게 = 하체 쿠션 강한 Setup = 더 강한 스윙
* 단순히 모래에 하체를 견고하게 한다는 개념은 조금 차이가 있다. 너무 견고하게 하면, 하체 쿠션이 강하게 되어서 생각보다 두꺼운 타격을 하는 실수를 하게 된다. 반대로 가볍게 하체 쿠션을 Setup 했을 때, 가끔 볼을 직접 타격하는 실수가 발생한다.

⑧ 클럽 헤드의 바운스를 모랫바닥에 내려치는 동작은 오른편 상체로 한다.

즉, '오른 어깨 회전해 내림 / 오른 팔꿈치 내리며 펌 / 오른 손목 끌고 와 내림'으로 동작을 주도한다. 단, 왼 힙의 턴 양으로 부드러운 회전을 만들어 주는 것이 기본 동작에 깔린 상태여야 한다.

* 모래 상태와 거리에 따라 부드러운 벙커샷을 해야 하는 경우가 있는데, 로브샷의 오른 옆구리 회전 사용하는 형태를 조금 섞어서 만든다.

⑨ 인위적인 손목 로테이션을 절대 하지 않는다.
왼 팔꿈치가 뒤로 조금 빠져있는 (약간의 치킨윙) 동작 형태가 맞다.
어차피 ⑥에 의해서 손목 릴리즈 타이밍이 느리니, 로테이션은 느리게 진행된다.

⑩ 멈추지 말고 클럽 헤드가 피니쉬까지 가게 한다.
거리 컨트롤 하는 경우의 벙커샷은 폴로스루 중간에서 멈추지만, 일반 100% 벙커샷 스윙은 클럽 헤드가 등 뒤까지 넘어가는 모양이다.

c) 빨리 습득하기 (말 없는 레슨 = 그림자 따라하기)

이 많은 복잡한 것들*(위의 a) & b) 항목들)*을 언제 일일이 확인하겠는가! 글로 적은 것들은 그냥 참고 사항(Only reference)이다.

'백문이 불여일견'이라고, 벙커 연습장에서 벙커샷 잘하는 사람의 연습 장면을 지켜보아야 한다. 30분~1시간은 족히 가만히 지켜보아야 한다. 말이 필요 없다. 한 사람 것만 보는 것이 좋다.
* 그린사이드 벙커샷 잘하는 사람에게, 트러블 조건 말고, 기본 샷만 30분 정도 계속해달라고 부탁하고 보는 것도 좋겠다.

일거에 감각적으로 배울 수 있도록 해야 하는데, 지켜보는 시간이 중요하다. 달랑 시범 한두 번 보고 나서 해볼 일이 절대 아니다. 효과 없을뿐더러 스스로 착각에 빠져 영영 헤어 나오지 못하게 될 수 있다. 또 말로 설명을 들을 필요는 전혀 없다. 말은 착각, 선입견, 고정관념을 만들 수 있기 때문이다.

힘이 더 필요한 (힘을 더 써야 하는) 것도 아니고, 동작이 더 난해한 것도 아니다. 단지, 전혀 다른 스윙 동작이기 때문에 깨우치기 어렵다. 그래서 그린사이드 벙커샷은 전혀 다른 것이라는 인식(깨달음)이 첫 탈피 여부를 결정한다.

Remarks
#1. 한두 번 하는 것 보고 나서, 해보겠다고 덤벼들지 마라. 절대 효과 없다.
가르치는 사람도 한두 번 보여 주고 그렇게 해보라고 해서는 안 된다. 뇌가 일반 스윙에 길들어 있어서 그런 것이다. 먼저 뇌가 인식하고 있는 시각적인 시신경 정보의 선입관에, 다른 형태의 스윙이 있음을 일깨워야 한다.
* Reminder : 방법은 1시간 정도 계속 반복해서 한 사람이 하는 그린사이드 벙커샷을 그냥 보는 것이다.

#2. 못하는 사람 것은 보지 마라.

In door 연습장에서 가장 좋은 자리는 잘 치는 사람의 뒤 타석이다. 스윙 폼까지 좋다면 금상첨화이다. 무의식중에 '그림자 따라 하기'가 되기 때문이다.

이와 비슷하게, 벙커샷 못하는 사람 것을 보면, 뇌가 무의식중에 그것을 따라가려는 습성이 있다.

#3. 40분을 지켜보았다면, 그의 동작과 비슷하게(똑같이) 하려고 하면서 쳐본다. 가만히 지켜보았던 효과로 스스로 Setup과 스윙 동작 하나하나씩 벙커샷에 맞게 수정할 수 있게 될 것이다.

#4. 이렇게 30분~1시간 쳐보면, 어느새 볼이 벙커에서 '퐁, 퐁'하고 솟아올라 나오는 것을 경험하게 될 것이다.

그럴 가능성은 적지만, 만약 이 한 번으로 터득이 안 된다면, 다시 잘하는 사람의 벙커샷을 가만히 길게 (1시간) 주시하는 것부터 다시 시작하라.

#5. Normal 그린사이드 벙커샷을 이렇게 서너 번 좀 긴 시간 계속(대략 한 시간 연속)하고 나면, Setup과 스윙이 일반 샷하고 완전히 다르다는 것을 인지하게 되고, '어떻게 쳐야 하는 거지?'라는 의구심은 더 이상 없게 될 것이다. 덤으로 플롭샷도 깨닫게 된다. 이후 연습장 타석 매트에서 플롭샷을 하면, 그린사이드 벙커샷 연습이 된다.

#6. 그린사이드 벙커샷의 Setup과 스윙은 플롭샷과 비슷하다.

따라서, 그린사이드 벙커샷을 잘하게 되면, 플롭샷 어프로치를 잘 할 수 있게 된다.

cf) 로브샷은 플롭샷과 다른 형태의 스윙이다.

로브샷은 일반 어프로치 샷에 페이스를 조금 더 열고, 다운스윙 중반부 어깨 대신에 오른 옆구리를 회전에 사용해주는 것이다. 이 오른 옆구리를 사용하는 회전이 느리고 부드러운 다운스윙 동작을 만들어 준다.

#7. 그린사이드 벙커샷은 자전거 배우기와 같다. 한번 잘 배우면(터득하면) 거의 잊어버리지 않는다.

추가로 필요한 것은 여러 가지 상황(트러블)에 대한 연구와 연습이다.

#8. 샷을 체득하는 단계에서, 볼 100개~200개를 연속해서 편안한 마음으로 연습할 수 있는 벙커 연습장은 그림과 같이 그린에 떨어뜨리는 것이 아닌, 망이 쳐져 있는 곳이 동작에 집중할 수 있어서 좋겠다.

* 볼을 그린에 떨어뜨리는 것은, 시각이 볼을 쫓게 되어서 동작 집중력을 감소시킨다.

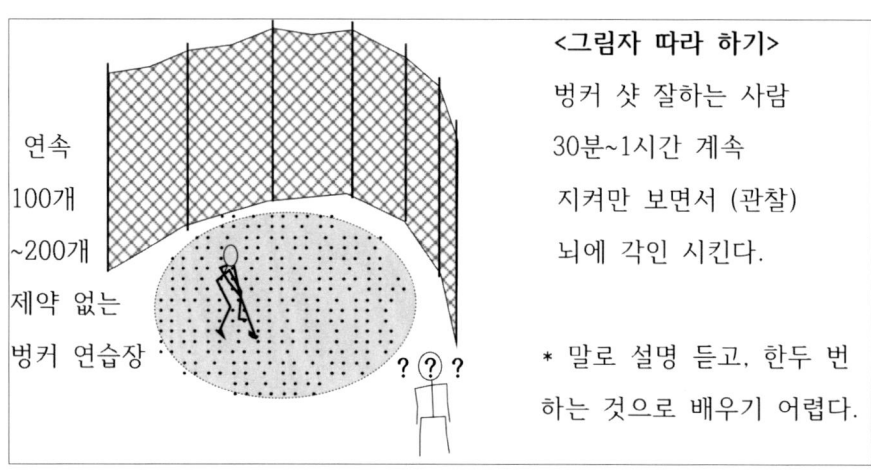

그림 2.2.9 그린사이드 벙커샷을 쉽고 빠르게 배우는 연습장

#9. 타수 2타를 줄이기 위하여 그린사이드 벙커샷 동작을 배우고 연습하는데 이것이 끝은 아니다.

기본 동작을 배우는 것으로 50%(1타)를 줄일 수 있다면, 모래 상태와 경사 상태에 따른 해결 방법을 배우는 것이 나머지 50%(1타)를 극복하는 것이다.

2) 그린사이드 벙커의 모래 경도

클럽 헤드의 바운스가 모래를 먼저 가격하는 형태로서, 모래의 질(경도)에 따라서 샷의 결과가 달라진다. 벙커 모래의 상태는 골프장마다 특색이 있고, 날씨(비)의 영향을 받는다. 모래 상태에 따라서 다음과 같은 선택의 변화가 필요하다.

-. 보들보들한 모래 (알갱이가 고운 모래) :
  ^ 바운스 튀어 오름이 약하고, 모래의 전달력이 약해서 거리가 짧아진다.
    일반 벙커 모래에서 15m 나간다면, 이 모래에서는 똑같은 스윙으로 10m 나갈 가능성이 크다.
  ^ 샷의 두께에 민감하다. 조금 두꺼우면 거리 감소 심하다. 벙커를 나오지 못할 수도 있다.
  ^ 궤도 높낮이(두께) 정확도에 유의하여야 한다.
  ^ 스피드를 떨어트리면 거리 감소 심하다.

이 점들을 고려하여, 보들보들한 모래에서는 바운스가 큰 Sand wedge 클럽이 우선 선택되어야 한다. 보통의 모래보다 부드러운 모래가 더 어려운 조건이다.

-. 딱딱한 모래 (알갱이가 굵은 모래, 부드러운데 바닥이 굳은 모래 상태) :
  바운스 튀어 오름이 강하다. 얇을 때와 두껍게 들어갈 때 모두 홈런성 결과가 될 수 있다. 이점을 고려하여,
  ^ 바운스가 작은 Lob wedge 클럽이 추천된다.
  ^ 스윙 크기를 하프스윙 정도로 한다.
  ^ 가속량을 줄이기 위하여 어깨 턴 사용을 줄이고, 오른 옆구리 회전을 이용할 수 있다.
  * 모래에 파묻힌 에그프라이처럼 볼을 가운데 두고 Loft 각을 세워서 하프스윙으로 찍어 치는 타법도 통하는데, 바닥 경도에 따라서 결과가 달라진다.
  앞턱이 낮은 경우, 바운스 작은 Lob wedge로 컷 샷을 적용할 수 있다(벙커에서 컷 샷은 탄도가 낮게 됨).
   cf) 턱이 거의 없거나 낮은 곳에서는 퍼터를 사용할 수도 있다.

-. 딱딱한 모래 위에 얇은 층의 부드러운 모래 :
  모래의 경도에 속아서, 홈런성 타구를 날리게 될 가능성이 크다.
  위의 부드러운 모래는 거의(90%) 무시하고, 속의 딱딱한 모래 기준으로 대응 방법을 선택한다.

주기적으로 모래를 뒤집어주는 관리가 안 된 벙커의 경우로, 아무튼 바운스가 적은 Lob wedge를 선택하는 것을 추천한다. 오른손 4th 손가락 악력을 더 주는 끊어치기 타법으로 3/4 스윙을 하면 높은 탄도에 부드럽게 착지 되는 볼을 만들 수 있다.

-. 젖은 모래 (고운 모래가 젖은 경우) :
비 오거나, 비 온 후라면, 물에 젖어 벙커 모래의 성질이 바뀌게 된다.
젖은 고운 모래는 진흙처럼 엉겨 붙어 저항이 큰 무거운 벙커가 된다.
샷 두께가 중요한 요소로 작용한다.
 ^ 바운스가 작은 Lob wedge(LW)로 부드러운 스윙을 하여 두껍지 않고, 튀는 양이 많지 않도록 해야 한다.
 ^ 과감하게 쳐야 하는 경우, 볼은 중앙에 두고 Loft를 조금만 눕히고 스윙하여 바운스가 조금만 작용하게 한다.
 ^ LW로 젖은 모래에서 샷을 할 때, 두께 조절이 더 정확해야 하는데, Setup에서의 하체 쿠션 세기 조절로 어느 정도 두께 조절이 가능하다.

* 젖은 모래조건, 즉 비 오는 날에 그린 공략은 벙커를 피하는 전략이 필요하다. 젖은 모래는 보통보다 3~5배는 어려운 조건으로 변하기 때문이다. 젖은 모래의 벙커에서는 보수적인 전략이 필요하다. 보기(+1) 점수도 좋은 결과라 할 수 있다.

cf) 젖은 모래가 반쯤 말라가는 단계 (조금 축축한 모래) :
모래가 무겁게 느껴지는데, 그 무게 때문에 클럽 헤드가 조금 열려서 10° 내외로 오른쪽으로 가게 되는 방향성을 만든다. 모래 저항으로 거리도 짧아진다.

-. 젖은 모래 (입자 굵은 모래가 젖은 경우) :
(겨울철 얼어붙은 땅과 비슷)
모래는 클럽 헤드에 돌바닥처럼 딱딱하게 반응한다. 바운스가 모래 속으로 거의 파고들지 못하게 되고 튀어 오르는 반사를 해버린다. 일반 벙커샷은 통하지 않는다. 대처법은 다음과 같다.
 ^ 바운스 작은 Lob wedge를 선택하여 작은 끊어치기 스윙
 ^ 낮은 벙커 턱일 때, 컷 샷을 적용하여 Leading edge의 절단 성질을 조금 이용하기

-. 보들보들한 모래에서 표면만 젖은 모래 :
스프링클러가 잠깐 작동된 후, 또는 약한 비가 내린 후에는 벙커 표면만 살짝 젖어 있게 된다.

이때 표면의 젖은 모래는 거의 신경 쓰지 않아도 된다.

표면만 보고 속으면 안 된다. 대처법은 다음과 같다.

^ 일반 모래와 같은 기준으로 벙커샷 한다(완전 젖은 모래처럼, Leading edge가 가파르게 파고들도록 치면 두껍게 쳐져서, 거리가 짧게 된다).

위의 모래 상황은 그 정도가 다양하다. 대처하는 방법은 경험으로 결정된다. 위에서 설명한 대처 방법은 대표적인 예이다. 더불어 경사 트러블에 놓이게 되면 선택이 변할 수 있고, 그리고 탄도와 거리 요구조건에 따라서도 선택이 바뀔 수 있다.

* 벙커샷은 기본 Logic도 중요하고, 다양한 상황에 맞는 선택도 중요하다.

모래 성질에 대한 것은 상당 부분 경험으로 체득해야 한다.

3) 그린사이드 벙커샷 거리 조절, 탄도 조절

먼저 기준 정보를 알아야 한다. 경험에 의한 값이다.
　　예) 표준 모래 경도에서, 평지 그린 위에 표준 스윙을 할 때 기준 :
　　　　　SW : 비거리 10m, 런 5m, 탄도 높이 3m 정도
　　　　　LW : 비거리 7m, 런 4m, 탄도 높이 2.5m 정도(바운스 작으면 낮은 탄도)
　　　　　AW : 비거리 15m, 런 7m, 탄도 탄도 3.5m 정도
이런 기준값에 샷 변화를 가하여 거리와 탄도를 바꾸는 것이다.

a) 거리 변화 (거리 증감)

-. 5m 짧게 칠 때 :
　^ 스윙 크기를 반으로 줄이기
　^ 스윙 (가파른 백스윙으로) 가파른 다운블로 하기
　^ 조금 두껍게 치기(하체 쿠션 강하게 잡기)
　* 낙구 지점의 공간이 없을 때는 위 두, 세 가지를 복합 적용한다.
　^ '오른 골반 회전력 + 왼팔 회전력' 조합을 사용하기

-. 5m 길게 칠 때 :
　^ 스윙 (약간 낮은 테이크어웨이로) 접근 각을 조금 완만하게 하기
　^ 모래를 조금 얇게 치기(하체 쿠션 가볍게 잡기, 그립 가볍게 잡기)
　^ '왼 골반 회전력 + 오른팔 회전력' 조합으로 강하게 회전하기

-. 기준보다 10m, 20m, 30m 길게 칠 때 :
　^ 클럽을 GW, PW, I9으로 바꾼다. 보통 한 클럽당 10m 정도씩 더 나간다.
　cf) 볼을 직접 타격하는 방법 선택은 최악의 결과를 만들 수 있다. 조금만 두꺼워도 뒤땅이 되고, 조금만 얇아도 토핑이 되기 때문이다.
　* 미들 거리 벙커샷은, 샷 중에서 가장 어려운 난이도에 속하므로, 피할 수 있다면 꼭 피해야 하는 것이다.

-. 기준보다 40m, 50m, 60m 길게 칠 때 (= Wedge Full Shot) :
　^ 잡아당기는 왼 팔꿈치 치킨윙 샷(토우 하 타점) --- 직접 타격인데, 조금 두껍게 들어가도 모

래 저항 작게 하는 선택이 된다.
- 왼 허벅지 내측 근육(또는 왼 엉덩이 근육)을 폄 대장 근육으로 하여 궤도 0.5~1cm 올려지게 진행되도록 하여, 볼을 얇게 직접 타격하기
  * LW 클럽의 80~90% 거리 벙커샷은 어려운 조건이 아니다. 왼 힙 내측 근육 또는 왼 힙 외측 근육(스핀아웃 이용) 폄을 이용하면 볼만 깨끗이 타격하면서 드로우 구질도 만들 수 있다. (폄 대장 근육에 대한 상세 Logic은 *3권 7장에 설명*)
- cf) 미들 거리는 SW, LW로 일반 샷을 해서 볼만 깨끗이 맞히고, 바닥 모래 영향을 제거하기는 어렵다.

그린사이드 벙커 거리 조절은, 한 가지 적용 또는 복합 적용으로 거리를 맞춘다. 감각적인 숙달이 필요하다. 경사 트러블, 모래의 경도에 따라서 선택과 결과는 바뀐다.

b) 탄도 변화 (탄도 높이기)

벙커의 턱이 높으면 띄워야 한다. 벙커샷에서 (왼발 내리막 & 발끝 오르막 경사 트러블이 아니면) 띄우는 것은 별로 어렵지 않다.
로프트를 더 뉘어주고 헤드 스피드가 더 빠르게, 가볍고 강한 스윙을 해주면 된다. 대략 Normal 벙커샷의 2배 정도 탄도는 쉽게 얻을 수 있고, 최대 3배 정도까지는 어렵지 않게 만들 수 있다.
벙커는 턱 높이 조건보다는 왼발 내리막과 발끝 오르막 경사가 더 어려운 조건이다.

Remarks

#1. 그린사이드 벙커샷 못하는 사람(싱글 플레이어 중에도 있음)은 턱이 높은 벙커에 들어갔을 때, 쉽게 빠져나오지 못한다. 벙커샷을 제대로 구사하는 사람과 안 되는 사람의 구별은 턱이 높은 벙커샷에서 높은 탄도를 구사할 수 있는지로 쉽게 판별할 수 있을 것이다.

#2. 벙커에서 그립을 꽉 잡고 세게 치려고 하면, 궤도가 두껍게 될 뿐만 아니라, 바운스에 걸리는 모래의 반작용이 약화하여서(손이 눌러 버리는 역할 때문에), 헤드가 모래 속으로 더 깊이 파고 들어가 볼의 튀어 오름이 약하게 된다. 탄도를 높이고자 한다면, 클럽은 가볍게 잡아야 얇게 맞으면서도 바운스 튀어 오름이 강하게 형성된다.

#3. 벙커를 나온 볼에 백스핀이 걸려 Hole 근처에 정지하는 선수들의 멋진 벙커샷 영상을 본다. *앞에서 설명한 1) 항의 a)&b)만* 적용하면 누구나 그런 벙커샷 구사가 가능하다.

4) 그린사이드 벙커 경사 라이 & 볼 라이 트러블

벙커에 빠진 볼의 라이 트러블은 경험상 대략 다음과 같은 빈도(비율)를 갖는다. 경사지 형태는 일률적이지 않고, 복합 형태이다.
- 평이한 평지 라이 : 40%
- 편안한 왼발 오르막 : 20%
- 발끝 오르막 : 10%
- 발끝 내리막 : 10%
- 왼발 내리막 : 10%

특수한 상황으로,
- 앞턱 방해 : 10% (항아리 벙커가 아니라면 높은 턱은 장애 요소로 보기는 어려운데, 턱 벽에 볼이 박혀 있거나, 스윙 궤도에 헤드가 걸리면 문제)
- 박힌 볼(에그프라이 형태) : 5%

벙커 안에서 볼의 위치에 따라 그림과 같은 경사 트러블 상황에 놓이고, 스윙의 조건이 변함에 따라 다음 사항이 고려되어야 한다.

벙커샷은 경험과 감각적인 것이 중요하지만, 기본 고려 사항도 알아야 한다.

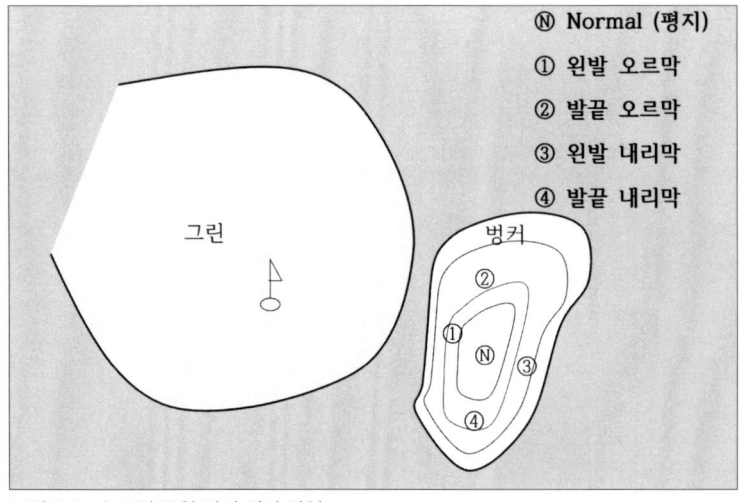

그림 2.2.10 그린 주위 벙커 경사 라이

다음 상세 적용 방법에 대한 설명은 경사가 심한 상황(10°~30°)을 가정하여 서술한 것이다. 약한 경사에서는 골치 아프게 굳이 다양한 방법을 적용할 필요는 없다.

① 왼발 오르막
경사각으로 인해 로프트가 세워지는 (바운스가 작아지는) 접근 각이 되어, 헤드가 모래 속으로 깊이 박힐 가능성이 크다. 그러면 탄도는 높은데, 거리가 급감한다. 방향은 좌측을 향한다.
거리가 줄어드는 것 및 좌향의 방향성을 고려하여 벙커샷을 한다.
거리 감소를 적게 하기 위해서는 다음 방법을 적용한다.
    - 가볍게 잡고 치기 --- 얇게 타격
    - 경사에 어깨 경사 맞추기 --- 얇게 박히게 하기
    - 짧게 잡기 --- 두껍게 들어가는 것 완화
    - 로프트가 더 작은(세워진) 클럽으로 뉘어 잡고 치기 --- Loft는 작게 하면서 바운스는 만들기
    - 힙 턴 양을 조금 많이 가져가기 --- 얇게 타격
타법은 Normal 평지와 유사하다. 그나마 쉬운 벙커 경사에 속한다.
    * 좌향 방향성이 발생하는 이유 : 로프트를 뉘어 잡아 페이스 열린 양 보다 자세를 낮춰 라이각 변화로 페이스가 닫힌 양이 더 크기 때문.

② 발끝 오르막
난도가 매우 높다. 거의 나오지 않는 경사인데, 일단은 탈출을 목적으로 하는 안전한 플레이가 필요하다.
다음의 이유로 거리와 방향 제어가 만만치 않다.
    - 경사지 모양상 토우 뒤땅 가능성이 크다. 그러면 거리가 안 나와서 탈출을 못 할 수도 있다. 로프트가 큰 LW의 경우 거리가 팍 줄어드는 경향이다.
    - 모래에 파묻히는 토우 밑의 양에 따라서 샤프트가 열렸다가 반동으로 다시 닫히는데, 어떤 방향성을 만들지도 불분명하다.

다음과 같은 선택을 적용한다. 가장 어려운 벙커 경사 조건이 될 것이다.
    - 일단, 짧게 잡고, 1/2의 작은 스윙 크기로 두께 정확도를 높인다.
    - 약간의 자동 컷 샷 형태로, 바운스가 모래 일부를 절단하도록 하여 모래의 토우 저항을 줄인다. 평지 벙커샷에 비하면, 거리는 50% 정도 나간다.
        컷 샷 형태라면 왼발을 더 오픈해야 한다.

- 클럽 헤드 눕는 양은 조금 적게 하여 거리 감소를 완화한다.
cf) 길게 잡고 큰 스윙은 두께가 부정확할 가능성이 매우 크다.

③ 왼발 내리막

경사로 인해 탄도와 스핀을 많이 주기는 어렵다. 탈출을 목표로 하는 안전한 플레이를 선택한다. 클럽 헤드가 스키를 타듯 내려오면서 바운스가 모래로 들어가지 못할 수 있다.
다음 내용들을 복합 적용한다.
- 왼 팔꿈치 치킨윙 형태 샷 사용 --- (A) 클럽 헤드를 경사 태워서 내려보내고, (B) 힐보다는 토우 쪽 바운스를 이용하고, (C) 전체 바운스 튀는 양은 줄이고 모래로 쉽게 들어갈 수 있도록 해주기 위함.
- 왼발 오픈 --- 임팩트 전후 상체(팔) 들어 올려지는 것을 방지하는 차원
- 어깨선을 경사에 맞추기 --- 큰 바운스가 먹는 형태로 뒤땅 완화하고, 오른 어깨를 깊숙이 넣어주는 옆구리 공간 확보
- 스윙 크기는 1/2 ~ 3/4으로 줄임 --- 두께 정확도 높임

④ 발끝 내리막

그린사이드 벙커샷 라이 트러블 중에서 난도가 가장 낮은 편이다. 탄도, 거리 제약이 별로 없고, 제어가 쉽다.
페이스 눕 양(오픈 양)을 조금 적게 하고 스윙하면 평지 벙커 라이와 비슷한 샷, 그리고 비슷한 결과를 얻는다.
- 손목 스쿠핑 형태를 조금 갖는다. --- 토우 들림 조건을 완화하고 어깨 들림을 완화해 준다.
- 그립은 조금 길게 잡아준다.
- 1/2 ~ 2/3 스윙 크기 --- 보통 얇게 맞는 조건이 되니 큰 스윙 필요하지 않다.

⑤ 앞턱 방해 조건

클럽 헤드의 폴로스루 궤적에 앞턱이 있는 경우, 끊어치는(멈춰지는) 벙커샷을 해야 한다. 탄도는 높고, 거리 확보가 어려운 결과를 보일 수 있다. 자세가 흔들리지 않도록 임팩트에 집중해야 한다. 손목 부상 방지를 위하여 임팩트 후에 그립 힘이 풀려버리도록 하는 것을 의식해야 한다.

⑥ 바닥에 박힌 볼 조건

보들보들한 모래에 높고 스핀이 많은 볼이 떨어졌을 때 발생하는 경우이다.

볼을 조금 오른편에 두고, 로프트를 뉘지 않은 Setup으로 볼 뒤 모래를 가격하면, Leading edge가 모래 속을 파고들면서 볼이 튀어나온다.

거리는 확보되나, 탄도는 평지보다는 절반 정도로 줄어든다.

Remarks

#1. 그린사이드 벙커는, 경사 조건에 따라 성공률을 조금 더 높이기 위해서 샷의 형태가 조금씩 달라진다고 보면 된다.

#2. 그림에서 ② & ③ 경사지는 일반 골퍼에게 있어서 +2(더블보기) 기록할 확률이 높다. 이 경사지 벙커에서는 안전하게 +1(보기)로 마무리 할 수 있도록 하는 것이 최선이라 생각해야 한다.

이곳에서 Par save 하는 것은 거의 행운에 가깝다고 봐야 한다.

#3. 벙커에서 경사 트러블에 모래 트러블까지 복합되면 최고로 어려운 상황이 된다. 나름 벙커샷을 잘하는 중·상급자들이 그린 주위 벙커에 빠지지 않으려는 것은 Normal 벙커샷을 많이 염려하는 것이 아니라, 복합 트러블 상황에 직면하는 의외의 변수가 있어서 꺼리는 것이다.

5) 그린사이드 벙커, 웨지 클럽별 방향성

중하급 일반 골퍼는 벙커에서 탈출만 하여도 잘한 것이라고 한다. 반면 중·상급자가 되면 어느 정도 거리를 맞춰서, 일정 비율 Par save를 하게 된다.
상급자가 되면, 어쩌다 한 번씩은 거리와 방향이 맞아서 Hole in 하는 때도 있게 된다.

그린사이드 벙커샷에서 방향과 관계되는 것은 다음과 같다.
-. Open stance 양 --- Out to In 궤도를 만들기 위함.
　페이스가 열려서 우측 Side spin이 걸리는 것과 Full 궤도로 헤드가 들어오는 것이 서로 보상되어 목표 방향으로 가게 된다.

-. Face Open 양 --- Open stance의 Out to In 궤도와 어울려 서로 보상기능

-. 자세 낮춤 양 --- 라이 각이 줄어듦 = 페이스 각 닫힘 = 당겨짐
　자세를 낮춘 양에 따라서 라이 각 줄어든 양이 정해진다.
　꼭 알아야 할 것은 같은 양으로 자세를 낮추었더라도 클럽의 기본 Loft에 따라서 페이스 각 변화는 달라진다. 각 변화는 다음 그림과 같은 방향성을 만든다.

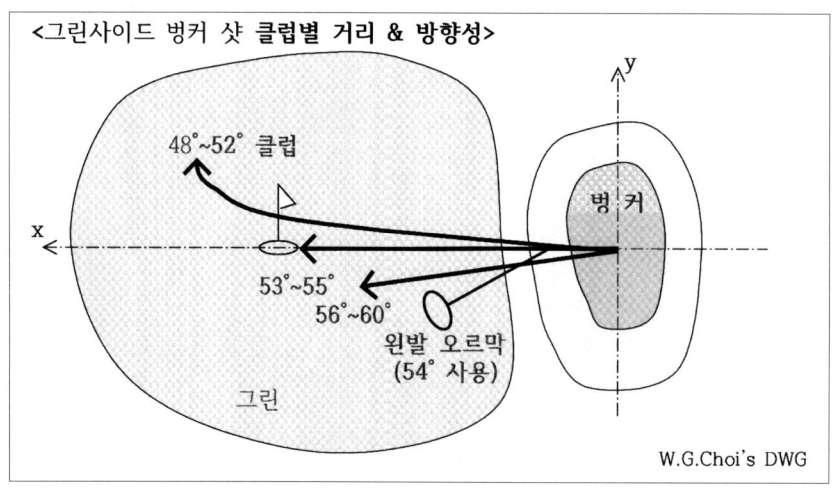

그림 2.2.11 그린사이드 벙커샷 클럽별 거리 & 방향성 (예시)

만약 자세 낮추어 라이 각이 줄어서 페이스 각 닫히는 것이 반영되어, 54° Loft 클럽(SW)으로 벙커샷을 해서 목표로 삼은 방향으로 갔다면, 오일러의 면각 변환 공식에 따라, Loft가 더 큰 클

럽은 더 닫히는 페이스 각을 만들고, Loft가 작은 클럽은 조금 열리는 페이스 각이 만들어진다.
  - 58° Loft 클럽(LW)은 페이스 더 닫혀, 좌측으로 4도 정도 당겨질 것이다. 자세를 낮출수록 더 닫힌다.
    * 잔디 위에서 LW로 자세 낮추어서 플롭샷 할 때도 마찬가지 좌향으로 가는 방향성을 만든다.
  - 50° Loft 클럽(GW)은 페이스 덜 닫혀, 우측으로 3도 정도 밀릴 것이다.

ex) 젖은 모래, 딱딱한 모래에서 SW 대신 LW를 선택하여 벙커샷을 할 때는, 페이스가 더 닫힌 것을 고려해야 하는데, 목표 방향보다는 오히려 우측을 겨냥해야 한다.
반대로 거리를 조금 더 보내기 위해 GW를 선택했다면, 목표 방향보다 좌측을 겨냥해야 한다.

2.3 잔디 어프로치 샷

퍼터 어프로치, 벙커 어프로치를 제외하고 나면, 잔디에서 아이언을 사용하여 어프로치 하는 비율은 대략 70% (50%~80%) 정도 된다.
그리고, 코스와 실력에 따라 다르겠지만, 짧은 거리 어프로치와 중간 거리 어프로치 비율은 대략 3 : 1 정도 된다.

이처럼 상황별 분류를 하면, 각각 어떤 종류의 어프로치가 어느 정도의 비율로 직면하게 되는지 감을 잡을 수 있다. 아래 표는 그 예시이다.
그리고 상황의 난이도, 처리 능력을 고려하면 타수에 미치는 영향(Damage risk)을 짐작할 수 있다.

어프로치 개수 \ 실력	상급자	중급자	하급자
퍼터 어프로치 개수	1~3	2~3	3~5
그린 주위 벙커 어프로치 개수	1~2	2~3	2~4
잔디 아이언 어프로치 개수	2~6	5~9	8~14

혹자는 "쇼트 어프로치 거리 딱딱 맞추어 치면 타수를 많이 줄일 수 있다."라고 긍정적으로 이야기 하지만, 평이하게 샷을 해서 거리 맞출 수 있는 그런 조건은 극히 일부에 지나지 않는다.
경사, 잔디 라이, 공간 여유, 기타의 제약조건이 있어서, 그런 상황들을 극복할 수 있어야 진정으로 타수를 줄일 수 있게 된다. 이때 고려할 사항의 중요도는 상황에 따라 다르다.
   - 거리 맞추는 것보다 잔디 라이 극복하는 것이 우선일 수 있다.
   - 거리 맞추는 것보다 경사 라이 극복이 우선일 수 있다.

1장에서 조건별 헤드 궤도 높낮이에 따라서 발생하는 어프로치 뒤땅과 토핑에 대하여 상태, 원인, 극복하는 방법을 설명하였다.
본 절에서는 잔디 위 볼의 아이언(웨지) 어프로치 방법 전체를 살펴본다.

1) 잔디 쇼트 어프로치의 조건과 선택

a) 조건
어프로치에서 고려해야 할 조건은 다음과 같이 수십 가지가 된다.

-. <u>쇼트 어프로치 거리별</u> : 5, 10, 15, 20, 25, 30m
  * 쇼트 어프로치 : 최대 백스윙 크기를 90° 이하까지 들어 올리는 스윙
  PW, I9 클럽이 90도 스윙 크기에서 35m, 40m 간다면, 이것도 쇼트 어프로치에 해당한다.
  백스윙 90°까지는 백스윙 동작에서 왼 무릎 턴(이동)이 거의 불필요하다.

-. <u>잔디의 종류별</u> : 양잔디, 금잔디, 마른 잔디, 부드러운 잔디, 잔디 심지가 있는 경우

-. <u>잔디 라이별</u> : Normal, 맨땅, 타이트한 잔디, 가벼운 러프, 러프, 깊은 러프, 역결, 순결, 볼이 잔디 위에 올라탄 경우, 디봇 자리, 움푹 꺼진 자리, 배수구 옆, 특수 상황(스윙 장애물 방해, 비행 궤도 방해물)
  * 잔디 종류 및 길이뿐만 아니라, 계절, 기후별로 잔디의 저항, 높이 공간이 달라진다.

-. <u>경사 라이별</u> : 왼발 오르막, 왼발 내리막, 발끝 오르막, 발끝 내리막, 복합 경사 라이

-. <u>공략 상황(떨어트릴 지점)</u> : Normal, 앞 핀(그린 공간 작을 때), 포대 그린, 높은/낮은 위치 그린, 낙구 지점의 고저 경사 심한 때, 낙구와 Run 구간이 횡 경사일 때, 떨어지는 곳의 바운드 영향

-. <u>기타 상황</u> :
  그린의 흡수(Soft) 정도 : 그린 경도
  그린 빠르기
  바람
  공략 선택(보수적, 공격적)

b) 샷 선택
어프로치 상황(조건)에 맞게 성공 확률이 조금 더 높은 샷을 선택하고, 샷의 종류에 맞게 정확도를

높이는 자세를 취한다. 선택할 수 있는 샷의 종류와 그 샷의 정확도가 실력이다.

샷의 종류는 대략 다음과 같다. (중요도 구분 없이 단순 나열)
-. <u>일반 샷 (일반 피치샷)</u> : 일반 샷, 오른팔꿈치 외회전 샷, 컷 샷, 끊어치는 샷(오른손 약지 힘 주는 그립)

-. <u>굴리는 샷 (러닝 어프로치)</u> : 칩샷, 핸드포워드 샷, 퍼팅그립 샷

-. <u>띄우는 샷</u> : 로브샷(오른 옆구리 스윙), 플롭샷(Flop shot)

-. <u>특수 샷</u> :
    토우 하단 타점으로 치는 샷
    웨지 날로 치는 샷
    우드(유틸리티)로 치는 샷
    범프앤런 공략
    왼손 손가락(검지, 중지, 약지, 새끼손가락) 힘주는 샷
    왼손 검지를 펴는 그립

어프로치 샷은 사용 빈도가 높은 것을 우선하여 연습해야 하고, 또한 못했을 때 악영향(Damage)이 큰 것을 먼저 마스터(숙달)해야 한다.
그런 측면에서, 어프로치 뒤땅 토핑 방지법에 대하여서는 먼저 *1장에서* 상세하게 다루었으며, 퍼터 어프로치와 그린사이드 벙커샷을 *1절과 2절에서* 먼저 설명하였다.

   * 잔디 아이언 어프로치에서 가장 효용가치가 높은 것은 컷 샷이다. 컷 샷 어프로치를 자유롭게 구사하지 못한다면, 안정적인 싱글 플레이어가 되기 힘들다.

c) 거리 결정 (목표 거리 계산)

쇼트 어프로치, 타법과 탄도를 결정한 후 스윙 크기 즉 목표 거리를 결정해야 한다.
잔디 라이, 실거리, 고저, 타법, 낙구 지점의 위치(바운스), 그린 경도, 그린 빠르기, 바람의 영향을 고려하여 스윙 크기를 정하는 것은 일반적인 사항이다.
감각적으로 놓치기 쉬운 것이 잔디 저항이다. 아마도 연습장에서 해오지 않던 고려 사항이기 때문

일 수 있다.

연습장의 인조 연습 매트에서 스윙하는 거리감으로 단순하게 계산하면, 잔디 영향 차이 때문에 거리 맞추기에 실패할 가능성이 있다.

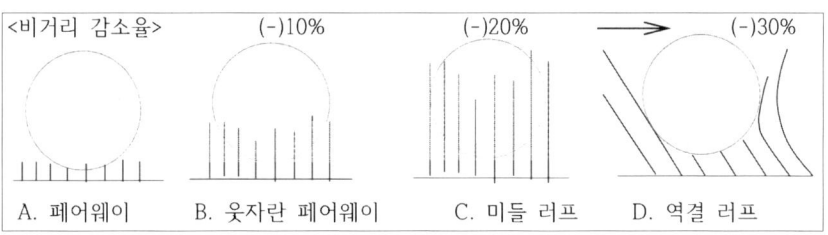

그림 2.2.12 쇼트 어프로치 잔디 조건에 따른 거리 변화 (예시)

만약 20m 어프로치를 한다고 했을 때, 그림과 같은 잔디 조건이었다. 비거리 15m, Run 5m의 스윙을 똑같이 한다면 각각의 잔디에서 목표 비거리를 갈 수 있겠는가?

-. <u>A(일반 페어웨이)</u> : 비거리 15m

-. <u>B(웃자란 페어웨이)</u> : 비거리 13m
   웃자란 잔디잎이 클럽의 페이스 면에 끼어서 스펀지 역할을 하게 되어 볼 스피드는 감소하고 비거리는 줄어들게 된다. 대략 10~20% 비거리 감소한다.
   Loft가 큰 클럽에서는 볼과의 접촉점이 밑에 형성되기 때문에 거리 감소 현상이 두드러질 수 있다. Loft가 작은 클럽은 잔디의 길이에 따라서 영향이 약간 있을 수도 있고, 없을 수도 있다.
   우기 또는 우기 이후(예 7, 8, 9월)에는 페어웨이 잔디의 생육속도가 빨라서 이런 현상 모르면 어프로치 샷 거리가 짧게 되는 경우가 빈번해진다.
   * Full Shot인 경우는 프라이어 발생 가능성이 큰 잔디 형태이다.

-. <u>C(일반 러프)</u> : 비거리 10~12m
   클럽의 페이스 면에 잔디 낌이 확실하여 잔디 저항 때문에 모든 클럽 쇼트 어프로치에서 20~30%의 비거리 감소 현상을 보인다. 왼손 4th & 3rd 손가락을 조금 더 꽉 잡고 스윙하면, 같은 스윙 크기에서 잔디 저항에 의한 거리 감소 현상을 상쇄시킬 수 있다.
   * 조금 얇게 치기 위해서는 왼손 3rd 손가락, 심한 뒤땅 라이에서는 2nd 손가락에 악력을 조금 더 주면 손목 각이 위로 조금 꺾여 **거리 감소 보상** 및 **얇은 타격 두께**를 함께 제어할 수 있다.
   PW로 굴려 치는 어프로치를 할 때, 그립을 조금 눠어 잡으면 효과적이다.

-. D(역결 러프) : 비거리 30~50% 감소

잔디 저항으로 비거리가 심하게 감소한다. 어프로치 스윙은 클럽 헤드의 동적에너지가 작아서 Full shot에 비해, 잔디 저항과 바닥 저항의 영향을 크게 받는다.

Loft가 작은 클럽은 (스윙 크기가 작으므로) 헤드의 에너지가 더 작아서 더 큰 역결 영향을 받는다. 역결이라고 단순히 미들 아이언을 선택하여 어프로치 했다가는 더 큰 낭패를 볼 수 있다. 클럽 헤드 에너지가 큰, Loft가 뉜 클럽(LW, SW)으로 플롭샷을 해야 할 필요성이 있다.

Remarks

#1. 시합 대회(관리 코스)가 아닌 일반 골퍼 라운드에서, 특히 유의할 잔디 조건이 그림 'B'이다. 여름철(하절기) 페어웨이는 일반적인 페어웨이가 아닐 수 있다. 웃자란 잔디 때문에 쇼트 어프로치 타격 거리를 15% 정도 더 봐줘야 할 가능성이 크다. 보정이 필요하면 이른 홀에서 알아차려야 한다.

그리고, 100% Wedge 샷에서 프라이어가 발생해 거리가 10% 이상 더 나갈 수 있다. 'B' 잔디보다 약간 더 자란 상태가 미들 아이언 프라이어 가능성이 큰, 페어웨이 잔디 웃자람 상태이다. 클럽 Loft에 따라서 프라이어가 발생하는 잔디 길이가 조금 변한다.

#2. 어프로치, 타격을 잘하면(타점을 잘 맞추고, 스윙 세기를 잘 맞추면) Hole 가까이 붙일 수 있을까?

어프로치 Hole 접근 거리 오차에 영향을 주는 요인을 대분류하면 표와 같다.

대략 '연습 요소 50% vs 비연습 요소(선택, 결정) 50%' 비율이다.

항목	오차 발생 비중	Remark (연관)
타법 선택 (제약조건 완화/극복)	30%	타법 구사 능력
거리 계산 (환경 조건 고려)	15%	타격 크기/세기의 결정
에이밍 (방향 조준)	5%	
타격 세기 정확도 (스윙 동작)	10%	- 스윙 크기 - 스윙 스피드
타점 정확도 (페이스 각, Loft 각 포함)	40%	- Setup 적합성/일관성 - 몸동작 정확성

표 2.2.13 쇼트 & 미들 어프로치 접근율 오차 발생 원인 비중 (예시)

라운드하면서 어프로치 후에 다음과 같이 탄식과 후회의 멘트를 날리곤 한다.

- 큰 타격 미스 후에 --- 몸동작의 잘못에 대하여
- 거리 조절 실패 후에 --- 타격 세기에 대한 대·소의 평가

- 공략 방법 선택의 후회 --- 주절주절

- 타격은 잘 되었는데, 환경이 다르다는 반응 --- 못 친 것이 아니라는 변명

- Setup 방향을 잘못 섰다는 후회 --- 아쉬움 토로

* 뒤땅 토핑의 큰 미스는 벌타와 같이 거의 한 타를 까먹는 경우의 실수이다. 정신적인 충격도 겪을 수 있다.

대략 명기했지만, 표 안의 비중은 시사하는 바가 크다. 어프로치 능력이 이 항목들의 전체 능력으로 구성되기 때문이다.

타점과 타격 세기를 정확히 맞추기도 어렵지만 설령 맞추었다 해도 거리 계산 오차가 작용하게 된다.

#3. 경험과 직관이 많이 작용하는 쇼트 & 미들 어프로치에서 거리 계산(타격 세기 결정)은 의외로 큰 비중을 차지하고 있다. 동작으로 만들어지는 타격 세기의 오차보다 더 큰 오차를 갖는다고 봐야 한다.

모든 것을 짧은 순간에 결정해야 하는 일반 골퍼에게는 이 거리 계산 판단도 어려운 일 중의 하나다. 가볍게 취급할 항목이 아니다.

d) Setup에서 선택사항

어프로치 조건을 고려하여, Setup에서 선택해야 하는 사항은 다음과 같다.

-. 클럽의 선택 : LW, SW, GW, 그 외 퍼터 포함 Loft 작은 클럽

-. 스탠스 넓이 : 좁은 스탠스 --- Normal 샷, 굴리는 샷
　　　　　　　 넓은 스탠스 --- 플롭샷. 러프 잔디 저항 극복

-. 스탠스 오픈량 : 왼발 오픈

-. 볼과의 거리 : 거리(가까이, 멀리), 타격할 페이스(힐, 토우 Setup)

-. 볼 위치 : 왼발 쪽 --- 플롭샷
　　　　　　 Even
　　　　　　 오른발 쪽 --- 굴리는 샷, 다운블로 샷

-. 체중 분배 : 왼발 쪽 --- 플롭샷, 굴리는 샷, 다운블로 샷
　　　　　　　 Even

오른발 쪽 --- 로브샷

-. 무릎 굽힘 양 : 왼 무릎 더 굽힘 --- 플롭샷
　　　　　　　　Even
　　　　　　　　오른 무릎 더 굽힘 --- 로브샷

-. 자세 높이 : 높은 자세 --- 칩샷
　　　　　　　Normal
　　　　　　　낮은 자세 --- 플롭샷, 로브샷

-. 손의 위치 : 전방 --- 칩샷, 핸드포워드 샷
　　　　　　　Normal

-. 그립 돌려 잡기 : 세워 잡기 --- 발끝 내리막
　　　　　　　　　Even
　　　　　　　　　뉘어 잡기 --- 컷 샷, 로브샷, 플롭샷

-. 왼손 엄지 모양 : 숏섬
　　　　　　　　　롱섬

-. 그립 길이 : 길게 --- 발끝 내리막
　　　　　　　Even
　　　　　　　짧게 --- 발끝 오르막, 왼발 오르막 (그립 가볍게 잡기)
　　　　　　　　　　굴리는 샷, 퍼팅 방식 어프로치, 핸드포워드 샷,
　　　　　　　　　　왼발 오르막에서 굴려 치는 스핀샷(일명 칙칙이)

-. 왜글 : 부드러운 왜글 --- 컷 샷, 로브샷
　　　　　손가락 악력 분배 --- 얇게 치는 궤도, 강한 타격, 끊어치는 샷

어떤 Setup을 할 것인가는 골퍼마다 차이가 있을 수 있다.
불편한 것 없고(편하고), 일관성 있는 스윙 동작에, 일관성 있는 결과(거리, 방향, 타점, 탄도)를 갖게 해주는 것이 최선이자 최고의 Setup 모양이다. 어떤 것에 얽매일 필요는 없으나, 확률이 높은

것을 찾고 적용해 주어야 한다.

쇼트 어프로치의 조건 조합은 수천 가지 경우가 되고, Setup 조합은 수만 가지가 된다.

조건 조합 수천 가지 중에는 창의적인 플레이의 선택이 필요할 수도 있지만, 예행연습 된 몇 가지, 몇십 가지 조합으로 세트 메뉴를 만들어서 스윙하게 된다.

짧은 시간에 조건을 파악하고 샷의 종류를 선택하고 Setup을 결정하는 것, 더더군다나, 일반 골퍼는 그린 정보가 불분명한 상태에서 혼자서 기계적으로 모든 판단을 하는데, 여간 어려운 일이 아닐 수 없다.

짧은 시간에 감각적으로 결정하고, 결정에 맞는 Setup을 자동 Routine으로 만들어야 한다. Setup을 어떻게 할 것인지 생각할 시간도 없을뿐더러, 그 생각은 품고 있으면 미스샷을 유발하는 원인을 제공할 수도 있다.

어프로치는 단번에 사용되는 프로그램의 Layer 기능, 그래픽의 Sub-picture와 같이 세트 메뉴처럼 구성되고 메모리 되어 있어 바로 구사될 수 있어야 한다.

따라서, 잔디 쇼트 & 미들 어프로치는 어프로치 스윙의 이해와 더불어서 많은 경험과 연습이 실력을 좌지우지할 것이다. 다음처럼 수식으로 표현할 수 있다.

'어프로치 실력 = (비교 경험 + 적합한 방법 선택) x 연습'

* 단, 근본적으로 안 되는 방법은 아무리 연습해도 별 효과 없다.

Remarks

#1. 프로선수들이 쇼트게임, 어프로치 샷의 사용 비율은 낮더라도 연습을 많이 하는 이유는 판단과 동작의 감각적인 요소가 중요하게 작용하기 때문이다.

#2. 일반 주말골퍼가 골프를 머리 위에 이고 살거나, 머릿속에 넣고 살 수는 없다. 그것은 골프의 노예와 같은 것이나 다름없다고 할 것이다. 모든 것을 다 잘할 수는 없으므로, 꼭 필요한 것을 먼저 정복(마스터, 숙달)한다. 그러면 어느 선에서 해방될 수 있다. 그리고 나서, 더 필요한 것은 가벼운 취미생활처럼 생각하고 조금씩 배워나가면 마음과 몸이 편안할 것이다. 그러기 위해서는 우선(다람쥐 쳇바퀴 돌듯 헛수고하지 않기 위하여), 꼭 필요한 것이 무엇인지를 알고, 그리고 그것이 왜 중요하고, 어떻게 습득하는 것인지를 안내하는 안내자를 만나야 한다.

#3. *"이것 한 가지면", "이것만 알면"* 이란 말에 현혹되어서 전체를 단순하고 우습게 보는 경향이 있는데, 비유하자면 그것은 겨우 더하기 빼기 정도의 수학 내용이라고 보면 된다. 삼각함수도 알고, 로그와 지수도 알고, 미분 적분도 알아야 수학 문제 풀 수 있는 것과 같이 전체를 보는 안목을 가져야 한다.

2) 쇼트 어프로치 스윙 형태

어프로치는 큰 힘을 요구하는 동작이 아니며, 빠른 것을 원하지도 않고, 실제적으로는 그렇게 퍼팅처럼 정교한 것을 원하는 것도 아니다. 어떻게 보면, 적당한 선택과 방법을 요구한다고 봐야 한다.

만약 정교하게 치려고 5년, 10년, 20년을 노력했는데, 안 된다면, 패러다임을 바꿔 '적당한 선택이 무엇인지?', '적절한 방법이 무엇인지?'와 같은 사고 전환을 시도해 봐야 한다.

a) 백스윙

등과 어깨를 돌려 팔을 턴 시키고, 손목을 꺾어 약간의 코킹을 한다. 코킹을 안 하는 때도 있다. 이 때, 샷의 크기에 맞게 오른 팔꿈치는 굽혀지게 된다. 이것은 샷의 종류와 백스윙 크기에 맞게 정형화된 동작이다.

힙과 무릎은 몸(상체)의 관성에 의해 돌아가기는 하나, 돌리려는 의지는 없어야 한다. 즉 고정하려하되 억지로 붙잡지도 돌리지도 말라는 것이다.

몸 각 부분의 회전을 그래프로 표시하면 그림과 같다.

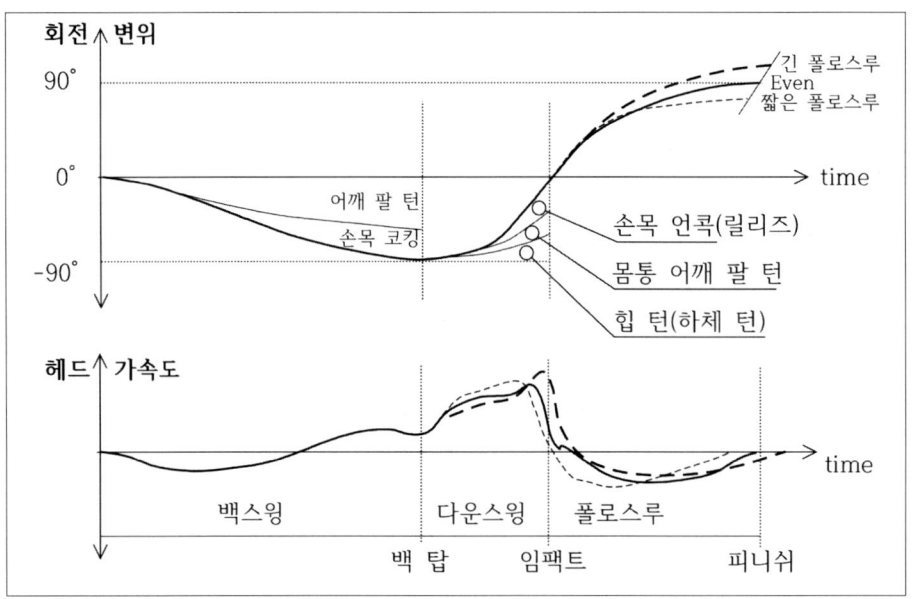

그림 2.2.14 쇼트 어프로치 변위 & 가속도 그래프

첫 번째로 중요한 것은 *1장 1절에서* 설명한 가속-감속-가속을 주관하는 좌우 팔의 사용 비중이다. 어프로치 샷감의 50% 정도를 좌지우지한다.

두 번째로 중요한 것으로써, 그림에서 보듯, 90° 이하 백스윙 크기 어프로치에서는 백스윙에서 왼 무릎 이동이 거의 없어야 한다. 만약 왼 무릎을 살랑대면 그것이 높낮이 궤도 변수로 작용하여 높낮이 궤도 정확도가 떨어진다.
다운스윙에서 하체 턴은 상체 회전을 리드하는 것으로 사용된다.

세 번째로 중요한 것으로써, 타법과 경사지에 맞는 오른손 3rd & 4th 손가락 악력 분배 상태가 부합되어야 하는 것이다.
짧은 폴로스루는 오른손 약지(4th)에 힘을 주고 중지에 힘을 뺀 그립으로 뚝 끊어치는 형태다.
   cf) 오른손 중지에 악력이 많을수록 긴 폴로스루가 된다.
   초보 단계에서는 오른손 검지에 힘을 주거나, 검지를 강하게 대고 다운스윙을 하려 하는데, 오른손 검지가 과하게 사용(관여, 개입)되는 것은 정교함을 떨어트린다고 생각해야 한다.

네 번째로는 다운스윙에서 골반의 회전 리드와 하체의 폄 리듬이다.

궁극적으로, 상황별 어프로치를 하는 것은 위 4가지를 몸에 체득시키는 것이라 할 수 있다.

Remarks
#1. 상당수의 일반 골퍼가 백스윙에서 왼 무릎의 이동량이 과도한 편이다. 이렇게 하면서 다운스윙 & 임팩트에서 높낮이 궤도를 더 정확히 맞추기는 거의 불가능하다.
   * 중계방송을 보면서 선수들이 왼 무릎을 얼마나 움직이는지 관찰해보자.

#2. 또 다른 중요한 사항으로 백스윙 시작의 왼 하체 밟아주는 트리거 조건이다.
   (A) 살짝 밟아주며 시작 --- 다운스윙에서 왼 하체 폄 리듬 활성화
   (B) 그대로 두고 백스윙 시작 --- 평이한 다운스윙 왼 하체 폄
   (C) 살짝 들면서 시작 --- 다운스윙에서 하체 주저앉게 되어 뒤땅 100%에, 헤드업까지 발생, 그리고 스쿠핑에 타격도 약하게 됨
   왼 무릎의 움직임은 눈에 살짝 보이지만, 이들 트리거는 눈에 거의 보이지 않는다. (C) 실수는 하급자에게서는 습관처럼 종종 나타나고, 중·상급자에게서는 보통 생각이 많으면 발생하는 어이없는 실수 유형이다.

b) 다운스윙

하체의 무릎과 힙(골반의 허리까지)이 먼저 회전하며 리드(다운스윙 1st 동작)하고, 어깨를 돌려(다운스윙 2nd 동작) 진행하고, 다운스윙 초기에 사용되지 않았던 손목은 임팩트 직전 사용(다운스윙 3rd 동작)된다.

   * 힙과 무릎이 턴 되기 위해서는 발목과 발바닥에 힘의 변화가 필요하다.

어깨를 돌리며 팔이 따라서 움직이게 하려면, 오른 팔꿈치 외회전을 살짝 해주어야 오른 어깨 먼저 돌고, 팔 - 클럽 순으로 회전 순서가 만들어진다.

오른 팔꿈치 외회전을 해주는 개념과 치킨윙 되지 않도록 해주는 것은 다른 차원의 이야기다. 외회전은 회전 이야기고, 치킨윙은 팔꿈치 위치 이야기이기 때문이다.

많은 초보 골퍼들이 상체 모양과 팔꿈치 위치(치킨윙)에 관심을 두는데, 다운스윙 중반의 오른 팔꿈치 외회전 동작에 우선 관심을 두어야 한다.

만약 어프로치 다운스윙이 0.18sec에 이루어졌다면 동작 별 신체 분절의 회전량은 다음과 같다고 예측해 볼 수 있다.

신체 회전 각	백스윙	다운스윙 1/3 (0.06sec)	다운스윙 2/3 (0.06sec)	다운스윙 3/3 (0.06sec)	턴 합
하체 턴	(-)1°	+16°	+14°	+5°	35°
어깨 턴(팔)	(-)50°	+5°	+35°	+20°	60°
손목 턴(클럽)	(-)40°		+2°	+35°	37°

표 2.2.15 쇼트 어프로치 다운스윙 분절 회전각 (예시)

분절 회전을 위 표 순서(Sequence)처럼 해야, 다운스윙 후반 구간에서 헤드 스피드 컨트롤, 페이스 컨트롤, 궤도 컨트롤이 더 일정하게 된다는 이야기다.

Remarks

#1. "쇼트 어프로치 팔로(손으로) 치지 말고 몸통으로 하세요."라는 표현은 다운스윙 초기 회전을 손목 사용 자제하고 후반부에 사용되게 하라는 이야기다.

#2. "쇼트 어프로치 몸통을 사용해야 한다."라는 말을 오해하는 일반 골퍼는 백스윙 때 왼 무릎과 힙을 턴 하는 오류를 범하는데, 이러면 어프로치 정타와 성공률이 거의 반으로 줄어든다.

#3. 어프로치에서도, 혹자는 *"헤드 무게로 치세요."* 라는 이야기를 한다. 의미는 점진적인 가속을 하여, 그 가속 관성(하중)을 느끼라는 뜻이다. 점진적인 가속을 위해서는 표와 같은 분절 회전 사용 순서 맞추기가 필요하다.

#4. 쇼트 어프로치 연습을 안 하고(1~2개월 쉬고) 라운드를 하게 되면, 거리가 10~20% 짧게 되는 현상이 나타날 수 있다.
동작의 회전 크기는 맞게 되지만, 다운스윙에서 무릎과 손목의 조화로운 사용감(Feeling)이 저하되어 나타나는 현상이다.

c) 폴로스루 스윙 크기

백스윙 vs 폴로스루 크기 비율 형태에 따라서, 다운스윙 가속 패턴이 달라진다. 실은 다운스윙 가속 패턴에 따라서 폴로스루 크기가 달라진다.
패턴의 변화는 몸의 가속, 감속 반응이기도 하며, 또한 성공 확률을 높이는 데 필요하기도 한 것이다.

① <u>백스윙 크기 < (긴) 폴로스루 스윙</u> --- 플롭샷, 그린 주위 일반 벙커샷, 로브샷, 컷 샷

② <u>백스윙 크기 ≒ 폴로스루 스윙 크기</u> --- Normal
* 보통 백스윙보다 폴로스루 크기가 조금 더 크다.

③ <u>백스윙 크기 > (짧은) 폴로스루 스윙</u> --- 끊어치기 샷
* 왼발 오르막, 타이트한 라이, 그린 주위 벙커 거리 컨트롤

Remarks
#1. 바운스로 치는 플롭샷, 벙커샷은 지면의 바운스 저항을 극복하는 에너지를 임팩트 전, 후에 충분히 가져가기 위하여 가속을 줄이지 않는 것이며, 이것 때문에 폴로스루가 클 수밖에 없다.

#2. 끊어치는 타법은 임팩트 직전 가속을 줄이는 형태로(속도를 줄이지도, 키우지도 않는 등속도), 정교한 타점 임팩트를 갖게 해 준다. 그냥 막 끊어치겠다고 해서 끊어치는 헤드 움직임이 만들어지는 것은 아니다.
끊어치기 타법에서 필요한 것은 다음 사항이다.
(A) 오른손 4th 손가락 악력 더 잡고, 3rd 손가락 악력 조금 뺀다. --- 필수

(B) 왼손 4th 또는 5th 손가락 힘을 조금 더 세게 잡는다. --- Option

　Setup에서 힘을 조금 더 세게 잡지 않는다면, 백스윙 도중에 살짝 손가락에 힘이 더 들어가도록 하면서 백스윙 후반부에 도달해야 한다.

(C) 왼발을 살짝 밟아주며 백스윙을 시작한다. --- Option

(D) 체중이 발 앞꿈치보다는 뒤꿈치 쪽에 있다.

(E) 왼 하체 폄은 왼 엉덩이 내측 근육이 주도하게 한다.

끊어치는 타법의 절대 필수 항목은 (A) 다.

위의 (A), (B), (C), (D), (E) 조건이면 손목 스냅이 더 형성되는 임팩트를 하게 되고 의도적으로 폴로스루는 작게 가져갈 수 있다.

(C) 조건만 하면 페이스가 열려 맞아 볼이 우측으로 갈 수 있으며, (B) 조건만 하면 짧은 폴로스루를 가져가기 어렵게 된다.

밟았던 왼 무릎이 펴지는 힘과 꽉 잡았던 손가락 힘이 조합되어 Stopping이 이루어지고 페이스 각을 Square로 만들기 쉽다.

(E)는 얇은 타점을 만들어준다. 그리고 백스핀 증가 기능이 있다.

3) 어프로치 거리 조절

어프로치 거리 조절 방법에는 다음과 같은 것이 있다. 제어에 사용 가부 (O or X)는 득실을 따져 판단하는 것이다.

-. 백스윙 크기로 거리 조절 (O, △, X) --- 단, 세부 거리를 백스윙 크기로 조절하는 것은 칩샷을 제외하고는 어렵다.

    * 칩샷을 제외하고 피치샷은 보통 15m, 25m, 35m, 45m와 같이 디지털식 스윙 크기를 갖는다.

절대적으로 유념해야 할 사항은, 단순히 백스윙 크기로 조절하는 세기 정확도는 매우 부정확하다는 것을 인정해야 한다.

80m Full shot이 95% 거리 정확도를 갖는다면, 20m 거리 백스윙 크기를 갖는 샷 정확도를 90% 이상으로 만들기는 일반 골퍼에게 있어서 매우 어렵다. 이것은 다음과 같은 이유로 연습량으로 쉽게 해결될 사항이 아니다.

^ 스윙 크기의 부정확
^ 다운스윙 세기의 부정확
^ 릴리즈 진행량의 부정확
^ 다운스윙 동작(하체 폄 양, 몸통 회전량)의 부정확
^ 잔디 & 바닥 저항이 헤드 에너지에 비해 상대적으로 큰 상태
^ 낮은 비행, 적은 백스핀에 따른 낙구 후 큰 Run 변화

* 95타 수준에 오르면 그다음 Level up을 위해서는, 백스윙 크기로 미세 거리 조절하는 것은 그만두고, 상황별로 몇 가지 샷 기술을 접목해서 거리 맞추기를 해야 한다.

-. 같은 클럽, Loft 각 변화시켜 탄도로 거리 조절 (O) --- Loft 조절로 세부 거리 조절 가능, 아날로그식으로 미세 조절이 가능하다.

    * Loft 세워 잡아서 거리 늘리는 것은 어렵고, 뉘어 잡아서 거리 줄인다.

-. 다운스윙 스피드(템포)로 조절 (X) --- 조절 불가 항목, 샷감만 나빠짐
  (예외 : 로브샷으로 부드러운 타격, 발끝 내리막에서 강한 타격)

-. 폴로스루 크기로 조절 (X) --- 될 것처럼 보이지만 상관도가 약함

-. 그립 길이로 조절 (X) --- 어프로치에서는 상관 관계 거의 없음
   * 끊어치는 타법에서는 조금 짧게 잡아야 함

-. 스탠스 넓이로 조절 (X) --- 보조 용도로만 사용되고, 거리 조절에 직접 관여 안 함
   * 어느 정도 깊은 러프에서는 스탠스를 조금(1족 폭) 넓혀주어야 함

Remarks

#1. 플롭샷은 그린사이드 벙커샷과 방법이 거의 유사하다. 단 스윙 크기가 더 다양할 뿐이다. 짧은 거리의 작은 스윙 크기 플롭샷도 가능하다.

#2. 로브샷은 스윙 템포(스피드)를 변화시키는 샷이다. 어깨 회전이 아닌, 오른 옆구리 부위로 회전한다. 팔 & 손목을 직접 느리게 회전시키는 것이라 착각하고 이렇게 하려는 일반 골퍼가 상당수 있는데, 어깨로 회전을 직접 천천히 하는 것이 아니라 오른 옆구리를 회전에 직접 사용하는 것이다. 팔과 손목의 느린 회전은 오른 옆구리 회전이 만든다.

a) 백스윙 크기로 거리 조절법

모든 골퍼가 알고, 사용하고 있는 어프로치 거리 조절 방법이다.
중요한 것은 '백스윙 크기 ≈ 헤드 스피드'이며, '스윙 크기^X = 거리'이고, '스윙 크기 ≈ 거리'라는 것을 알고 적용하는 것이다.
   * 스윙 크기 비율로 거리가 늘어나지 않고 지수 형태로 늘어난다는 것

100타대 초보 골퍼를 위하여 "백스윙 크기 = 거리"라는 설명을 한다. 단순한 설명하지만, 이것은 그럴싸한 이야기일 뿐 성립되지는 않는다.
이 공식은 보기 플레이어부터는 독이 되는 사항이다. 왜냐하면, 백스윙 크기가 2배 증가하면 거리는 2.5~3.5배 정도로 증가하기 때문이다.
리듬, 밸런스, 템포, 타이밍을 맞추어서 스윙하면 단순 비례가 아니고, 지수 공식이 적용된다.
다시 말하면, 스윙 크기가 늘어난 비율만큼 거리가 늘어나는 것이 아니라 더 증가한다는 것이다.

거리 ≒ V^2 ≒ a^2

≒ λ^X (λ는 백스윙 크기 비율) --- X는 대략 LW:1.2 ~ I7:1.5

만약 위의 관계식을 모르면, 미들 어프로치에서는 거리를 맞추기 위해서 템포를 늦추는 것을 포함하는 연습을 하는 것이 된다. 스윙감을 잃는, 즉 스윙이 망가지기 딱 좋은 Case가 된다.

만약 '백스윙 크기 = 거리'로 생각하고 맞추려 한다면, 템포가 빠르고(짧은 거리), 또 느리게(긴 거리) 되어서 한마디로 스윙이 망가지게 된다. 망가진 스윙으로 거리는 물론 타점과 방향성을 맞추기는 어려울 것이다.

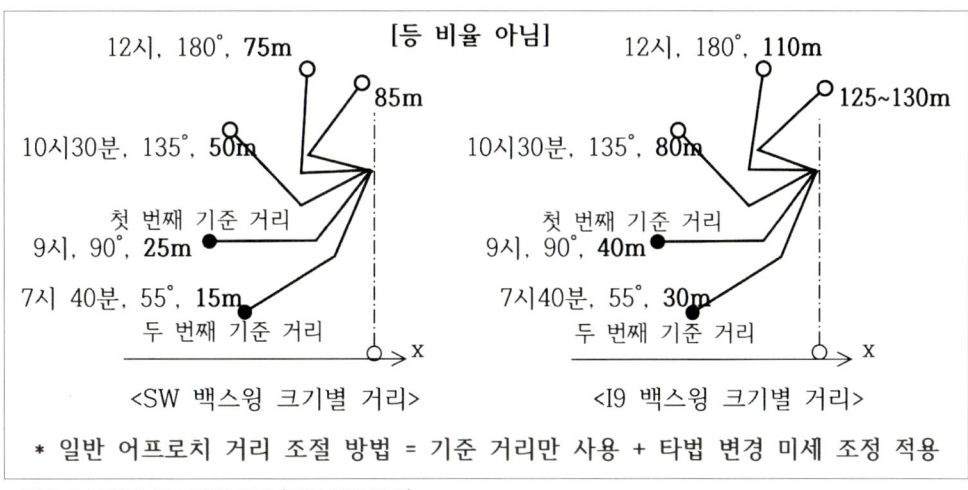

그림 2.2.16 백스윙 크기별 거리 (기준 거리 예시)

어프로치 **첫 번째 기준 거리**는 측면 9시(90°) 백스윙했을 때 거리이다.
두 번째 기준 거리는 백스윙 측면 7시 40분(50°~55°) 정도이다.
세 번째 기준 거리는 첫 번째 기준 거리보다 10m ~ 20m 더 나가는 백스윙 크기 스윙이다. 네 번째, 다섯 번째, 여섯 번째……. 기준 스윙 크기와 기준 거리를 정한다. 보통 10m씩 더해진다.
  '어프로치 기준 거리 = 비거리 + Run'
   * 낙구 지점까지의 거리도 알고 있어야 하며, Run의 길이를 알아야 한다. 이것은 연습과 경험으로부터 얻는 것이다.

클럽별 첫 번째, 두 번째 기준 거리의 비거리가 얼마인지, Run이 어느 정도인지, 탄도는 어느 정도인지, 가늠하고 있어야 한다. 가늠하고 있는 것이 기준이 된다. 여기에 스윙 크기를 조금 바꿔 거리를 조절하거나, 탄도를 바꿔 비거리와 Run을 응용하여 샷을 하기 때문이다.
이 기준 거리 백스윙 크기는 Normal 어프로치 샷뿐만 아니라, 모든 어프로치 샷에 기준이 되어 사용된다.

샷의 종류가 달라지면, 탄도, 스핀, 속도 영향에 따라서 각각의 샷 고유거리가 있게 된다. 알고 있는 고유거리를 실전에 적용하는 것이며, 새롭게 거리를 만들면서(창작해서) 사용하는 것은 아니다.

* 단, Loft 45° 클럽의 칩샷은 백스윙 크기를 선형적으로 변화시켜 목표 거리를 세세하게 만든다. 목표 거리에 따른 백스윙 크기는 얼추 퍼팅 스트로크 크기와 비슷하다.

〈거리에 따른 샷의 선택 vs 거리에 따른 백스윙 크기, 템포 조절〉
기준 백스윙 크기 90°에 기준 거리 25m인데, 이것저것 계산한 결과 어프로치 세기는 22m를 쳐야 한다면 어떻게 할 것인가?

    M1 : 그냥 25m 백스윙 크기의 Normal 어프로치 샷을 한다.
    M2 : 백스윙 크기 조금 줄여, 22m 거리에 도전하는 Normal 샷을 한다. (△)
    M3 : 템포를 조금 느리게 하는 25m Normal 샷 (X)
        추천하지 않음. 조절하기도 어려울 뿐만 아니라, 전체 샷감을 망가트림.
       * 인간의 능력으로는 스윙 강도 및 템포를 조금 빠르게 또는 조금 느리게 조절하여 원하는 거리를 맞추는 것이 거의 불가능하다.
    M4 : Loft만 조금 뉘어 25m Normal 샷 (○) --- 잔디 라이 좋은 경우
    M5 : 백스윙 크기 똑같이 하고, 컷 샷 (○) --- 잔디 라이 안 좋은 경우
       (에너지 전달 조금 줄여 거리 줄임)
    M6 : 오른손 4th 손가락 악력 분배로 끊어치기 타법 (○) --- 거리 감소 10%
    M7 : 백스윙 크기를 키우고 부드러운 타법 적용(로브샷) --- 공간 없는 경우
    M8 : Loft가 한 단계 다른 클럽으로 백스윙 크기를 한 단계 조정하여 Run 계산값 변화까지 반영하여 22m 샷이 되게 한다. (X) --- 단순화해야 한다.

위의 M2, M3는 거리에 따라 스윙 동작을 조절하는 방법이다. 가장 비효율적인 최악의 선택이다. 일반 골퍼들은 상급자로 가면서 선택하지 말아야 할 방법이다. 그런 스윙 조절은 어려우면서 다른 미스까지 유발할 가능성이 크기 때문이다. M3 방법은 전체 어프로치 샷감까지 망가지게 할 가능성이 크다.

M4와 M6는 Setup을 바꾸는 방법이다. 스윙 크기와 세기 조절법보다는 유용하고 안전하다. M4는 Normal shot으로 가장 보편적인 방법이다.

M5와 M7은 샷 방법을 조금 바꾼 것이다. 요긴하게 사용할 수 있다. 샷 방법이 다르므로 Normal 어프로치 샷감에 영향을 주지는 않는다.

〈실력별 어프로치 연습 거리〉

골퍼별로 연습할 수 있는 시간이 한정되어 있다.

어프로치 연습하는 것에도 순서가 있으며, 실력별로 그 내용은 달라진다.

- <u>100타 이상 실력</u> : 25~35m 거리에서 손실 타수가 가장 극명하므로, 어프로치 첫 연습은 이 거리를 기본으로 한다.

    * 목표 : 35m 내외 거리에서 +2 이상의 타수가 나오지 않도록 해야 한다.

    이것을 위해서는 먼저 토핑 뒤땅 완화하는 방법을 알아야 한다.

    cf) 중요 사항 : 백스윙 크기 90° 이하에서는 백스윙 때 왼 무릎이 움직이지 않아야 하고, 90° 이상에서는 왼 무릎이 조금 이동해야 한다. 이것을 염두에 두지 않으면 헛된 연습이 된다.
    아울러, 손목 릴리즈가 있는데, 스윙 템포와 더불어 릴리즈 템포를 찾아 일정하게 적용하는 것도 중요하다.

- <u>90타 전후 실력</u> : 25m 거리 전후에서 손실 타수가 가장 크게 나타나므로, 이 거리를 기본 연습으로 시작한다. 타격 & 동작 정확도를 높이는 연습이 필요하다.

    * One putting으로 끝내는 비율을 조금씩 높여간다.

- <u>80타 이내 실력</u> : 15m 내외 거리에서 Par save를 해야 하므로, 이 거리를 기본 연습으로 시작한다. 조건별(상황별) 다양한 연습이 필요하다.

어프로치는 다양한 <u>거리</u>, <u>잔디 라이</u>, <u>경사 조건</u>, <u>클럽</u>, <u>타법</u> 연습이 필요하다.

b) 탄도로 거리 조절법 (Loft 뉘어 잡기)

앞 핀인 경우, 높은 위치 그린 Hole 공략인 경우, 내리막 경사 낙구 지점을 공략하는 경우, 미세 거리 감소 등에서 로프트를 뉘어 잡아 탄도를 높이는 어프로치를 한다.

   * 로프트를 뉘어 잡는다는 것은 타격 에너지 전달을 조금 줄이는 것이다.

   잔디 라이에 따라서, Normal 샷, 컷 샷, 로브샷, 플롭샷 중에서 선택하며, 로프트 뉘어 잡는 양의 변경을 함께 사용할 수 있다.

발끝 내리막을 제외하고, Loft를 세우는 그립 잡는 선택은 거의 하지 않는다. Loft를 세울 것 같으면, 클럽을 바꾸는 것이 상책이다.

Lob wedge를 잡고서 Loft를 세워 치는 것은 불편한 스윙 자세와 동작으로서 정확도를 낮추고 실수 확률만 높일 뿐이다.

c) 다운스윙 스피드(템포)로 거리 조절법
(로브샷 방법)

템포 변경은 일반 샷에서는 사용하지 않으며, 절대 사용해서도 안 된다.
템포를 혼용해서 사용하면, 전체 어프로치 샷에 무딘 샷감(템포, 리듬, 타이밍, 밸런스)을 만드는 악영향이 되기 때문이다.
다운스윙 템포를 느리게 하여 사용하는 샷은 로브샷이 거의 유일하다.
로브샷 방법 : *(1장 11절 1)항 내용에 연계)*
  - Setup :
    ^ 볼 위치 중간, 스탠스 벌리기
    ^ 페이스 오픈(그립 뉘어 잡기)
    ^ 오른 무릎이 조금 더 굽어지고 앞에 위치
       (체중은 Even 또는 오른발에 조금 더 있음)
  - 스윙 :
    ^ 어깨 대신에 오른 옆구리로 다운스윙 회전 <--- 가장 큰 특징
       (이것이 의식적 & 무의식적 느린 템포 만들어줌)
    ^ 임팩트 직전과 직후에 클럽 헤드 들어 올리지 말고 눌러주는 느낌
    ^ 가속이 좀 더 진행되므로 큰 폴로스루
  - 결과 : 뉘어 잡는 양과 템포에 따라 달라지나, 대략 다음과 같음
    ^ 거리 감소 --- 일반 샷의 70% 정도
    ^ 탄도 --- 일반 샷의 150% 정도
    ^ 타점 & 방향 --- 특이사항 없음
  - 단점 :
    ^ 오른 무릎이 앞으로 약간 내밀어져 스윙 되는 형태로, 만약 일반 어프로치에서 이렇게 하면 섕크 유발 가능성 큼. 다음 홀 일반 어프로치에서 이런 Setup 하여 섕크 가능성 내포함. 로브샷 끝나면 바로 일반 어프로치 빈 스윙 연습을 해주어 몸의 기억에서 지우는 것도 하나의 방법이다.
    ^ 로브샷에서 오른 가슴을 내밀어 주면 섕크 가능성 커진다.

Remarks

#1. 로브샷이 오른 어깨의 회전 사용 대신에, 오른 옆구리 회전을 사용한다는 것 모르면 구사할 수가 없다. 단순히 팔과 손으로 모양을 만들어봤자 헛수고에 지나지 않는다.

오른 옆구리 회전으로 상체의 회전 분절 지점을 아래로 내려 갈대처럼 팔의 유연성을 확보하여 부드럽고 느리게 스윙 되도록 하는 것이다.

#2. 일부 중하급 일반 골퍼의 띄워 치려는 스윙을 보면, (A) 억지로 팔의 회전을 천천히 하고, (B) 볼을 헤드로 들어 올리려는 동작을 취한다. 이렇게 해서는 로브샷이 될 수가 없다.

d) 폴로스루 스윙 크기로 거리 조절법
될 것 같지만, 정확도가 떨어지므로 사용을 권하지 않는다.

e) 쇼트 어프로치 거리 오차 발생

-. <u>거리가 짧았을 때의 원인</u> : 토핑 & 뒤땅 제외한 거리 감소 원인은 다음과 같다.

거리 감소 항목	미스 원인 & 형태	Remarks
백스윙 크기 작을 때	조금 약하게/작게 치겠다는 의도 실패	중·상급에서는 거의 없음
느린 다운스윙 진행	로브샷처럼 옆구리로 회전	의도하지 않은 느린 스윙 형태
	힙 턴이 약할 때	심리적 요인 (머뭇거림)
근육 Tension 약할 때	하체 쿠션이 흐물흐물할 때	하체 견고하지 않은 Setup
	너무 가볍게 그립 잡을 때	회전력 전달 안 됨, 스냅 감소
몸의 전방 이동	헤드 업 (몸이 풀린 회전)	흔들리는 하체는 회전력 감소
폄이 약한 경우	왼 무릎 폄 약할 때	배치기 동반, 손목 스냅 감소
	오른 무릎 지지 약할 때	몸통 Tension 감소
백스핀 과다한 타격	큰 접근 각 & 왼 힙 폄 주도	Run 감소
토우 타점에 맞을 때	편심 타격으로 에너지 감소	볼 스피드 감소
잔디 저항	계산(고려) 착오, 잔디 낌	실제 영향과 괴리
	두꺼운 타격	촘촘한 잔디, 깊은 러프 저항
끊어치기 타법 걸릴 때	오른손 4th 강, 3rd 약 악력	의도하지 않은 끊어치기 발생
오르막 높이 영향	탄도 부족 & 고도 영향	포대 그린 형태
Run 거리 가감	그린 구름 양 계산 착오	경험적 요소
	낙구 지점 차이	복합 요소

표 2.2.17 어프로치 거리 짧았을 때 원인

-. 거리가 길었을 때의 원인 : Loft 큰 클럽의 토핑 미스가 거리 Over 하는 절대적인 실수 유형인데, 토핑을 제외하고, 의도와 다르게 긴 어프로치가 되는 경우는 다음과 같다.

거리 증가 항목	미스 원인 & 형태	Remarks
백스윙 클 때	계산 미스, 조금 강하게/크게 치겠다는 의도 실패	동작 크기 부정확(제어 한계)
	생각보다 잔디 저항 적을 때	잔디 라이 읽기 부정확
	무의식중에 커질 때	심리적 불안 요인 작용
경직	그립, 손목, 팔 경직	(손목으로) 강한 타격 유발
손가락 악력	왼손 검지, 중지 악력 클 때	조금 강한 로테이션 & 타격
	오른손 중지 악력 클 때	강한 동작 & 타격 유발
폄이 강한 경우	하체 폄 강할 때	하체 쿠션 강하게 작동
	하체 폄 빠를 때	힙 근육이 폄을 주도할 때
들숨 호흡	강한 가슴 근육 상태가 됨	급하고 강한 타격 유발
뒤바람 영향	큰 바운스 & 긴 Run	조건 읽기 부정확

표 2.2.18 어프로치 거리 길었을 때 원인

Remarks

#1. 어프로치, 거리 짧은 원인의 2/3 정도는 두꺼운 타격에 의한 잔디 & 지면 저항 때문이다. 그 다음 원인은 잔디 낌과 쏠림 영향 차이 때문이다.

#2. 어프로치, 거리 긴 결과의 원인 2/3 정도가 얇은 토핑 타격에 의한 것이다. 얇은 토핑성 타격은 주로 팔, 어깨, 손목 경직으로 발생하는데 이 상체 경직은 강한 타격까지 만든다.

#3. 플롭샷, 로브샷에서는 타격 Loft 각 변동에 따라서 거리 증감이 발생한다.
  러프 조건에 따라서 비거리 및 구르는 거리 특성이 바뀐다. 그린 빠르기 및 경사에 따라 Run이 바뀐다. 이런 변화는 연습과 경험을 통해서 확보해야 한다.

#4. (Reminder) 어프로치 미세 거리 조절 방법으로 가장 부적당한 것은 첫째 백스윙 크기를 조금 크게/작게 하는 것, 둘째 다운스윙을 조금 강하게/약하게 하는 것이다.

4) 어프로치 타점 제어

a) 상하 타점 제어

제일 중요한 요소로써, *1장에 상세히 기술*되어 있다. 복습 차원에서 뒤땅 토핑 완화하는 방법을 열거하면 다음과 같다. 이것들을 상황에 맞게 선택하여 적용한다.

-. 로프트 작은 클럽 선택 --- 스윙 크기 작아지고, 볼 타격 높이 공간 증가
-. 로프트가 작게 되는 핸드포워드 타격 --- 짧은 거리에서 사용
-. 왼 무릎 움직임 억제하는 백스윙 --- 타점(궤도) 변화 억제
-. 다운스윙 힙 턴 양으로 상하 궤도 조절
-. 오른팔 외회전 다운스윙 --- 여유 있는 다운스윙, 뒤땅 반사신경 이용

-. 샷 종류에 따른 체중 분배
-. 하체 쿠션 강약의 적정량
-. 폄 리더 근육 선정 vs 그립 길이 매칭 --- 손목 릴리즈 타이밍
-. 백스윙 시작에서 왼발 눌러줌 또는 왼 무릎 유지 트리거
-. 백스윙 가속-감속-(다운스윙 가속) 양팔 사용 비중 --- 스윙의 기본 요소

-. 컷 샷 --- 큰 헤드 에너지와 Leading edge의 절단성 이용
-. 다운블로 샷 --- 조밀한 잔디 쓸림 저항 줄임
-. 왼손 손가락 악력 --- 검지 쪽에 힘주면 Up, 소지 쪽에 힘주면 Down
-. 왼손 검지 펴서 잡는(퍼팅 그립 같은) 방법 --- 왼 손목 고정
-. 볼 오른쪽 이동 --- 다운블로 타격 효과
-. 어깨 고정하고 팔로만 스윙하는 칩샷 --- 짧은 거리 상하 움직임 절제

b) 토우 힐 타점 제어

어프로치에서는 토우·힐 타점 이동은 그리 크지 않기 때문에, 다음의 세 가지 사항을 제외하고는 별문제가 되지 않는다. 단, 경사지에서 변화는 심하다.

-. 다운스윙에서 오른 팔꿈치 궤도에 따라 :

- 오른 팔꿈치 Push 궤적을 만들면 힐 타점
- 오른 팔꿈치 Full 궤적을 만들면 토우 타점

<u>-. 발끝 오르막 토우 타점 (솟아 올라온 지면에 볼이 있는 경우 포함)</u> :
작은 어프로치 스윙을 하더라도 무릎 폄이 약해지게 만들어지는 경사 조건이어서, 배치기 현상(헤드업 포함) 만들어지고, 토우 & 뒤땅 타점이 발생한다.
가볍게 잡고 힙 턴 위주의 스윙으로 극복한다. 경사가 심한 곳에서는 약간(1cm) 헤드를 들고, 약간(1cm) 힐 Setup을 해 준다.

<u>-. 섕크(Shank) 발생과 방지</u> :
쇼트 어프로치에서도 섕크가 자주 발생하곤 한다. 앞의 로브샷과 같은 자세(오른 무릎 앞으로 내밂)를 취하고 일반 어프로치 다운스윙을 하면, 팔의 궤도가 앞으로 밀려 힐 타점 맞는 조건이 된다.
여기에 더해서 (긴장에 의한 들숨 호흡 상태 또는 In to Out 궤도를 위한 자세와 같이) 오른 가슴이 내민 모양이면 팔의 궤도가 앞으로 들려 힐 타점 맞는 조건이 된다.
더하여, 오른 옆구리로 다운스윙 회전을 하면, 오른 가슴은 내밀어지고, 오른 골반과 무릎이 앞으로 나간다. 왼 골반이 약간 스핀아웃 되면서 엉덩이 전체가 뒤로 빠져주면 상쇄되나, 오른 골반이 제자리를 지키면서 회전하면 힐 타점 맞는 조건이 된다.

힐 타점 맞는 조건은 한 가지 원인으로는 대략 최대 2cm 정도이지만 두세 가지가 복합되면 3cm 정도 또는 그 이상으로 타점이 힐로 이동되어서 Neck(호젤) 연결 부분에 맞는 섕크가 발생한다.
  * 라이 각이 세워진 조건의 짧은 클럽에서는 라이가 세워져 팔 궤적이 가슴에 더 간섭되는 조건이므로, 짧은 클럽에서 섕크 가능성이 훨씬 크다.

힐 타점에 맞는 또 다른 이유 하나는 오른 손목과 오른 전완이 너무 견고한 상태일 때 손이 그리는 아크가 멀리 돌게 되는 결과이다.

섕크 방지를 위한 Check point :
  ^ 오른 무릎, 오른 골반이 앞으로 나가지 않는지?
  ^ 오른 가슴이 내밀어지지 않는지?
  * 스핀아웃에 의한 섕크 : 어프로치에서도 스핀아웃이 발생하는데, 다음 예의 경우 섕크가 발생할 확률이 높다.

ex) 35m를 치겠다고 결정하고 어드레스에 들어가서 마음이 바뀌어서, 짧게 치는 25m로 하면, 왼 엉덩이가 뒤로 빠지면서 오른 골반이 앞으로 나가는 스핀아웃으로 만들어지는 섕크가 발생한다. 짧게 치는 마음 변경은 처음 루틴부터 다시 시작해야 한다.

-. 의도적인 토우 밑 타점 :
쇼트 어프로치에서 의도적인 토우 밑 타점을 사용하는 것은 다음과 같다(단, 이 샷은 짧은 거리 조건에서 다운스윙 힙 턴을 사용하지 않고, 어깨 회전만으로 정교하게 타격하는 것이다).
    (A) 잔디는 있으나, 볼이 움푹 꺼진 곳에 있어서, 잔디 저항을 최소화하여 타격하기 위한 선택
    (B) 러프에 있으나, 내리막 라이에, 내리막 그린 경사에 Hole cup이 있을 때, 볼에 에너지를 적게 전달시켜 타격하기 위한 선택

c) 힐 타점 vs 토우 타점 어느 것이 좋은가?

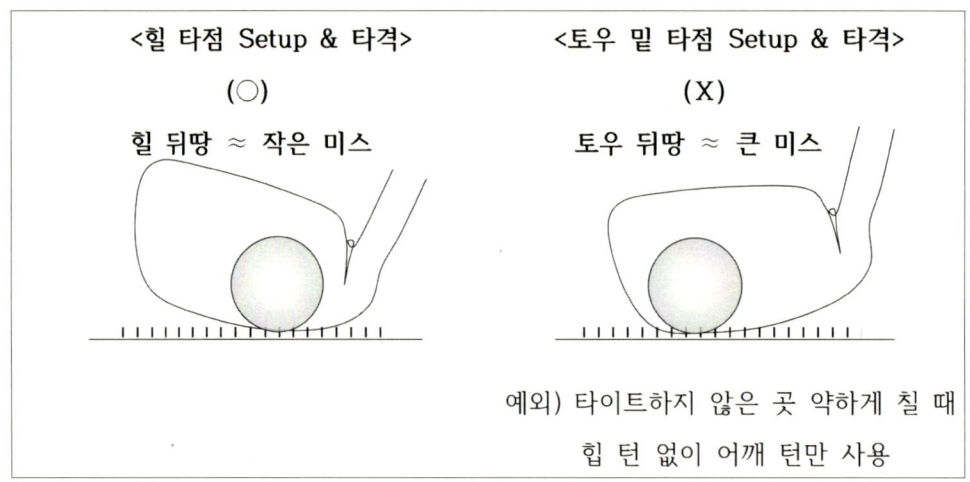

그림 2.2.19 타이트한 라이 어프로치 힐 vs 토우 밑 타점 타격

혹자는 그럴싸하게 *"타이트한 잔디 라이에서 라이 각을 세워서 토우 아래쪽으로 타격하면 뒤땅 방지에 효과가 있다."*라고 이야기하는데, 토우 타격은 헤드의 관성 에너지 전달이 매우 작아져서, 작은 뒤땅에서도 큰 뒤땅을 낸 것처럼 볼이 짧게 된다. 따라서 추천할 만한 선택이 못 된다.

어프로치에서 타점은 토우 쪽보다는 힐 쪽에 맞아야 거리, 방향 정확도가 높다. 클럽 헤드 모양 특성상 그렇다.

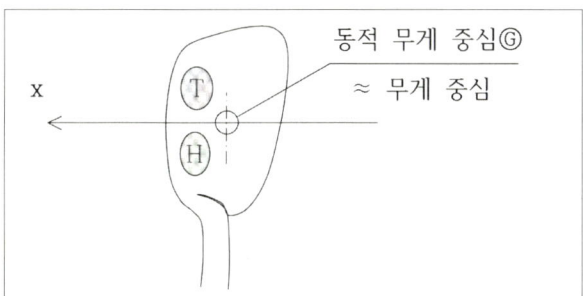
그림 2.2.20 토우 vs 힐 타점 에너지 비교

그림에서 움직이는 헤드의 운동 에너지는 ⓖ에 몰려 있다고 보면 된다.

-. 힐 타점 : 힐(Ⓗ)에 타격 되면, ⓖ의 관성력과 그립에 잡혀있는 샤프트 끝(호젤)이 볼을 함께 감싸며 그물을 끌 듯이 진행하여 거리 손실이 적다.

힐 뒤땅이 나면, 샤프트는 손에 의해 회전 및 지지 되고, 클럽 헤드는 ⓖ의 동적 관성력이 헤드를 반시계 방향으로 회전시키며 페이스가 닫히게 만들기 때문에 그 힘으로 어느 정도 뒤땅을 이겨낸다. 그래서 거리 손실량이 줄어들어 작은 미스에 그치게 된다.

-. 토우 타점 : 토우(Ⓣ)에 맞으면, 손목의 회전력과 동적 관성력(ⓖ)은 둘 다 시계방향으로 회전하며 헤드가 더 열리게 된다.
(일반 아이언 Full shot에서 토우 1cm 맞으면 2° 슬라이스인 데 반하여, 힐 1cm 맞으면 1° 훅이 발생하는 것과 비슷하다)
이때 토우 뒤땅이 나면 클럽 헤드의 동적에너지 전달량은 급감하게 되는데, 토우 뒤땅에 클럽 헤드의 동적에너지와 그립을 꽉 잡는 그립 반사신경 힘이 서로 함께 헤드의 에너지를 없애는 역할을 하기 때문이다.
결과는 아주 짧은 거리밖에 보내지 못하는 뒤땅 미스가 만들어진다.
따라서, 타이트 라이의 쇼트 어프로치에서 토우 밑으로 치면 좋다는 말은 믿어서는 안 될 이야기다. 아마도 80타대 또는 보기 플레이어가 토우 밑 타격 어프로치를 주로 사용한다면, 100타대 초보 실력의 어프로치 결과를 얻게 될 것이다.
1년, 2년 어떻게든 토우 타점을 사용하면서 그것의 정확도를 높이는 타격 연습을 계속해도 어프로치 실력은 오히려 하향곡선을 그리게 될 것이다.

* 각설하고 요약하면, 골퍼의 노력과 신체의 정확도 능력이 지면의 저항을 이기지는(극복하지는) 못한다.
Reminder : 15m/s 헤드 속도 어프로치는 Full shot에 비해 1/6 크기 정도의 헤드 동적에너지를 가지고 있어서 작은 뒤땅도 이겨내지 못하는데, 토우 밑으로 타격하면 대략 1/12 크기로 헤드 동적에너지가 감소하여 더 악조건이 된다.

결론적으로 말하면, Normal 어프로치에서 약간 힐 쪽에 맞는 타점이 거리와 방향 오차를 줄여주어 좋은 결과를 만들어 줄 것이다. 토우에 맞추려는 생각보다는 힐에 맞춘다는 생각을 갖기를 추천한다. 물론 타이트한 잔디 라이에서 타격은 더더욱 힐 쪽 타격이 추천된다.

　* 실전에서 '힐 타격 vs 토우 타격 사용 비율'은 아마 '10 : 1 ~ 20 : 1' 정도일 것이다. 토우 쪽으로 맞추어야 성공 확률이 높은 경우는 극히 일부에 지나지 않는다. 또한 토우 타격은 더 높은 정확도를 요구한다. 그래서 토우 밑 타격 방법은 퍼팅처럼 하체와 몸통을 고정하고 팔로만 스윙한다.

　cf) 힐 쪽 타점 타격을 목표로 할 때, 집중력은 더 높아진다. 이 결정은 더 좋은 결과를 얻을 수 있다. 많은 선수들이 힐 쪽 Set up을 한다.

5) 어프로치에서 로테이션 (페이스 각과 로프트 각)
   (방향성)

스윙 크기가 작은 어프로치에서는 헤드 스피드가 작다. 또한 릴리즈 양이 작다. 이것에 의한 로테이션 상태를 알아볼 필요가 있는데, 다음과 같다.

(심화) 헤드 스피드 및 릴리즈 작은 것의 영향 : Full swing과 비교 (예시)
   - 속도 : 35m/s vs 15m/s ⟵--- 백스윙 90° 정도에서 헤드 스피드
   - 동적에너지 : 35^2 vs 15^2 = 1225 vs 225 = 5.4 : 1
   - 원심력 비율 (mV^2/R) : ≈ 속도^2 ≈ 에너지 비율 ≈ 5 : 1
      * 단, 어프로치의 아크 반경이 조금 작으므로, 원심력은 에너지 비율보다는 조금 커질 것임.
   - 가속 관성력 : 다운스윙 시간이 0.2sec으로 같다고 가정하고, 어프로치의 백스윙 90° 크기 아크가 Full swing 아크의 1/3이라면, 관성력은 1/3
      '가속도(a) ≈ 백스윙 크기'에 비례 ≈ 3 vs 1
      ∴ '가속 관성력(F) ≈ a'이므로 비율은 3 vs 1
   - 자연 로테이션 비율 : ≈ (원심력의 가속도 성분력 − 가속 관성력) 비율
      * 원심력의 가속도 성분력 = 원심력 * 래깅 각
      ∴ '자연 로테이션 = (원심력 * 래깅 각 − 가속 관성력) * 이격 거리'
      대략적인 비율 ≈ 5 : 1 ⟵--- 어프로치에서는 자연 로테이션은 미미
   식에서 원심력과 래깅 각은 Full swing 것의 비율보다는 훨씬 작고, 가속 관성력은 상대적으로 큰 값이므로, 자연 로테이션은 Full swing 것의 비율보다 매우 작게 된다. (자연 로테이션은 *3권 3장*에서 상세 설명)

미들 어프로치 이하 거리 스윙에서는 자연 로테이션이 작게 발생하는데, 가속 관성 비율보다 더 작은 양이 된다.
   - 이것 때문에, 어프로치 연습을 많이 한 날은 작은 크기 스윙임에도 불구하고, 손에는 손목 회전 가속력이 Full swing보다도 더 크게 걸려서, 오른손 검지 첫 마디에 굳은살이 심하게 생긴다.
   - 로테이션이 작아지는 것을 보상하기 위하여 Open stance를 서 준다.

결론적으로, 자연 & 인위 로테이션 양에 따라서 타격 페이스 각과 로프트 각이 변하고 어프로치

방향성이 변한다. 쇼트 어프로치에서 스윙 궤도로 만들어지는 방향성이 차지하는 샷 실력 비율은 10% 이내이다. 오히려 두꺼운 타격일 때, 잔디 & 바닥 저항으로 만들어지는 샤프트 변형에 의한 방향성 변화(오차)가 더 크게 작용한다.

Remarks

#1. 어프로치에서 자연 로테이션 양은 비율적이지만 매우 작아진다. 따라서, 인위적으로 억지 로테이션을 하지 않으면, 페이스 각이 열리는 쪽으로 로프트 각이 형성되어 임팩트 된다고 봐야 한다.
  * 어프로치에서는 헤드 원심력이 작으므로 억지 로테이션 제약이 적다. 즉 쉽게 인위 로테이션을 만들 수 있다.
  ex) 자연 로테이션이 작으므로 혹자가 이야기하는, *"피치샷을 할 때, 팔로우~피니쉬에서 헤드 면이 자신을 바라보도록 하라."* 라는 것이 저절로 만들어지는 환경이다.

#2. 만약, Full Swing에서 억지 로테이션을 많이 사용하는 습관이 있는 골퍼는 어프로치에서도 억지 로테이션이 많이 사용될 가능성이 크다.
  Full 스윙에서 억지로 로테이션을 많이 하는 골퍼는, 칩샷이 편하게 느껴지고, 반대로 Full 스윙에서 자연 로테이션을 이용하는 골퍼는, 피치샷이 저절로 되는 편안함을 느끼게 될 것이다.
  - Full 스윙에서 억지 로테이션하는 골퍼 : 어프로치에서 로프트 세워지는 타격 = 칩샷 쉬움
  - Full 스윙에서 자연 로테이션 이용하는 골퍼 : 어프로치에서 로프트가 뉘어지는 타격 = 피치샷 쉬움

#3. 어프로치, 테이크어웨이에서 Loft를 열리는 쪽으로 회전시키는 양과 다운스윙에서 닫히는 쪽으로 회전된 양의 조합에 따라서 로프트 각과 페이스 각이 결정된다고 봐야 한다.
  타격 로프트 & 페이스 각
  = Setup 상태 + 억지 로테이션 + 자연 로테이션 + 기하학적 모양
  = Setup 상태 + (백스윙 (-) 로테이션 + 다운스윙 로테이션) - 휨 양
    * 기하학적 모양 : 몸 회전 & 클럽 회전

  * 짧은 거리 어프로치에서는 방향성에 로테이션은 크게 작용하지 않는다. 오히려, 에이밍과 In to Out의 Push, Out to In의 Full에 의한 방향성 영향이 훨씬 더 크다.

#4. 짧은 거리 어프로치에서는, 헤드의 가속 관성력에 의한 샤프트 휨 양이 작으므로 샤프트 변형에 의한 방향성 오차는 Full swing에 비하여 매우 작다.

#5. 어프로치 Setup에서 왼발을 오픈한 양에 따라서 헤드 궤도, 접근 각, Loft & Face angle이 조금 변하게 된다. 왼발을 조금 오픈해주는 이유는 이것들이 긍정적으로 조금씩 도움이 되는 쪽으로 변하기 때문이다.

* 일부 중하급 골퍼가 왼발 Open 자세를 거북스럽게 생각하고 '11자' 모양을 고집할 수 있는데, 왼발 Open이 긍적 요소라고 생각하고 받아들이면 금세 자연스러워진다.

#6. 어프로치 방향성은 다음과 같이 요약하여 표현할 수 있다.

어프로치 방향성 = 에이밍 + 궤도 + 타격 페이스 각 + 바운드 + Run의 Break

2.4 미들 어프로치

미들 거리 어프로치 스윙은 Full swing처럼 릴리즈 구간에서 헤드의 법선력이 어느 정도 작용한다. 이 법선력은 원심력과 하체의 펌에 의해서 만들어진다.

1) 거리 조건과 결과

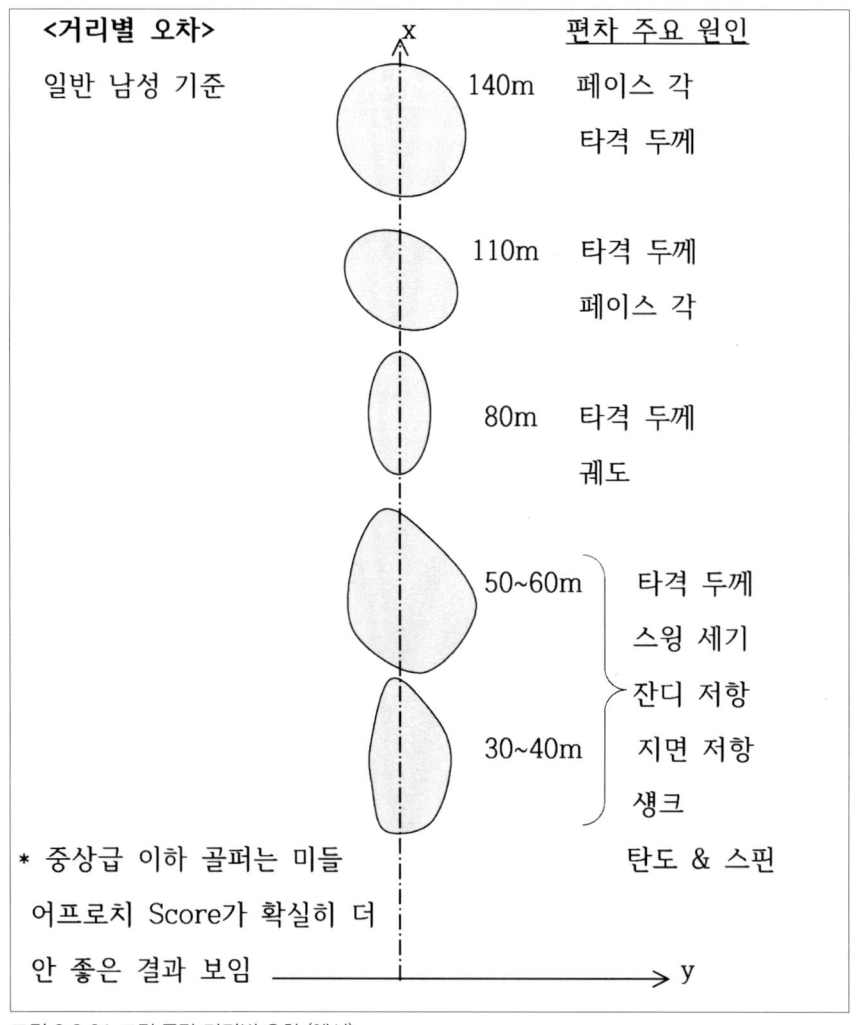

그림 2.2.21 그린 공략 거리별 오차 (예시)

그림과 같이 30m ~ 50(60)m 정도의 미들 거리 어프로치는 Wedge full shot보다 Hole 접근율이 떨어진다. 실제 중상급 실력 이하에서는 접근율뿐만 아니라 접근 거리도 더 멀다.

이유는 샷의 세기, 두께, 탄도, 스핀, 뒤땅/잔디 저항 영향, 샹크로 인하여 접근 거리 편차가 훨씬 더 크게 나타나기 때문이다. 더군다나, 이 거리의 지형 상태는 보통 트러블 조건이 장난 아닌 것들이 많다.

a) 미들 어프로치가 어려운 이유

다음 사항들이 미들 거리 어프로치를 어렵게 한다.
- 샷의 세기 조절이 어렵다. --- 백스윙 크기 맞추기 어렵고, 릴리즈 타이밍 맞추기도 어렵다. 그래서 거리 맞추기가 어렵다.

    * **미들 거리 어프로치가 어려운 첫 번째 이유는 릴리즈 타이밍과 릴리즈 양을 원하는 만큼 일정하게(정형화 되게) 만들 수 없기 때문이다.**

- 자연 로테이션 양(비율)이 변한다. --- 템포에 따라 페이스 각 변화 심함
- 타격 두께 맞추기 어렵다. --- 하체 폄의 강약을 조절하기 어렵다.
- 백스핀 주기가 어렵다. --- 헤드 스피드가 작아 스핀이 적게 들어간다.
- 잔디 저항이 크게 작용한다. --- 헤드 스피드가 작아 헤드의 동적에너지가 작으므로, 상대적으로 잔디 저항 영향이 크다.
- 샹크 가능성 크다. --- 정형화된 스윙 동작과 달라질 가능성이 있어서 앞뒤 궤도 어긋날 수 있다.
- 해당 연습량이 충분하지 않다.

무엇보다, 높은 탄도와 큰 백스핀으로 그린 면의 Run 영향을 줄이는 그린 공략이 쉬운 Full swing 웨지 샷과는 다르게, 미들 어프로치는 탄도 낮고, 백스핀 작아서 깃대 공략에는 상대적으로 불리하다.

유리한 것이라고는 유일하게 스윙 크기가 작아서 힘을 덜 쓴다는 것이다. 그러나 스윙이 작아서 스윙(타격) 정확도가 높다고는 말하기 어렵다.

그런데 인간의 장기간 보편적인 학습 효과로써 가까우면 좋다는 인식이 머리에 강하게 박혀있어서 좀처럼 더 가까이 보내는 클럽 선택(우드)의 유혹에서 벗어나기 힘들다.

결론적으로 전체적인 실익을 따져보면, 가능하면 이런 미들 어프로치 거리는 남기지 않는 것이

좋다는 이야기다. 좋아하는 그리고 잘하는 Full shot 거리를 남길 줄 알게 되면 더 빨리 상급자 Score에 도달할 수 있게 된다.

  * 특히 Par 5 Hole의 3rd 샷을 위하여, 2nd 샷 클럽 선택은 위 사항을 고려해야 하는데, 여간 심리 조절(마인드 컨트롤)이 쉽지 않다.

긴 클럽(우드)을 잡고 가능하면 그린 근처에 보내고자 하는 것이 중급자 이하 골퍼의 심리이다. 이는 두 가지 위험 요소를 스스로 지는 것인데, **첫째**는 정확도가 떨어지는 우드의 미스샷 Risk, **둘째**는 접근율이 떨어지는 3rd Shot 미들 거리 어프로치를 하게 된다는 것이다.

여하튼, 마인드 컨트롤 부족에 의한 것이든, 아니면 의도하지 않게 앞선 샷의 미스로 인하여 미들 거리 어프로치를 해야 하는 상황에 직면하게 된다.

미들 거리 어프로치는 어려운 상황일 가능성이 크다. 보통 코스의 구조(Lay out)가 그렇게 조성되어 있다. 더군다나, 일반 골퍼에게는 그런 상황에 대처하는 연습이 충분하지도 않다.

예외적으로, Par 5 Hole의 2nd Shot에서 우드를 잡고 그린 근처까지 보내서 미들 어프로치를 선택해도 괜찮을 때가 있다.

다음을 만족하는 경우 우드를 선택한다.

  ① 핀의 위치가 중 핀, 뒤 핀으로 그린 위 공략할 수 있는 여유 공간이 있고, + ② 우드 낙구 지점에 위험 요소(벌타 구역, 벙커, 해비 러프)가 없는 경우, + ③ Loft 45° 언저리 클럽으로 30m~60m 미들 거리 칩샷 형태의 어프로치에 자신이 있을 때 (또는 LW를 자유자재로 사용할 수 있을 때)

  * 중급자 실력 이하에서는 미들 거리 어프로치를 차라리 레이업(Layup)이라고 생각하고 샷을 하면 Simple하고 심리적으로 편안할 것이다.

중·상급자가 되려면, 미들 거리 어프로치에서 다양한 방법 사용과 정교한 컨트롤이 가능해야 한다.

b) 미들 거리 어프로치가 남는 경우

-. 긴 거리 그린 공략 조건에서 자신의 클럽 거리가 모자라는데 우드 선택하는 경우 (Par 5, 2nd 샷 포함)

  * 드라이버 티샷 실수를 하면 다음 그린 공략 거리가 멀게 된다.

-. 트러블(경사, 잔디) 조건에서 그린 공략하는 경우의 샷 실수

-. 평범한 조건에서 어이없는 그린 공략 샷 실수

⟨의도하지 않는 미들 거리 어프로치가 발생하는 경우 ≈ +2타 가능성이 큼⟩
- 우드 & 롱 아이언 얇은 토핑 --- 보통 75% 거리 정도 나가게 되어서 25% 거리 남음
  cf) 우드 & 롱 아이언 뒤땅은 50~60% 정도 거리가 가게 되어, 웨지 Full shot 할 수 있는 거리가 남아서 오히려 적은 타수 손실로 끝낼 수 있다.
  롱 아이언은 얇은 타격보다는 조금 두꺼운 타격이 그린 공략을 위한 탄도 확보 차원에서 조금 유리하다고 하겠다. 뒤땅이 나더라도 미들 거리 어프로치보다 쉬운 Full shot 웨지 거리가 남을 가능성이 크다.
- 웨지 큰 뒤땅 --- 보통 50% 거리 정도 가게 되어서 50% 거리 남게 되어 미들 거리 어프로치를 해야 하는 경우가 발생한다.
- 웨지 날에 맞는 토핑 --- 보통 130%±10% 거리 정도가 날아가게 되어, 그린을 훌쩍 넘긴 경우 반대 방향으로 미들 어프로치를 해야 할 경우가 있다. 미들 거리에 내리막 또는 오르막 급경사 조건이며 Heavy rough다.
- 해저드에 빠져 그린 근처에서 드롭하는 경우
- 큰 스핀아웃 발생한 경우 --- 좌측 미들 거리
- 큰 슬라이스 발생한 경우 --- 우측 미들 거리
- 큰 타격 실수는 아니나, 포대 그린 비탈면으로 굴러 내려간 경우 --- 높은 그린을 공략해야 하는 높은 난도 미들 어프로치 발생

2) 미들 어프로치 상황별 방법
(상황별로 미들 어프로치 샷은 어떻게 하는 것이 좋은가?)
(간헐적으로 접하는 상황)

다음 내용은 해당 상황에서 알면, 거의 1타를 까먹지 않고, 또 이후 멘탈이 무너지는 상황도 예방할 수 있다.

* 따로 그림을 포함하지 않으니 상황, 조건을 상상하면서 읽고, 기회가 닿는다면 Test를 해보고 활용하도록 한다.

a) 일반 평지, 평이한 경사 & 평이한 잔디 라이
특별한 샷 기술 없이, 스윙 크기로 거리를 맞추어 깃대를 공략한다.
단, 탄도에 따라 달라지지만 대략 '백스윙 크기^(1.2~1.5) = 거리' 관계로서 백스윙 크기와 거리가 정비례하는 것이 아님을 알아야 거리에 따라 달라지는 스윙 크기에서 같은 스윙 템포와 릴리즈 타이밍을 유지할 수 있다.

샷 메이킹이 필요한 상황은 다음과 같다.
- 동작 중심축 높이를 무릎~허벅지로 내린 스윙으로 템포를 잡는다.
  (동작 중심축 내용은 *3권 스윙 이론*에서 설명)
- 조금 더 탄도 높이고 스핀 주고 싶다면, 오른 팔꿈치 외회전을 신경 쓰며 샷을 해준다. 즉, 오른 팔꿈치 외회전을 조금 더 주는 샷을 하는 것이다.
  다른 방법으로, Loft를 조금 뉘어 잡는 것, 또는 볼을 조금 전방 쪽에 놓는 방법이 있다.
- 그린 위 공간이 없다면, 로브샷이나 플롭샷이 요구된다.
  단, 약간 타이트한 조건이라면 클럽 헤드가 들어가기 어려우므로 로브샷이나 플롭샷은 구사하기 어려워서 컷 샷이 선택되어야 한다.
  컷 샷의 미세 거리 조절은 Loft 넘 양으로 가능하다. 스윙 크기/세기 조절보다는 Loft 조절이 미세 거리 조절에 편하다.
- 페어웨이 잔디가 잘 깎인 조밀한 조건이라면 다운블로 타격을 해주어야 조금 두껍게 들어갔을 때의 잔디 저항이라는 변수가 적게 된다.
  아울러, 다이내믹 로프트가 커져서 백스핀도 더 줄 수 있는 타격이다.
  단, 다운블로로 타격한다고 해서 Loft를 숙이고(세우고) 스윙하면 안 된다.
- 약간의 러프인데 볼이 잔디 위에 떠 있다면, 쓸어치는 샷을 해야 한다. 내려찍어서 치면 생각

보다 거리가 나오지 않는다.
- 조금 깊은 러프 속에 볼이 있다면, 스탠스를 더 벌리고 왼손 중지의 그립 잡은 힘을 조금 더 꽉 주고 샷을 하여서 잔디 저항을 극복하고 조금 얇은 타격이 되도록 한다.

Remarks
#1. 오르막 라이(발끝 내리막 포함)를 제외하고, 거의 모든 미들 어프로치의 탄도와 스핀이 필요한 곳에서 컷 샷을 유용하게 사용할 수 있다.

#2. 두께 조절이 필요한 경우, 하체 펌 리더 근육과 하체 경직도(쿠션) 영향을 알고 이용하면 유용하다. 그리고 왜글 형태로 손목 강도를 간접 제어하여 사용한다.

#3. 제약조건이 없는 평범한 미들 거리 어프로치라도, 그 이전의 Shot 실수에 이어서 하는 경우라면, 심리적인 부담이 있어서 서두르는 경향이 있게 된다. 서둘러 치게 되면 더 큰 치명적인 토핑 뒤땅 실수를 하게 될 가능성이 커지므로, 최대한 여유 있는 마음으로 멘탈 상태를 전환한 후 샷을 하도록 한다.
이때는 집중력과 자신감도 어느 정도 요구된다.

b) 일반 평지, 평이한 경사 & 트러블 잔디 바닥 조건

심한 잔디 트러블 조건에서는 그에 따라서 그것을 극복하는 기술이 적용되어야 한다.
단순히 정확도를 높이는 타격으로 해결하고자 한다면, 확률적으로 평생토록 좋은 결과를 얻기는 힘들 것이다. 거리 조절 정확도는 트러블 정도에 달려 있다.

* 쇼트 어프로치 헤드 속도 15m/s, 미들 어프로치 헤드 속도 25m/s, Full shot 35m/s 각각의 헤드 동적에너지 비율은 1 : 2.8 : 5.4이다.

컷 샷이나 플롭샷은 Full shot의 헤드 동적에너지를 사용하는데, 볼에 전달되는 에너지를 줄여서 비구 거리를 줄여 미들 어프로치를 하는 것으로써 잔디 트러블에 있을 때 그 조건을 이겨내는 데 유용하다.

잔디 바닥 트러블 조건 별 미들 거리 어프로치 대응(샷) 방법은 다음과 같다.
-. 잔디가 매우 타이트한 조건이라면 :
  (A) (전방 진로에 역결 또는 러프가 없을 때) 긴 거리지만 퍼터 사용이 가능한지 고민
  (B) (전방 낙구 경로에 장애물 없을 때) 미들 아이언으로 90° 정도 백스윙 크기의 굴려 치기 고민

(C) (그린에 공간이 없을 때) 컷 샷으로 잔디를 사선으로 잘라 들어갈 것인지 고민 후 결정
* 일반적인 스윙 타법을 선택하여 구사한다면, 뒤땅 토핑으로 2타 이상을 까먹을 수 있는 환경이다. 샷을 한다면, 평지에서는 컷 샷이 가장 유리하고, 왼발 오르막에서는 턴 샷이 유리하다. 실전에 자주 접하지는 않지만, 최고 난도로써, 발끝 오르막은 턴 샷, 발끝 내리막은 굴리는 선택, 왼발 내리막은 컷 샷, 왼발 비탈 내리막은 플롭샷 선택이 추천된다.

-. 맨땅(맨바닥)에 가까운 조건이라면 :
    (A) 무르거나 푸석한 바닥이면, 컷 샷 선택
    (B) 약간 딱딱한 흙가루 조건이라면, 오른 팔꿈치 외회전 샷 선택
    (C) 벙커 모래에 가깝다면, 로프트 작은 클럽으로 그린사이드 벙커샷 선택
    (D) 딱딱한 맨땅이라면, 로프트 더 작은 클럽으로 범프앤런 선택
    (E) Full shot 거리에 가깝다면, 얇은 타격 선택

-. 디봇 안 또는 바닥이 꺼진 조건이라면 :
    (A) 디봇 속 볼이라면, 상황에 맞는 창의적인 샷
Full shot 거리는 녹다운 샷을 하면 되지만, 미들 거리는 세기 조절이 난제가 된다.
    (B) 움푹 꺼진 바닥으로 볼이 들어가 있는 조건이라면, 왼 팔꿈치 치킨윙 샷 (=토우 밑부분 타격 샷)
cf) 가까운 거리의 어프로치라면, 어깨 고정하고 팔로만 토우 밑부분 타격하는 것 선택하는데, 미들 거리에서는 왼 팔꿈치를 뒤로 빼주는 타격으로 토우 밑부분에 타점이 형성되도록 한다.

-. 미들 거리 벙커 :
    (A) Loft 작은 클럽으로 일반 벙커샷
    (B) Lob wedge로 왼 팔꿈치 치킨윙 샷 (=토우 밑부분 직접 타격하는 샷)
    (C) 드로우 구질이 필요할 때, 스핀아웃 샷 : Full shot 거리에 거의 가깝다면 깃대를 약간 넘겨도 된다는 선택이 가능하므로, 직접 타격하는 샷을 구사하는데, LW로 얇게 맞추어야 하므로 왼 힙 외측 근육을 폄 대장 근육으로 사용하여 얇게 들어가는 일반 샷을 구사한다.

c) 경사지 & 바닥 트러블 복합 조건

경사를 포함한 복합 트러블에서는, 하면 안 되는 샷을 구분할 줄 알아야 한다.
미들 거리의 어프로치 거리 조절은 어느 정도 백스윙 크기로 하지만, 이 복합 트러블에서는 어떤

샷을 구사하든지 거리 & 방향 정확도를 기대하기 어렵다.
안전하고 보수적인 목표지점 선택을 해야 한다.

-. 경사지에서 하면 안 되는 샷 :
　　(A) 오르막 (발끝 오르막, 왼발 오르막)인데 타이트한 조건이라고, 컷 샷 선택하면 안 된다. 조금만 두꺼워도 큰 뒤땅, 조금만 얇아도 토핑의 홈런 샷이 된다.
　　발끝 오르막에서 컷 샷은 토우 밑바닥이 먼저 바닥에 닿는 조건이라 그렇다.
　　왼발 오르막에서 컷 샷은 경사를 기준으로 하여, 클럽 헤드가 가파르게 들어가는 모양이며 팔 근육이 경직되는 조건이 만들어져서 토핑 가능성이 크다.
　　이 경사지 조건의 미들 거리는 가볍게 잡고 왼 힙 턴을 위주로 하는 턴 샷을 구사한다.
　　* 왼발 오르막 경사에서는 굳이 탄도를 높이려는 샷 구사할 필요 없다. 자연적으로 높은 탄도가 어느 정도 만들어진다.
　　** 심한 발끝 오르막에서는 로프트 작은 클럽으로 타격에 집중한다. 여기에서 +1 스코어라면 아주 잘한 것이다.

　　(B) 내리막 (왼발 내리막, 발끝 내리막)이라서 슬라이스 걸린다고, 로테이션 많이 주는 것, 그리고 In to Out 궤도로 치려는 것은 하면 안 된다.
　　로테이션 주려 하면 토핑 타격 되고, In to Out 궤도로 치려고 하면 뒤땅 난다.
　　경사를 타고 내려오도록 (필요하면 Out to In 궤도, 왼 팔꿈치 치킨윙 적용하여) 궤도를 형성하는 스윙 하고, 절대로 억지로 로테이션을 주지 않는다. 억지 로테이션은 손목 사용이 되는 것이고, 그러면 필연적으로 상하 궤도가 부정확해진다.

-. 러프 경사지에 있는 경우 :
　　(A) 발끝 오르막 러프는 볼을 깨끗이 (얇게) 타격하는 것을 최우선으로 삼아야 한다. 다른 기술들이 거의 통하지 않는다고 보면 된다. 토우 밑바닥이 잔디에 두껍게 걸리기 때문이다.
　　토우 밑바닥이 먼저 잔디에 걸리면 샤프트 변형으로 볼은 높은 탄도로 우측으로 갈 것이고, 잔디 저항이 헤드를 엎어지게 만들면 낮은 탄도로 좌측으로 갈 것이다.
　　cf) 약간의 오르막에서 컷 샷을 치고 싶다면, 부드러운 왜글을 하여 팔과 손목 강도를 부드럽게 만들고 난 후 구사한다. 높은 탄도가 필요한 경우 변형된 로브샷 사용도 가능하다.

　　(B) (평지의 깊은 러프뿐만 아니라) 왼발 내리막 깊은 러프는 플롭샷이 가능하다. 샷의 궤도 특성상 클럽 헤드가 내리막을 쭉 타고 내려가기 때문이다. 플롭샷은 LW 또는 SW를 사용한다.

플롭샷은 Loft 조절로 거리 조절이 가능하다. 탄도 높이고 스핀 많이 줄 수 있어서 나쁘지 않은 선택이다.

찍어 치려는 선택보다는 플롭샷을 구사하는 편이 훨씬 쉽고 결과도 좋다.

cf) 발끝 내리막에서는 굳이 컷 샷은 필요하지 않다. Loft를 뉘어(페이스를 열고) 치면 되기 때문이다.

Remarks

#1. 경우의 수 조합은 수십, 수백, 수천 가지가 될 수 있다. 특이한 Case에서 좋은 결과와 실패한 결과는 기억하고, Review 해 놓으면, 대처 능력이 조금씩 조금씩 향상될 것이다.

#2. 드라이버 미스로 인한 레이업, 또는 2nd 샷(아이언 & 우드)의 큰 미스는 위에서 나열한 것과 같은 어려운 환경의 미들 거리 어프로치를 남길 가능성이 있는데, 앞선 샷에서 큰 미스가 없어야 이런 난제를 원천적으로 피할 수 있다.

#3. 거리 컨트롤이 들어가는 경우 컷 샷은 거의 만병통치약 같이 사용할 수 있으나, 제약조건은 오르막 경사에서는 사용하면 안 된다는 것이다.

오르막에서는 다음의 악영향이 존재하기 때문이다(Reminder).

- 토우 쪽 Leading edge가 먼저 바닥에 대이고, 토우 쪽 Cut 하는 바닥의 두께가 너무 두꺼워서 이겨내지 못한다.
- 큰 좌우 체중 변동에 따라서 그립과 손목 악력 변화가 심하여 상하 궤도 오차가 커진다.

#4. 오르막 미들 거리 어프로치 :

오르막 타이트한 라이에서는 가볍게 잡고 힙 턴 위주의 턴 샷을 구사한다. 타격 정확도를 높여서 칠 때는 오른손 약지(4th)만 힘을 조금 더 쥐고 가볍게 툭 찍어 치는 타법을 구사할 수 있다.

오르막 깊은 러프에서는 (토우 뒤땅을 방지하기 위하여) 짧게 잡고 왼손 중지에 악력을 조금 주는 샷을 구사한다. 단, 하체와 왼 옆구리의 경직도가 높으면 펌과 턴이 약해져 낮은 궤도로 타격점이 형성되어 뒤땅이 발생하게 된다.

#5. 미들 거리 어프로치 샷을 할 때, 단순히 스윙 크기만 줄이는 것으로 거리 조절하려 하지 말아야 한다. 탄도 낮고, 스핀 적고, 타점 정확도 떨어져서 거의 롱 아이언 그린 공략만큼 어려워진다.

스윙 크기로 거리 딱딱 맞춘다는 생각은 거의 영원히 90타 이하 실력 수준에 머물러 있게 만드는 이유가 된다. 이런 점을 깊이 있게 생각해야만 컷 샷 또는 턴 샷과 같은 다른 스킬 샷들의 필요성과 유용성을 깨닫게 된다.

#6. 미들 거리 어프로치에서 가장 많은 실수는 뒤땅과 토핑이다(가끔 샹크가 나는데, 이것 역시 치명적이다). 뒤땅 토핑은 클럽 높낮이 궤도를 못 맞춘다는 의미이다.

대표적인 예를 들면, 혹자가 좀 폼나는 말로 했던 "모든 스윙의 형태는 같다."라는 것이 머릿속에 맴돌아, 긴 클럽 스윙하듯이 왼 하체의 발목 또는 발등(장딴지 근육, 종아리 근육)을 사용하면, '철퍼덕'하고 뒤땅이 난다. 하체 폄이 작아지고, 또한 그것에 따라서 손목 릴리즈 타이밍이 느리기 때문이다.

뒤땅이 염려되어서 손목에 힘을 좀 넣어주면서 왼 하체를 좀 강하게 펴면 손목은 위로 꺾여 토핑이 난다.

제일 먼저 Full shot의 하체 폄과 릴리즈 원리에 대해서 알아야만 뒤땅과 토핑에서 해방될 수 있다.

#7. 일반 골퍼가 라운드에서 가장 당황스럽고, 짜증이 날 때는 드라이버 잘 쳐놓고, 2nd 샷 미스하고, 다시 미들 어프로치에서도 연거푸 실수하여 +2 ~ +3 Score를 기록했을 때이다. 이런 상황은 다음 라운드에서도 반복된다.

참 어이없었다고 이야기하지만, 실수가 반복되면 그것이 본 실력이다.

d) 포대 그린 어프로치

포대 그린인 경우, 그린 공략한 샷은 다음과 같은 경우 어려운 조금 긴 거리 비탈진 어프로치가 남게 된다.

- 그린 좌·우측 법면에 떨어진 볼은 더욱더 깃대와 그린에서 멀어지게 된다.
- 그린 앞에 떨어진 볼은 구르지 않고, 경사가 심한 경우 거꾸로 굴러 내려와 먼 거리 어프로치를 남긴다.
- 그린을 맞고 뒤쪽으로 넘어가거나, 좌우로 흐른 볼은 더 멀어지게 된다.
- 그린을 조금만 벗어나도 굴러 내려가 비탈진 면에 있게 된다.

이 경우 그린은 고저 차가 크고, 라이는 급한 왼발 오르막이 되는데, 미들 거리(짧은 거리 포함) 어프로치 구사가 만만치 않다. +2 Score가 빈번하게 발생한다.

    ex. 1) 짧아서 그린에 못 올린 어프로치,
          탄도가 낮아서 그린에 못 올린 어프로치
    ex. 2) 두꺼운 타격으로 그린에 못 올린 어프로치,
          얇은 타격으로 그린을 훌쩍 넘기거나 먼 거리 퍼팅을 해야 하는 경우

포대 그린의 어프로치 구사 방법은,

- 타격 목표 거리 : 3~5m 더 본다. 깃대를 넘긴다는 생각을 가져야 짧게 되는 실수를 예방할 수 있다. 일단 짧지 않게 치는 것이 최우선 사항이다.
- 샷 방법 : 왼발 오르막 경사 양과 잔디 라이에 따라서 '뚝 끊어치는 샷', '턴 샷', '**턴 & 로브샷 = 턴 샷과 로브샷 섞어서 사용**'를 구사하는데, 팔과 손에 힘이 들어가는 상태의 샷보다는, 힘을 빼고 치는 샷이 절대적으로 필요하다.

e) 경사지에서 탄도와 스핀양의 변화

경사지에서는 자세와 스윙 조건으로 인하여, 자연적으로 탄도와 스핀이 변하게 된다. 억지로 탄도와 스핀을 조절하려 하면, 얻는 것보다는 잃는 것이 많으므로 특성을 알고 있어야 한다.
경사지별로 그림과 같은 자연적인 탄도 & 스핀 증감이 생긴다.

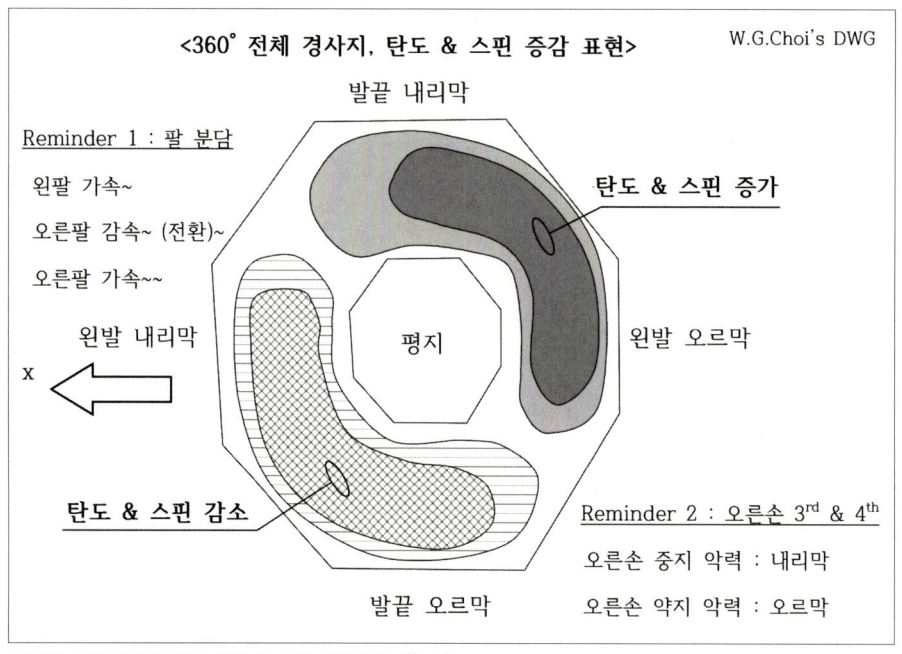

그림 2.2.22 경사지에서 탄도 & 스핀 변화 특성 (예시)

3) 거리별 미들 어프로치 거리 맞추기 방법

a) 전통적인 스윙 크기로 거리 조절법

거리에 따라서, 기준 웨지로 백스윙을 키워가며 거리를 맞추는 방법을 가장 먼저 생각한다. 중·하급자 시절 제일 먼저 습득하는 방법이다.

ex) 클럽 별 백스윙 크기와 거리 (예시)

〈LW, SW 백스윙 크기 vs 거리〉
백스윙 90° 크기 : 25m
백스윙 130° 크기 : 35m
백스윙 170° 크기 : 45m
백스윙 200° 크기 : 55m - 3/4 스윙
백스윙 220° 크기 : 65m
〜
Full swing (~240°) : 70~75m

〈 PW 백스윙 크기 vs 거리〉
백스윙 90° : 35m
백스윙 125° : 45m
백스윙 155° : 55m
백스윙 175° : 65m
백스윙 190° : 85m - 3/4 스윙
백스윙 200° : 95m
Full swing(~240°) : 105m

Remarks

#1. 이 방법은 Logic은 간단하지만, 많이 연습한 기준 거리 외에는 실제로 사이사이에 있는 미들 거리에서는 거리 맞추기 어려우며 오차가 큰 방법이다.

#2. 클럽별로 Loft에 의한 탄도, 스핀 변화 영향으로 스윙 크기와 거리가 비례하지는 않는다. 또한 경사지, 잔디 조건에 따라 거리는 크게 변한다.

b) 90° 백스윙 크기에 긴 클럽 선택 (30~50m 거리 샷 방법의 하나)

백스윙 크기 90°는 클럽별 첫 번째 기준 크기가 된다. 클럽을 바꿔가면서 90° 백스윙 크기의 Shot을 하면, 거리가 점점 늘어난다. 보통 다음과 같이 한 클럽에 (+)5m씩 증가하는 경향이 있다.

ex) LW : 20m
SW : 25m
GW : 30m
PW : 35m
I9 : 40m

        I8 : 45m
        I7 : 50m

위와 같이 클럽 변경하면서 Loft 작은 클럽 백스윙 90° 크기로 어프로치 거리를 증가시키는 방법은 장애물이 없는 뻥 뚫린 그린 공략에서 적용할 수 있다.

Remarks

#1. 이 거리 조절 방법은 공략 선에 장애물이 없을 때 가능한데, 스윙 동작이 일정하고 정형화되어 있어서 방향성 맞추기와 상하 타점 맞추기 그리고 스윙 크기 맞추기에 효과적이라 할 수 있다.
    * 타이트한 잔디 라이에서 클럽 Loft 각 1° 줄어들 때마다, 뒤땅 토핑 확률은 대략 1%씩 감속한다.

#2. 이 거리 조절 방법은 길쭉한 홀의 뒤 핀, 뒤쪽 그린이 높은 뒤 핀 공략에 효과적이다.

#3. 백스윙에서 클럽 헤드가 눈에 보이는 한계치는 대략 90° 정도 크기라서 시각적으로 백스윙 크기를 맞추기 쉽다. 그보다 더 큰 백스윙 크기는 감으로 맞추게 된다.

c) 3/4 스윙 (LW의 70~85% 거리 공략)

85~100% 거리는 Loft를 조금 열어 탄도를 높이는 Full swing 또는 Full 컷 샷, 그리고 다양한 샷 메이킹으로 거리를 감소시켜 공략할 수 있다. 반면 70~85% 거리는 조절하기가 만만치 않다. 공략하기 난감한 거리이다.

공략을 위해서는, 정형화된 3/4 크기 스윙(또는 1/2 크기 스윙) 형태를 가지고 있어야 한다.
    cf) 동작 중심점을 무릎 또는 무릎 바로 위 허벅지에 두고 부드러운 스윙을 하면 대략 85% 거리의 스윙 결과를 얻는다. (동작 중심점은 *3권 스윙 이론*에서 설명)

제약조건이 없다면, 단순 1/2~3/4 스윙보다는 컷 샷을 섞는 형태를 추천한다. 아울러 타이트한 잔디 라이라면 컷 샷을 최우선으로 고려해야 한다.

d) 바람 속에서 미들 어프로치

바람 세기 및 방향에 따라서 샷 결과에 영향을 많이 받는다.
바람은 극복해야 하는 상황도 있고, 이용해야 하는 상황도 있다.

-. 뒤바람에 그린 공략 :

2클럽 뒤바람에 40m 피치샷 어프로치를 한다면 바운스 후 그린 위에서 굴러가는 거리는 10~20m에 달할 것이다. 뒤바람은 어프로치를 매우 어렵게 만든다.

이때는 최대한 백스핀을 많이 걸어서 쳐야 하는데, 상황 및 조건에 따라 다음 샷을 구사한다.

- 부드럽게 치는 로브샷 어프로치
- 로프트를 뉘고 치는 컷 샷 어프로치
- 1/2 플롭샷 어프로치
- 끊어치는 타법

-. 앞바람에 그린 공략 :

어프로치에서 앞바람은 그린에서 구르는 거리를 줄여주는 도움이 되는 요소로 작용한다. 그린 공략이 훨씬 쉽다.

2클럽 앞바람에 50m 거리 어프로치라면, 상황 및 조건에 따라 다음 샷을 구사한다.

- LW 쓸어치는 높은 탄도 Full shot
- 웨지 1/2~3/4 Normal 피치샷, 다운블로 샷 어프로치
- LW Full cut shot. --- 바람 영향을 매우 크게 받는다. 앞 핀에서 사용한다.

2.5 어프로치 Save 확률

1) 어프로치 성공 횟수 (기댓값)

80대 중반 타수, 어프로치 성공률이 25% 정도 되는 골퍼가 라운드에서 10회의 쇼트&미들 어프로치를 해서 10번 모두 성공할 가능성은 얼마나될까? 그리고 5회 이상 성공할 확률은 얼마나 될까?

10회 성공 $10C_{10} \times 0.25^{10}$ --- 0.000001
9회 성공 $10C_9 \times 0.25^9 \times 0.75^1$ --- 0.000029
8회 성공 $10C_8 \times 0.25^8 \times 0.75^2$ --- 0.000386
7회 성공 $10C_7 \times 0.25^7 \times 0.75^3$ --- 0.003090
6회 성공 $10C_6 \times 0.25^6 \times 0.75^4$ --- 0.016222
5회 성공 $10C_5 \times 0.25^5 \times 0.75^5$ --- 0.058399
↑ 합   7.8% (5회 이상 성공)
4회 성공 $10C_4 \times 0.25^4 \times 0.75^6$ --- 0.145998
3회 성공 $10C_3 \times 0.25^3 \times 0.75^7$ --- 0.250282
2회 성공 $10C_2 \times 0.25^2 \times 0.75^8$ --- 0.281568
1회 성공 $10C_1 \times 0.25^1 \times 0.75^9$ --- 0.187712
0회 성공 $10C_0 \qquad \times 0.75^{10}$ --- 0.056313
총 경우의 수(도수분포) 합 : 1.0

위 계산은 확률의 '경우의 수' 계산이다. (고등학교 수학 이항분포)
'C'는 조합(컴비네이션, Combination)이다.

이 골퍼가 어프로치 10회 중 10번 모두를 성공할 확률은 '백만분의 일'이다. 로또 1등 당첨 확률과 얼추 비슷하다고 하겠다.

이 골퍼가 어프로치 10회 중 5번 이상 성공할 확률은 7.8%이다.
13번 라운드를 해야만 얼추 한 번 정도 있을 확률이다.

다섯 번 성공한 날, 이제 '어프로치가 제법 되는군!', '이제 실력이 늘었다.'라는 생각은 버리는 것이 좋겠다. 그날은 운이 좋았을 뿐이다.

진짜 실력이 늘었다는 증거는 3번 정도 라운드해서 연속으로 50% 정도 성공했을 때이다.

'$0.078^3 = 0.0005$'는 25% 성공률 골퍼가 2000번에 1회 나올 확률이다.

따라서 운이 아닌, 실력이라고 볼 수 있을 것이다.

이 골퍼가 어프로치 10회 중에 1번 이하(1 또는 0번) 성공하는 때도 24.4%나 된다. 4번 라운드 중에 1번꼴로, 어프로치를 거의 Save 하지 못하는 날이 올 것이다. 속상할 필요는 없다. 자신의 어프로치 실력이 25% 정도이기 때문에 나타나는 확률이다.

한두 가지 어프로치 기술을 새로 습득했다고 해서, 그것이 두 배의 성공률 또는 획기적인 어프로치 능력 향상이 될 것이라는 상상은 하지 말아야 한다.

그리고, 확률적으로 우연히 좀 잘된 날이 어쩌다 한 번 있었던 것인데 그날이 매번 찾아오기를 기대해서도 안 된다.

* 어프로치 실력이 늘지 않는 첫 번째 원인은, 아마도 쉽고 단순하고 간단한 방법을 찾는 골퍼의 사고방식일 것이다. 50가지 어프로치 기술을 터득해야 50% 어프로치 성공률을 갖는다고 정의했을 때, 자신이 가지고 있는 기술이 10가지라면 여기에 한두 가지 기술을 습득한다고 해서 절대 어프로치 성공률이 50%가 되지는 않는다.

한 가지 기술 습득은 겨우 1~2% 어프로치 실력 향상에 해당하며, 테(표시)가 거의 나타나지 않을 가능성이 있다. 프로선수들의 어프로치 성공률 50%는 수백, 수천 일을 매일 몇 시간씩 연습하여 얻은 결과물이다.

2) 어프로치 성공 연관 사항

a) 어프로치 Save 비율을 높이는 것

어프로치 샷을 해서 매번 Hole에 가까이 붙이는 것에는 한계가 있다. 즉 어프로치 정확도를 무한정 높게 할 수는 없다는 이야기다.

어프로치 성공률을 높이려면 (시점 순으로) 다음 사항이 잘되어야 한다.

A. On green 못 했더라도 Hole과 가까워야 한다.
  즉, 아이언 접근율이 높아야 한다.
  먼 곳에서는 어프로치 접근율이 같더라도 긴 거리 퍼팅을 남긴다.
  긴 거리 퍼팅은 Hole in 확률이 낮다.

  cf) 어떤 조건의 앞 핀 공략에서, 핀 뒤 5m를 공략하면 15m 퍼팅이 남을 수 있고, 핀을 공략하면 10m 오르막 어프로치를 남길 수 있다면 롱퍼팅 실력이나 쇼트 어프로치 실력에 따라 Par save 가능성은 달라지겠지만, 10m 오르막 어프로치 결과는 대략 60% ±10%의 Save 성공률로 거의 퍼팅과 비슷할 것이다. 꼭 온그린을 노릴 필요는 없다.
  앞 핀인데, 좌우 또는 정면에 벙커(또는 해저드)가 있다면 상황은 달라져야 한다. 당연히 핀 뒤 5m(위험 요소 반대편)를 공략하는 아이언 샷을 해야 한다.

  쇼트 어프로치와 롱퍼팅의 각각 Hole 접근율은 대략 다음과 같다. (예시)
     쇼트 어프로치 vs 롱퍼팅 : 80% ±5% vs 90% ±2% --- 중상급
                          70% ±10% vs 87% ±4% --- 중하급
  어프로치가 더 자신 있다면 핀 공략을, 롱퍼팅이 더 자신 있다면 핀 뒤(그린 중앙)를 공략하는 것이 유리하다고 하겠다.
  그린 공략은 Risk와 확률을 고려해야 한다.

B. On green을 못하더라도 어프로치 하기 쉬운 위치로 미스가 되어야 한다.
  어프로치 하기 어려운 장소는 누가 해도 거의 똑같이 어려운 조건이 될 것이고, 그곳에서는 대부분 낮은 성공률을 보일 것이다.

C. 어프로치의 Hole 접근율이 높아야 한다. 가까이 붙여야 그다음 퍼팅이 쉬워진다.

본 장에서 설명하고자 하는 것이 이것 (큰 미스 없애고) 좀 더 Hole에 가까이 접근시키는 방법론적 이야기들이다.

D. 퍼팅을 잘해야 한다. 특히 쇼트퍼팅을 잘해야 한다.

쇼트퍼팅 능력은 어프로치 Save에 가장 큰 영향을 미치는 간접 요소이다.
1권 2장 5절 퍼팅 실전 Data에서 보듯이 어프로치 한 후 50% 정도는 쇼트퍼팅을 하게 된다. 쇼트퍼팅을 잘하게 되면 쇼트 어프로치를 좀 더 편안한 마음으로 할 수 있게 되어서, 어프로치 샷 심적 부담을 줄일 수 있는 심리적 효과도 가질 수 있다.

* 위 사항은 원론적인 이야기이다. 직접적으로 골프 실력 향상과는 크게 관련 없다. 참조용 언급일 뿐이다. 실제는 실행할 수 있는 능력이 중요하다. 방법을 알고 판단력과 수행 능력을 갖춰야 한다.

b) 어프로치를 잘해서 줄어드는 타수

라운드에서 10ea의 어프로치를 하는 일반 골퍼가 있다고 가정한다.
남은 평균 거리는 20m라 하자.
(대략 추정하면, 프로:15m, 싱글:17m, 80타대:19m, 90타대:21m)

어프로치 Hole 접근율 75%인 골퍼가 다양한 상황(잔디 라이, 경사지)에서 최적의 기술을 발휘하여 87.5%의 접근율로 향상하였다면 효과는 다음과 같이 추정할 수 있다.

〈어프로치 10회 중〉
퍼팅 평균 거리 변화 : 5m ---〉 2.5m
퍼팅 성공률 변화 : 20% ---〉 40% -------------- 2타 감소
빅 미스(뒤땅 토핑) 개수 : 2ea ---〉 0 ------------ 2타 감소
어프로치 후, 3-퍼팅 개수 변화 : 1ea ---〉 0 ------ 1타 감소

합 5타 감소

보기 플레이어가 어프로치를 잘하게 되면, 대략 전체 합계로 5타 정도 감소한다고 예상할 수 있다. 단, 어프로치 87.5% 접근율은 거의 도달할 수 있는 최고 실력에 가까운 수준이다.

* 이런 접근율 상태라면, 어프로치 Save 비율은 20%에서 40% 정도로 향상되고 이 정도는 **대략 5타 타수 감소 효과**가 있을 것이다.

어프로치 접근율 75% ---> 87.5% 변화는 모든 정교함의 합이 3배 향상되어야 한다.

위 경우에다 쇼트퍼팅 능력이 향상된다면, 1~2타를 더 줄일 수 있는데, 어프로치 Save 비율은 50% 전후가 될 것이며, 이것은 거의 싱글 플레이어와 프로선수의 쇼트게임 실력 수준이다.

cf) 어떤 한 가지 어프로치 기술을 잘해서 10타를 줄일 수 있는 것은 아마 없을 것이다. 만약 **120타 실력의 골퍼(왕초보)가** 쇼트 & 미들 어프로치에서 24타를 까먹는데, 어프로치 기술 전체를 어느 정도 다 습득해서 싱글 플레이어만큼 잘하게 되면, **어프로치에서 10타 정도** 줄일 수 있을 것이다.

혹자가 어프로치 *"이것 하나만 잘하면 10타 줄인다."*라고 했을 때, 이것은 10배 정도 또는 그 이상 과장된 표현이라는 것을 누구나 짐작할 것인데 받아들이는 뇌는 믿고 싶어 하게 되고 실제 결과는 참담하고 좌절을 가져오며 낙담하게 되는 과정이 반복된다. 이것은 희망 고문과 같다. 이런 괴리 현상은 1년, 5년, 10년 계속될 수 있다.

결론적으로, 어프로치를 잘하고 싶다면 이 책에 서술된 내용을 차분하게(급하지 않게) 차근차근 이해하고 섭렵해 나가는 것이 가장 빠른 길이라고 할 것이다.

* **골퍼가 경계해야 하는 말** : 쉽다는 말, 간단하다는 말, 한번 해보라는 말

2.6 어프로치를 못 하는 방법

역설적인 서술이다. 쇼트 & 미들 어프로치를 잘 못 하려면 다음과 같이 하면 된다. 못하는 방법은 참 쉽다. 한 페이지로 요약할 수 있다.

-. 어프로치 스윙은 Full swing의 축소판이라 생각하며, 동작 비율 맞춘다.
  (백스윙, 왼 무릎을 살랑거리면서 몸동작 리듬을 맞추려 한다)

-. 오른 팔꿈치 외회전하지 않고 엎어 치기로 볼만 정확하게 잘 맞히려 한다.

-. 하체보다는 팔의 동작을 최우선으로 생각한다. 한쪽 팔로 가속과 감속한다.

-. 다운스윙 후반부, 왼 하체 펌을 하지 않는다. 펌을 하더라도, 허벅지 또는 엉덩이 근육으로 주도하지 않고, 종아리(장딴지) 근육으로 펌을 주도한다.

-. 그린사이드 벙커샷을 일반 스윙처럼 하면서 타격 두께를 제어하여 모래에 들어가는 깊이를 맞추려 한다.

-. 잔디 저항 읽는 것을 소홀히 한다. 잔디 라이와 관계없이 샷을 선택한다.
  (Full shot처럼 클럽 헤드가 잔디와 지면을 이겨내리라 생각한다)

-. 토우 쪽 타점을 이용하여 타격하려 한다.

-. 타이트한 잔디 라이는 정교하게 치면 된다고 생각한다. 많이 연습하면, 언젠가는 Loft 큰 클럽도 정교하게 타격 높이를 잘 맞춰 칠 것으로 생각한다.

-. Loft가 큰 클럽으로 Normal 어프로치 샷(칩샷, 피치샷) 연습만 많이 하면, 모든 것(거리와 타점 조절)이 언젠가는 해결되리라 생각한다. 그리고 스윙 크기 및 세기를 조금 바꿔서 거리를 조금씩 증감시킬 수 있다고 생각한다.

-. 그린 밖에서 퍼팅은 그린 위에서와 같은 타격 방법을 사용한다.

〈특별히 어프로치가 안 되는 날〉

간혹 "오늘 어프로치가 왜 이러지?"라는 말을 내뱉는 날이 있다. 평상시와 다르게 어프로치 감이 많이 떨어진 날이 있다. 다음과 같은 의외의 곳에 원인이 있을 가능성이 크다.

-. 샷 거리 늘리겠다고 왼 무릎을 펴며 백스윙을 시작하는 (힐 업 : Back swing top 왼발 뒤꿈치를 들어 올리는 모양) 드라이버 스윙을 시도한 날 :

드라이버 거리는 조금 늘어날지 모르지만, 어프로치에서도 무의식중에 왼 무릎을 조금 펴며 백스윙이 시작되어, 다운스윙 임팩트 때는, 무릎이 펴지지 못하면서 낮은 궤도로 헤드가 볼에 접근하게 되어 심한 뒤땅이 발생하게 된다.

이때, 다운스윙 힙 턴 양, 또는 팔과 손목 & 손으로 상하 궤도를 아무리 조절하려고 노력해봤자 해결되지 않는다.

쇼트 어프로치에서 왼 무릎 레벨은 고정, 또는 왼발을 살짝 눌러주면서 백스윙이 시작되어야 타격 상하 궤도를 의도한 대로 만들 수 있다.

-. 왼 손목 보잉 양을 조정해가며 백스윙 탑 자세를 만드는 일반 샷(드라이버, 우드, 아이언 스윙)을 시도한 날 :

일반 스윙에서, 왼 손목 보잉 양을 조절하면 릴리즈에서 손목 스냅 사용량이 변하여 탄도, 방향성, 헤드 스피드가 변한다. 이것에 열중하여 이렇게 저렇게 보잉 양을 조절하는 일반 샷을 하게 되면, 어프로치에서 무의식중에 손목 스냅 사용이 둔감해져 거리와 방향성이 평소보다 크게 안 좋아진다(이때, 퍼팅에서도 스트로크에 사용되는 손목 강도가 둔감해져 거리 정확도가 떨어진다).

어프로치에서 손목 스냅을 활성화하고자 해도 이런 날은 뜻대로 안 된다. 근본 원인을 제공한 '일반 샷에서 보잉 양을 변화했던 것'을 일정한 보잉 상태 적용하는 것으로 해야만 쇼트게임에서 손목 제어 감각이 되살아날 것이다.

-. 백스윙에서 한쪽 팔로만 가속과 감속 동작을 한 날 (어프로치 샷감 상실하는 백스윙) :

처음 1/2 구간은 왼팔 가속, 이어서 나머지 1/2은 오른팔 감속을 해야 하나 한쪽 팔로 가속과 감속을 하려 했을 때 신경 작용으로 뒤땅(두꺼운 궤도) 발생한다. 또 다운스윙 왼팔(손)을 일찍 많이 사용하면 토핑 발생한다.

* 한 손 스윙 연습법이 도움 될 것이라는 기대를 하면 안 된다.

cf) 한 손 스윙 연습을 하고나서 드라이버를 치면 팔과 손목에 힘 들어가서 슬라이스 발생하는 경향이 있다.

길 (방법, In Way Of)

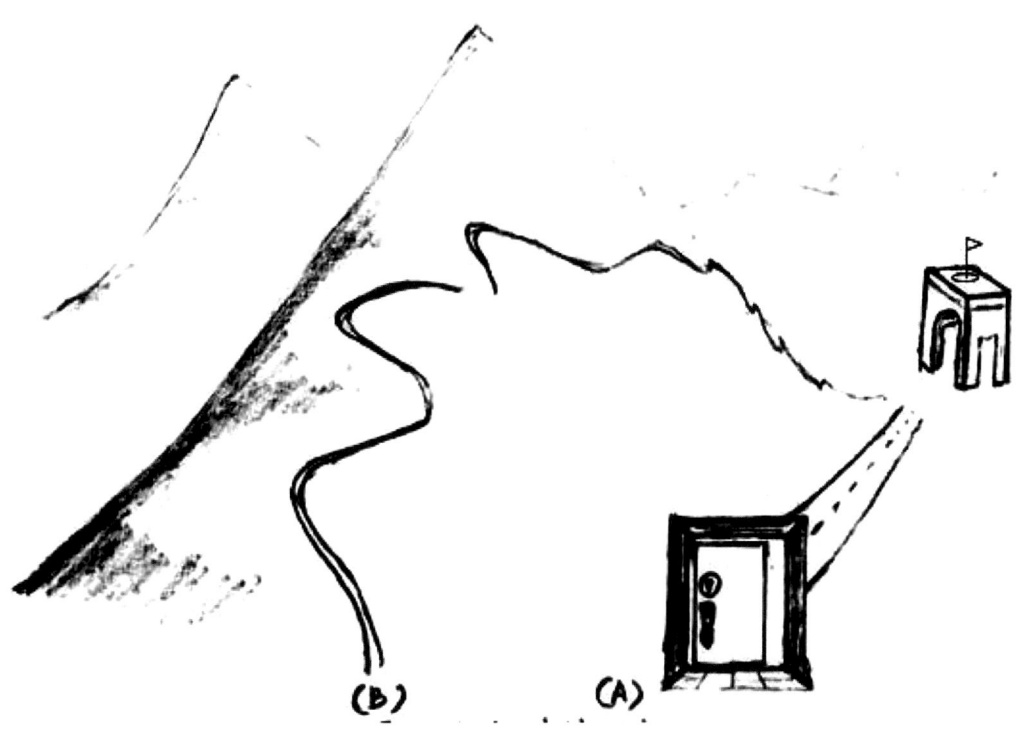

꼬불꼬불 산길을 따라 목적지에 다다르려는 많은 골퍼가 있다.
문만 열면 개선문으로 달리는 고속도로는 없을까?

퍼팅 스트로크하는 방법에는 요령이 있어야 한다.
그린을 읽는 방법에도 요령이 필요하다.
어프로치는 저마다 방법이 있다. 핵심을 알아야 해결된다.

선물(Present)

골프는 참 어렵다고 합니다.

지난 과거를 돌이켜보면, 실제로 모래밭에서 바늘 찾기처럼 어려웠습니다.

16년 골프 연구한 결과로 이 책을 완성했지만, 돌이켜보면 실제 14년은 거의 문외한이나 다름없었으며,

뜬구름 잡는 골프를 접하고 했던 것 같습니다.

소중한 사람이 골프 잘하는 방법을 물어온다면, 다음 네 가지를 먼저 하라고 하겠습니다.

   첫째 : 골프 백 속의 Loft 제일 큰 클럽(짧은 클럽)으로 100% 스윙을 하는데, 쓸어치는 높은 탄도 샷을 먼저 연습하라.

      <--- 하체 펴 동작을 섭렵하게 되고, 차원이 다른 그린 공략 된다.

   둘째 : 100% 스윙 똑바로 멀리 치는 방법으로, '왼 골반 & 오른팔 회전' 또는 '오른 골반 & 왼팔 회전' Cross 회전력 조합을 사용하라.

      <--- 분절 회전력 최대로 사용되고, 슬라이스 & 훅 요소가 상쇄된다.

   셋째 : 쇼트 어프로치, 런닝은 로프트 45° 언저리인 클럽을 주로 사용하라.

      <--- 토핑 미스샷이 Good shot이 된다.

   넷째 : 퍼팅에서 그립(손) 감각을 죽이고 스트로크하라.

      <--- 손 감각을 없애는 것이 페이스 맞추는 첫 번째 요소가 된다.

만약 소중한 사람이 헛고생 안 하고 골프를 쉽고 빨리 배우는 방법을 물어본다면, 이 책을 추천하십시오.

이 책을 소유한 것만으로도 행복한 골퍼라 할 수 있습니다.

여러분의 소중한 사람에게 이 책을 선물해 주세요.

From : _____   To : _____

골프 표준참고서 (2권 어프로치 방법)
Golf, Standard Practice Pt. 2 HOW TO APPROACH

인 쇄 2025년 01월 03일
발 행 2025년 01월 10일

지은이 최원규
발행인 서정환
펴낸곳 신아출판사
주 소 전주시 완산구 공북 1길 16(태평동 251-30)
전 화 (063) 275-4000·0484
팩 스 (063) 274-3131
이메일 sina321@hanmail.net   essay321@hanmail.net
출판등록 제465-1984-000004호
인쇄·제본 신아문예사

저작권자 ⓒ 2025, 최원규
이 책의 저작권은 저자에게 있습니다. 서면에 의한 저자의 허락 없이 내용의 일부를
인용하거나 발췌하는 것을 금합니다.
COPYRIGHT ⓒ 2025, by Choi Wongyoo
All right reserved including the rights of reproduction in whole or in part in any form.
저자와 협의, 인지는 생략합니다.
잘못된 책은 바꿔 드립니다.

ISBN 979-11-94595-04-5 04690
ISBN 979-11-94595-02-1 04690 (세트)

값 20,000원

Printed in KOREA